上海文化发展系列蓝皮书
THE BLUE BOOK SERIES ON
SHANGHAI CULTURAL DEVELOPMENT

上海文化产业发展报告
（2022）

ANNUAL REPORT ON SHANGHAI CULTURAL INDUSTRY DEVELOPMENT(2022)

城市数字化转型与文化产业新业态

主编/徐锦江

执行主编/花建

上海人民出版社　上海远东出版社

上海文化发展系列蓝皮书(2022)
编 辑 委 员 会

摘　要

　　推动城市的数字化转型是上海市委和市政府的重大战略部署，是上海实现高质量发展、高品质生活、高效能治理的关键举措。上海市委书记、上海市城市数字化转型工作领导小组组长李强指出：要"加强顶层设计、聚焦重点难点、创新推进机制，加快打造具有世界影响力的国际数字之都"①。

　　2021年是中国共产党建党100周年，也是中国"十四五"规划的开局之年。根据上海市委和市政府的宏观部署，上海的文化产业建设适应城市数字化转型的大趋势，在各个细分领域积极推动全方位赋能、整体性转变、革命性重塑，为"十四五"规划期间上海文化产业的新跨越奠定了重要基础。

　　本书突出"全球化视野，本地化运作"，邀集海内外的专家学者，紧紧围绕城市的数字化转型和培育文化产业新业态，从各个角度研究上海文化产业发展的新趋势和新成果。它们从整体上显示：上海文化产业建设正在抓住数字化转型的机遇，大力培育新型文化企业、新型文化业态、新型文化消费模式，变得更为智慧、更为聪明、更为高效，为上海城市软实力的跳变跃升做出新贡献。

　　本书包括一篇"总报告"和四个专题。"总报告"以"上海城市数字化转型与文化产业新业态"为主题，分析了在城市数字化转型的背景下上海文化产业新业态发展的基本状况和规律。"数字城市"是上海城市生产和生活方式的全面创新。在这个背景下，上海大力发展的文化产业新业态，以高质量发展为主要导向，与在线新经济相结合，以在线、智能、交互、跨界为四大特征，促进了文化消费的价值创新。

　　专题一"数字城市：推动文化转型"，包含以下研究报告：《智能时代文化

---

① 《李强：事关全局、事关长远，进一步增强全面推进城市数字化转型坚定性紧迫感》，人民网，2020年12月11日，https://baijiahao.baidu.com/s?id=16857466520829869998&wfr

装备业高质量发展的技术路径——兼谈对上海的对策建议》《勇当新发展排头兵——浦东新区文化产业新业态建设》《百视 TV（BesTV＋）：打造新型综合性网络传播平台》。它们指出，智能时代的到来，正在为上海文化装备业的高质量发展提供重要机遇；浦东新区大力发展以"文化＋科技"为特色的文创产业新业态，体现了新发展排头兵的示范作用；SMG 推出的新型平台型产品百视 TV（BesTV＋），探索了国有广电集团的转型升级之路。

专题二"开放优势：提升产业能级"，包含以下研究报告：《上海对外文化贸易高质量发展研究——以国家文化出口重点企业和重点项目为重点》《上海国际艺术品交易月——开创国际艺术品交易的上海新模式》《打造中国音乐剧产业标杆剧场——上海文化广场的创新成果及经验启发》。它们从各个角度分析了上海发挥开发优势、开发品格、开放作为，在推动对外文化贸易、促进国际艺术品交易、打造音乐剧产业标杆剧场等方面取得的新成就。

专题三"新兴领域：促进跳变跃升"，包含以下研究报告：《核心素养培育视域中的上海青少年文化产业建设——新型业态、主要资源与创新举措》《上海市博物馆社会影响力指数评估和研究报告（2021）》《上海民营美术馆的发展与运营研究（2005—2021）》。它们以前瞻的视野，指出要围绕培育青少年核心素养的国家战略，积极发展上海的青少年文化产业；要适应国际文化大都市的要求，为上海的博物馆和美术馆建设赋能提速，使之跨向更高的能级和水平。

专题四"国际视野：把握最新潮流"，包含以下研究成果：《新博物馆学视域下的英国美术博物馆发展经验及对上海的启示——以伦敦泰特美术馆为研究重点》《澳大利亚创意经济与人才培养》《全球视野下的文化管理课程类型概观》。它们从全球化的视野出发，分析了新博物馆学视域下英国美术博物馆的发展经验，研究了澳大利亚创意经济与人才培养的有益举措，梳理了四大洲主要发达国家的大学文化管理课程设置等，为上海文化产业提供了有益的借鉴。

《2021 年上海文化产业大事记（2020 年 12 月到 2021 年 11 月）》对本年度上海文化产业发展的重要事件做了系统梳理。

ABSTRACT

Promoting digital transformation of the city is a major strategic deployment of the Shanghai Municipal Party Committee and Municipal Government, and a key measure for Shanghai to achieve the goal of high-grade development, high-quality life, and high-efficiency governance. Li Qiang, secretary of the Shanghai Municipal Party Committee and head of the Shanghai Digital City Transformation leading group, pointed out that it is necessary to "strengthen the top-level design, focus on key and difficult points, and innovate the implementation mechanism, so as to accelerate the building of an international digital city with world influence"[1].

2021 marks the 100th anniversary of the founding of the Communist Party of China as well as the first year of China's "14th Five-Year Plan (2021—2025)". According to the macro deployment of the Shanghai Municipal Party Committee and the Municipal Government, Shanghai's cultural industry construction adapts to the general trend of digital city transformation, and actively promotes all-round empowerment, overall transformation, and revolutionary remodeling in various sub-sectors. This has laid an important foundation for the new leap of Shanghai's cultural industry during the planning period.

---

[1] "Li Qiang: It is about the overall situation and the long-term development to further enhance the sense of urgency of promoting the digital city transformation in a comprehensive way", People's Daily Online, December 11, 2020. https://baijiahao.baidu.com/s?id = 1685746652082986999&wfr

This Blue Book highlights "global visionand localized operation" by inviting experts and scholars at home and abroad to study the new trend and achievements of Shanghai's cultural industry development from various perspectives, and focus on the digital transformation of the city and the cultivation of new formats of cultural industries. As a whole, it shows that Shanghai's cultural industry construction is seizing the opportunity of digital transformation, vigorously cultivating new cultural enterprises, new cultural formats, and new cultural consumption patterns, and becoming wiser, smarter, and more efficient, which makes new contributions to the huge improvement of Shanghai's soft power.

The book includes one "General Report" and four special topics. With the theme of "City Digital Transformation and New Formats of Cultural Industry in Shanghai", the "General Report" analyzes the basic situation and laws of the development of new formats of Shanghai's cultural industry under the background of digital city transformation. "Digital City" is a comprehensive innovation in Shanghai's production and lifestyle. In this context, Shanghai vigorously develops the new format of cultural industry under a principal guidance of high-quality development. Combined with the new online economy, it features online, intelligence, interaction and cross-border, and promotes value innovation of cultural consumption.

Topic 1, "Digital City: Promoting Cultural Transformation", contains the following research reports: "Technical Paths to High-Quality Development of Cultural Equipment Industry in the Intelligent Era — Including Countermeasures and Suggestions for Shanghai", "Being the Pioneer of New Development — The Construction of New Formats of Cultural Industry in Pudong New District" and "BesTV + : Building a New Comprehensive Network Communication Platform". These reports point out that the arrival of the intelligent era is providing important opportunities for the high-quality development of Shanghai's cultural equipment industry; Pudong New District becomes the paradigm of the new development pattern through vigorously developing new formats of cultural and creative industries featuring "culture + technology"; BesTV +, a new platform product launched by SMG, explores the transformation and upgrade of the state-owned radio and television group.

Topic 2, "The Advantages of Opening up: Improving Industrial Energy Levels", contains the following research reports: "Research on the High-Quality Development of Shanghai's Foreign Cultural Trade — With a Focus on Key National Cultural Export Enterprises and Projects", "Shanghai International Artwork Trade Month — Creating a Shanghai Model for International Artwork Trade", and "Building a Benchmark Theatre in China's Musical Theatre Industry — Innovative Achievements, Inspiration and Experience of SAIC Shanghai Cultural Square". These reports analyze Shanghai's new achievements in promoting foreign cultural trade, boosting international art trade, and building a benchmark theatre for the musical industry from various angles.

Topic 3, "Emergent Fields: Facilitating Zooming Jumps", contains the following research reports: "The Construction of Shanghai Youth Cultural Industry from the Perspective of Core Competencies Cultivation — New Business Formats, Major Resources and Innovative Measures", "Research Report on Social Influence Index Evaluation of Museums in Shanghai (2021)", and "Research on Development and Operation of Private Art Museums in Shanghai (2005–2021)". From a forward-looking perspective, these reports point out that it is necessary to actively develop Shanghai's youth cultural industry with the national strategy of cultivating the core competencies of young peopleto meet the requirements of an international cultural metropolis, to empower and speed up the construction of Shanghai's museums and art galleries, so as to make them more advanced.

Topic 4, "International Vision: Grasping the Latest Trends", contains the following research reports: "The Development Experience of British Museums from the Perspective of New Museology and Its Enlightenment to Shanghai — Research Focusing on Tate in London", "Creative Economy and Talent Cultivation in Australia", and "General Survey on Different Types of Cultural Management Curricula: A global perspective". From the perspective of globalization, these reports analyze the development experience of British art museums based on new museology, study the beneficial measures of Australia's creative economy and talent training, and sort out cultural management curricula in some univeristies in major developed countries on four continents. All these reports provide a useful reference for Shanghai's cultural industry.

"Events of Cultural Industry in Shanghai in 2021(2020/12–2021/11)" systematically sorts out important events of Shanghai's cultural industry development this year.

目　录

总　报　告

数字城市：推动文化转型

开放优势：提升产业能级

新兴领域：促进跳变跃升

国际视野：把握最新潮流

CONTENTS

General Report

Digital City: Promoting Cultural Transformation

The Advantages of Opening up:
Improving Industrial Energy Levels

Emergent Fields: Facilitating Zooming Jumps

International Vision: Grasping the Latest Trends

总 报 告

上海城市数字化转型与文化产业新业态

——2022 年上海文化产业发展总报告

花 建①

摘 要 2021 年是"十四五"规划的开局之年。根据市委和市政府推动城市数字化转型的大政方针,上海大力培育新型文化企业、新型文化业态、新型文化消费模式,在文化产业的各个细分领域促进全方位赋能、整体性转变、革命性重塑。上海基于区域共享、产业互通、技术筑基,大力推动新基建,为上海发展文化产业新业态提供了重要的基础。新基建重塑了文化生产、流通与消费的逻辑,形成了文化产业转型发展的数字技术基底和增长动力。上海大力发展的文化产业新业态,以高质量发展为主要导向,与在线新经济相结合,以在线、智能、交互、跨界为四大特征;这些文化产业新业态以塑造新场景为亮点,深度介入城市的更新与升级,以线上线下相结合的空间

---

① 花建,上海社会科学院文学研究所研究员,上海社会科学院文化产业研究中心主任,北京大学文化产业研究院研究员,《上海文化产业发展报告》(蓝皮书)执行主编,长期从事文化产业、城市文化、国际文化贸易等方面的研究和决策服务。

开发为重点,推动在线、在地、在场三种文化生产方式的整合。这些文化产业新业态促进了文化消费的价值创新,为人民群众提供艺术消费、时尚消费、体验消费、品牌消费、美丽消费等内容,带动整个产业链的延伸和价值链的提升。

关键词 数字化转型 培育新业态 塑造新场景 促进新赋能

2021 年是中国共产党建党 100 周年,也是上海实施"十四五"发展规划的开局之年。上海市委和市政府作出了推动城市的数字化转型的重大战略部署。上海市委书记、上海市城市数字化转型工作领导小组组长李强指出:要"加强顶层设计、聚焦重点难点、创新推进机制,加快打造具有世界影响力的国际数字之都"[①]。

围绕市委和市政府的宏观部署,上海在文化产业建设中把握好城市数字化转型的大趋势,突出"十四五"时期高质量发展的主线,积极培育新业态、新动能、新模式,根据推动全方位赋能、整体性转变、革命性重塑,取得了一批重要成果,为"十四五"规划开局奠定了重要基础。

一、数字化转型:大力建设文化新生态

上海培育的文化产业新业态是在数字经济基础上发展起来的,其定义和内涵随着人们对于数字经济的认识而不断深化,又吸取了国际上关于数字经济的研究和实践的新成果。美国学者泰普斯科特(Tapscott,1996)在《数字经济:网络智能时代的机遇和挑战》一书中,首次论述了互联网改变人类商务模式的观点。他被认为是世界范围内最早提出"数字经济"概念的学者之一。在 2016 年 9 月举行的 G20 杭州峰会上,多国领导人共同签署通过了《二十国

---

① 《李强:事关全局、事关长远,进一步增强全面推进城市数字化转型坚定性紧迫感》,人民网,2020 年 12 月 11 日,https://baijiahao.baidu.com/s?id=1685746652082986999&wfr

集团数字经济发展与合作倡议》。它以 G20 峰会官方文件的形式指出:"数字经济是指以使用数字化的知识和信息作为关键生产要素、以现代信息网络作为重要载体、以信息通信技术的有效使用作为效率提升和经济结构优化的重要推动力的一系列经济活动"①。此后"数字经济"的理念和提法也被许多官方文件和重大会议文件所采用,包括 2017 年以来的中国政府工作报告、中国共产党的十九大报告、《金砖国家领导人厦门宣言》、联合国贸发会议文件等。

在专业研究层面上,中国信息通信研究院发布的《中国数字经济发展白皮书(2017 年)》系统分析了"数字经济"的七点特征:第一,数据成为新的关键生产要素;第二,数字技术创新提供源源不断的动力;第三,信息产业的基础性先导作用突出;第四,产业融合是推动数字经济发展的引擎;第五,平台化生态成为产业组织的显著特征;第六,线上线下一体化成为发展的新方向;第七,多元共治成为数字经济的核心治理方式②。联合国贸发会议在 2017 年《世界投资报告》中,从经济和技术层面上对数字经济进行了深入研究,把它描述为以同心圆呈现的三个圈层:核心数字技术、狭义数字经济、广义数字经济,犹如七块芯片组成的有机体系。该报告指出,数字经济是一个复合型的结构,包括从纯粹技术层面的更新到复合经济层面的提升,形成了相互嵌套的联系③。这也意味着文化产业的新业态必须在数字经济的体系化建设基础上才能稳步成长,而且与城市的数字化转型相辅相成。

面对世界范围内数字经济汹涌澎湃发展的潮流,中国政府从 2019 年开始提出了"新基建"的战略部署。这是以新发展理念为引领,以技术创新为驱动,以信息网络为基础,面向高质量发展需要,提供数字转型、智能升级、融合创新等服务的基础设施体系④。它包括信息基础设施、融合基础设施、创新基

---

① 《二十国集团数字经济发展与合作倡议》,G20 官网,2016 年 9 月 20 日,http://www.g20chn.org

② 《数字经济白皮书(2017 年)》,中共中央网络安全和信息化委员会办公室官网,2017 年 7 月 13 日,http://www.cac.gov.cn

③ 《世界投资报告(2017):投资与数字经济·要旨与概述》,联合国贸发会议官网,2017 年 9 月 30 日,https://www.unctad.org

④ 田野:《新基建时代提升大城市群数字文化产业的创新活力》[J],同济大学学报,2021,32(03):73—81.

础设施三个方面的内容。① 与此同时，中国多地政府提出数字城市、智慧城市、在线新经济等，强调以数字化的数据、知识和信息作为核心生产要素，以"数字数据＋计算力"形成强大的产业动力，以现代信息网络作为重要载体，以信息通信技术的有效使用作为效率提升和结构优化的重要推动力。数字经济与先进制造、商务金融、文娱消费、教育健康、国际贸易、城市管理、公共服务等领域深度融合，正在不断催生新型经济模式。

2021 年初，上海正式发布《关于全面推进上海城市数字化转型的意见》，在更加全面、系统的意义上推动城市之经济、生活、治理的全面数字化转型。这意味着上海在加快新基建的基础上，突出三大重点：全方位赋能，构建数据驱动的数字城市基本框架；革命性重塑，引导全社会共建共治共享数字城市；整体性转变，即在经济层面，加快推动数字产业化、产业数字化，做优做强城市核心功能；在生活方面，打造智能便捷的数字化公共服务体系，加强政府、企业、社会等各类信息系统的业务协同，提高城市生活品质；在治理方面，打造科学化、精细化、智能化的超大城市"数治"新范式。

根据上海社会科学院研究团队颁布的《数字经济蓝皮书：全球数字经济竞争力发展报告 2020》，全球主要城市的数字经济竞争力包括三大要素：城市提升数字经济竞争力必须有强大的经济实力，特别是形成先进的现代信息网络等基础设施，推动数字产业化和产业数字化；城市推动数字经济增长必须以创新作为动力，提高研究开发的投入和产出效率；城市提振数字经济活力必须依赖充裕的数字化专业人才。根据这样的综合评估标准，在 2020 年全球主要城市数字经济竞争力前 15 强中，美国占据 6 席，欧洲国家占据 4 席，中国占据 2 席，澳大利亚占据 1 席，日本和新加坡各占据 1 席。上海在此榜单上名列第十二位②，进入全球主要城市数字竞争力的第一阵营。

---

① 《国家发改委：将研究出台推动新型基础设施发展指导意见 包括信息基础设施、融合基础设施、创新基础设施》，《新民晚报》，2020 年 4 月 20 日。

② 张伯超：《全球数字经济城市竞争力发展报告（2020）》，王振、惠志斌主编：《数字经济蓝皮书：全球数字经济竞争力发展报告（2020）》，社会科学文献出版社，2020 年 12 月版，第 31 页。

近年来,上海数字经济在全市 GDP 中的占比超过 50%①。根据亿欧智库联合天眼查颁布的《2021 上海数字经济发展报告》,从数字产业化发展来看,上海市数字产业化增加值超过 1 000 亿元,而且与地区产业结构的优化密切相关。从产业数字化发展来看,上海市产业数字化增加值规模超过 1 万亿元,产业数字化占 GDP 比重最高,超过 40%,成为上海市驱动数字经济发展的主要引擎。上海在固定网络和移动网络建设方面,始终走在全国前列。上海市电信业的无风险企业占比达 96.94%,企业发展的健康度优于全国水平。上海已经率先实现"双千兆宽带城市"的建设目标。从城市的数字化治理角度看,上海也走在世界前列。根据上海社会科学院课题组发布的《全球重要城市开放数据指数 2020》报告,上海在全球 30 个重要城市中总排名第一,其中在基础保障层排名第三,在开放质量层排名第十八,在用户参与层排名第一,在价值释放层排名第十一。上海的综合指数远远高于其他城市。上海推动城市数字化转型的上述成果,为上海发展文化产业新业态提供了重要条件。

表 1　全球重要城市开放数据指数前 10 强(2020)②

城市名	基础保障层指数		开放质量层指数		用户参与层指数		价值释放层指数		综合指数	综合指数(百分制)	总排名
	指数	排名	指数	排名	指数	排名	指数	排名			
上海(中国)	0.215 7	3	0.099 0	18	0.502 5	1	0.011 7	11	0.828 9	100.000 0	1
纽约市(美国)	0.263 2	1	0.136 8	2	0.099 2	7	0.081 2	1	0.580 4	70.022 8	2
首尔(韩国)	0.245 5	2	0.186 2	1	0.070 0	9	0.071 9	2	0.573 6	69.202 4	3
北京(中国)	0.198 2	9	0.075 7	25	0.283 7	1	0.006 1	15	0.563 7	68.008 0	4
芝加哥(美国)	0.215 7	3	0.124 5	5	0.140 5	5	0.040 9	4	0.521 6	62.928 8	5
贵阳(中国)	0.198 3	8	0.123 6	7	0.161 9	4	0.002 2	22	0.486 0	58.633 8	6
深圳(中国)	0.138 6	18	0.109 3	12	0.161 9	4	0.002 8	20	0.412 6	49.778 4	7
广州(中国)	0.105 1	24	0.125 7	4	0.180 3	3	0.000 7	26	0.411 8	49.681 9	8
洛杉矶(美国)	0.186 6	10	0.123 7	6	0.080 8	8	0.010 9	12	0.402 0	48.499 6	9
巴黎(法国)	0.147 6	17	0.116 6	10	0.115 0	6	0.016 9	6	0.396 1	47.787 8	10

① 《2021 上海数字经济发展报告出炉　上海数字经济 GDP 占比超 50%》,金融界网,2021 年 1 月 25 日,https://baijiahao.baidu.com/s?id=1689846847578183223&wfr

② 上海社会科学院课题组:《2020 全球重要城市开放数据指数》。

二、培育新业态：焕发新的文化生产力

中国倡导的文化产业新业态，以高质量发展为主要导向，与在线新经济相结合，以在线、智能、交互、跨界为四大特征。它们不但包括国家统计局所指的以互联网为基础的文化新业态，即广播电视集成播控、互联网搜索服务、互联网其他信息服务、数字出版等 16 个行业小类，也包括作为新的文化生产力代表，推动要素重构、场景再造、流量升级、价值创新和普惠民生的相关门类。此外，文化产业新业态的建设也推动了文化产业传统业态如展览、演艺、影院、图书零售等的更新。

文化产业新业态的关键特点之一是推动文化产业的要素重构，即以"数字数据＋计算力"为重点，对其他要素如创意、内容、资本、技术、空间等进行重新评估和有效配置，形成新的生产力。近 10 年来，在通信、人工智能、大数据等技术的推动下，人类能够获得的数字数据以前所未有的速度增长。这些数字数据反映了个人、社会和商业活动在各种数字平台上的数字足迹。全球互联网协议(IP)流量从 1992 年的每天约 100 千兆字节(GB)增长到 2017 年的每秒 45 000 千兆字节，到 2022 年，全球互联网协议流量预计将达到惊人的每秒 150 700 千兆字节，进入到一个前所未有的巨型流量水平。但从长远来看，这还只是处于数据驱动经济的早期阶段。[①]

文化生产过程中普遍使用数字化的知识与信息，催生了数据驱动文化生产力提升的新增长模式：文化企业根据大量数字数据分析捕捉市场机遇，提供大量的数字文化产品和服务，即产品数字化；大量数字文化产品与服务的传输和流通通过互联网支付方式进行，即传输在线化；供需双方之间的海量文化产品和服务交易在互联网平台上进行，即交易虚拟化。数字出版、数字音乐、电竞游戏、数字音频、数字视频等类别，正是它们的代表性表现形式之一。本研究认为，数字经济背景下的文化产业新形态具有如下的特点：

正如联合国贸易和发展会议在《2019 年数字经济报告》中指出："数字经

---

① 《2019 年数字经济报告》(中文版概述)，联合国官网，2019 年 9 月 4 日，www.unctad.org

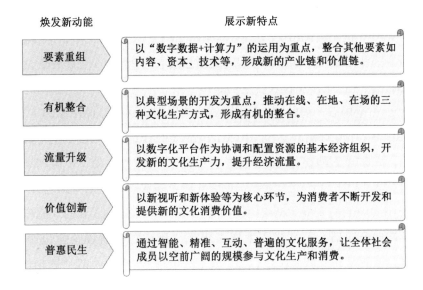

焕发新动能	展示新特点
要素重组	以"数字数据+计算力"的运用为重点,整合其他要素如内容、资本、技术等,形成新的产业链和价值链。
有机整合	以典型场景的开发为重点,推动在线、在地、在场的三种文化生产方式,形成有机的整合。
流量升级	以数字化平台作为协调和配置资源的基本经济组织,开发新的文化生产力,提升经济流量。
价值创新	以新视听和新体验等为核心环节,为消费者不断开发和提供新的文化消费价值。
普惠民生	通过智能、精准、互动、普遍的文化服务,让全体社会成员以空前广阔的规模参与文化生产和消费。

图1　数字文化产业新业态的特点

济的扩张创造了许多新的经济机会……但是积极的结果绝不是自动获得的。所实现的任何价值都不可能仅仅因为数字化有潜力支持发展就得到公平分配。"①在数字经济背景下,政府、跨国公司、中小企业和个人能否实现"对价值的创造和捕获",正在形成新的激烈竞争,其关键是能否通过数据驱动商业模式而提高生产力。从这个意义上说,上海的文化产业经历了前所未有的大潮冲浪、优胜劣汰之变革。受新型冠状病毒肺炎疫情影响,2020年以来上海的文化创意产业部分行业收入大幅下滑,但是2020年上海的文化创意产业总产出仍然超过2万亿元人民币。其中,采用数字数据驱动商业模式的多个门类发展势头越趋强劲,如上海的网络游戏、网络视听、数字出版、电竞服务、数字广告等新业态实现"井喷式"增长,显示了产品数字化、传输数字化、交易数字化的新型生产力和新型生产方式。

2020年,上海游戏业实现销售收入1 206亿元人民币,同比增长50%;网络文学销售收入115亿元人民币,同比增长37.7%;美团点评、喜马拉雅、小红

---

① 《2019年数字经济报告》(中文版概述),联合国官网,2019年9月4日,www.unctad.org

书、哔哩哔哩等头部互联网企业快速发展，拉动互联网生活服务平台实现总产出 1 435.90 亿元人民币①。其中，互联网和相关服务业、软件和信息技术服务业分别逆势增长 18% 和 12.5%，占文创总收入的 28.4%；今日头条、玄霆娱乐、七猫文娱等企业营业收入增速均超过一倍。上海动漫产业规模增长达到 200 亿元，占全国总产值的 10%；上海阅文集团拥有 900 万位作家和 1 390 万部网文作品，月付费用户达到 1 020 万，在线阅读的全年收入达到 32.9 亿元②。上海的"五五购物节·品质生活直播周"举行重点活动 338 场，带动线上线下消费交易总额达 50 亿元。上海的文化产业新业态无论是与其他城市的横向比较，还是与自身发展的纵向比较，都在 2020 年以来达到了新的规模和水平。

随之而来的是一大批代表上海文化产业新业态的新锐企业快速崛起。正如联合国贸易和发展会议在《2019 数字经济报告》中分析的："数据已经成为创造和捕获价值的新经济资源"。在文化产业所包含的各个门类中，企业能否将数字数据进行智能化计算，并且敏锐地把握市场机遇，有效地整合资本、内容、人才和科技资源，具有重要的战略意义。如果它们能够形成收集、存储、分析和转换数据的能力，同时根据数字化特点改革企业的组织架构和经营模式，都会带来额外的竞争优势。根据上海市企业联合会、上海市企业家协会、上海市经济团体联合会 2021 年 8 月联合发布的上海企业 100 强主榜单，上海多家文化产业企业在规模优势、创新活力、综合效益、对外贸易等方面进入上海企业的前一百梯队。其中上海老凤祥、上海晨光文具、上海米哈游网络科技、东方明珠新媒体等进入上海企业 100 强，它们在 2020 年的营业收入分别为：上海老凤祥 517.2 亿元，上海晨光文具 131.3 亿元，上海米哈游网络科技 101.2 亿元，东方明珠新媒体 100.3 亿元。此外东浩兰生（1 618.3 亿元）、复星国际（1 366.2 亿元）等龙头企业在涉及多个产业领域的同时，也深度介入会展、文博、演艺等文化产业的开发③。老凤祥、晨光文具等进入上海制

---

① 《2020 年上海文化创意产业总产出逾 2 万亿元人民币》，中华人民共和国中央政府官网，2021 年 3 月 31 日，http://www.gov.cn/xinwen/2021-03/31/content_5597036.htm

② 《上海动漫产业规模达 200 亿元》，《解放日报》，2021 年 7 月 17 日。

③ 《米哈游去年营收 101 亿，以排名 88 位入围 2021 上海企业百强榜》，搜狐网，2021 年 8 月 28 日，https://www.sohu.com/na/486160370_204728

造业 100 强,东浩兰生、米哈游网络科技、东方财富、风雨筑文化科技等进入上海服务业 100 强。

除了一批重点企业和大型平台,上海文化产业中的中小型企业也在新业态领域中显示了澎湃的活力,形成了"千帆竞发,浩荡入海"之势。如米哈游以 2020 年营收 101.3 亿的成绩首次入围 2021 上海企业 100 强,排名第八十八位;在 2021 上海新兴产业企业百强榜、上海民营企业百强榜和上海服务业企业百强榜中,分别排在第二十一、第四十和第五十三位。它采用自主研发为主的发展模式,自 2020 年开发游戏《原神》上线以来,多次在手游出海榜单或收入榜单位列前三,不断刷新游戏市场的记录。如在移动端(不包含国内安卓渠道)上,《原神》首月收入高达 2.5 亿美元,六个月内吸金 8.74 亿美元而成为全球第三高收入的手游项目。

三、塑造新场景:以 IP、ID、IT 融合为核心

上海文化产业新业态的建设以塑造新场景为亮点。它深度介入城市的更新与升级,以线上线下相结合的空间开发为重点,推动在线、在地、在场三种文化生产方式的有机整合,从而形成跨界联通、广泛赋能的网链结构,具有灵活与柔性化生产的特点,能够满足跨区域、跨国界的海量个性化需求。

关于"场景"的研究由来已久,近年来又与虚拟空间研究、场景研究、产业集群研究等相互交叉。国际上许多学者认为:cyberspace 一词来源于加拿大科幻小说家威廉·吉布森于 1982 年发表的作品。这一概念介于社会科学和计算机科学领域之间,指出了一个基于计算机技术的不同于现实空间的虚拟交感空间。中国学者李三虎指出:数字物不同于传统意义上的物质存在,是通过二进制数字语言表达的"元数据"系统。"数字物不同于自然物而属于技术人工物,可以被称为'数字人工物'"[①]。它们丰富多彩的表现形态,都可以还原为 0 和 1 的二进制数字表达。这种数字人工物,可以进入模块化、层级化的组织网络中,把实体物理世界和虚拟网络世界相融合,显示出信息表达、储

---

① 《从物性视角看数字世界》,《中国社会科学报》,2018 年 11 月 6 日。

存、链接、计算、再现等数字物性。

有鉴于此,以数字经济为基础的文化产业新形态,可以把建立在物理空间的在地、在场文化生产等场景,结合到互通互联的网络结构中,而以虚拟空间为主的在线文化场景,包括云会议、云展览、云走秀、云体验、云游学等,在5G、AI、大数据等技术的推动下,又能够融入实体的物理空间,形成"文化+"对实体经济和社会民生的赋能作用。在上海推动城市数字化转型的大背景下,上海的文化新场景建设开展得有声有色,并且表现出 IP、ID、IT 相结合的特点。IP 是指作为文化产业核心内容的知识产权;ID 是指以创意达人、网络红人、流量明星、MCN 主播所代表的流行文化偶像;IT 是指以 AI、MR、5G、新视听、沉浸式、云计算、新一代互联网等为代表的新兴技术。这三者分别从内容、流量、科技的角度显示了数字文化产业新业态特有的活力机制。

自 2020 年以来,上海大力推动在线、在地、在场三种文化生产方式的有机整合,从而形成跨界联通、广泛赋能的网链结构,形成了一批发展数字文化产业的新型载体,其中建筑面积 2 万平方米以上、集聚主营业务的相关企业 100 家以上,具有专业服务平台和完善服务功能的产业园区和基地数十家。

表 2　上海有代表性的数字文化产业聚集区

	园区名称	主导产业与特色
1	张江国家数字出版基地	形成数字出版、数字创意技术、文化装备和动漫影视游戏四大文化创意产业集群。
2	金桥移动视听产业园	发展移动视讯、数字内容等产业,形成网络视听产业链和"龙头企业＋基地＋基金＋中小企业"集聚模式。
3	上海市北高新区	发展大数据产业,以数字数据的开发和应用为主,为影视、动漫、游戏、演艺等产业提供强大动能。
4	中国(上海)网络视听产业基地	聚焦网络视频、影视动漫、网络游戏、技术研发、信息服务等新兴领域,促进产业链的延伸和垂直整合。
5	上海漕河泾新兴技术开发区	集聚了网络游戏、新型视听、软件服务、先进装备、创意设计等领域的一大批新锐企业,形成规模优势。
6	上海西岸(徐汇滨江)	以"AI＋ART"为特点,吸引现代传媒、影视视听、艺术品、文博会展等集聚,成为世界级滨水艺术集聚区。

	园区名称	主导产业与特色
7	金沙江路互联网影视产业集聚带	覆盖互联网影视的人才培养、内容创作、渠道发行、后期制作、衍生品开发等全产业链。
8	上海环上大国际影视产业园	集聚大批影视机构，形成影视视听、IP开发、游戏电竞、博览会展等相结合的优势。
9	上海国际旅游度假区	以迪士尼乐园为核心文旅地标，突出IP的衍生开发，形成国内外游客来沪首选地和文旅产业集聚地。
10	中版创意设计产业基地	打造集登记确权、转化运用、版权交易、产业金融等于一体的现代版权产业高地。

其中，普陀区的金沙江路沿线曾经是废弃物排放比较严重的老式工业区，经过近年来的产业改造和社区更新，它迅速发展成为新兴的"金沙江路互联网影视产业集聚带"。它突出了"互联网＋"影视产业新业态，先后引进阿里影业、淘票票、联瑞影业、苏宁环球、诸神影业、上象娱乐、银润传媒等一批优质企业落户，产业集聚效应逐步显现。在产业配套设施和服务平台的建设方面，"金沙江路互联网影视产业集聚带"载体能级不断提升，不仅以"互联网＋"影视产业升级物理空间和政策空间，成立普陀区影视企业联谊会，而且突出聚人才、兴产业、育环境的工作理念，推动影视行业细分领域创新融合。

上海漕河泾新兴技术开发区作为享誉海内外的高新技术产业开发区，集科技创业苗圃、大学生创业园、留学生创业园、国际企业孵化器、科技企业加速器等于一体，拥有覆盖企业全生命周期的"接力式"双创服务体系，培育和支持创新型企业发展，促进科技成果的商品化、产业化和国际化。漕河泾新兴技术开发区集聚了网络游戏、新型视听、软件服务、先进装备等领域的一大批新锐企业，包括新锐游戏企业——米哈游、中国建筑设计龙头企业——天华等，形成吸引大批文化产业新型企业的创新生态，表现出强大的规模优势。

静安区灵石电竞中心继续提高电竞产业的集聚优势。它致力于打造最为"灵动"的电竞赛事体系，构建最具"灵感"的电竞产业空间，集聚最具"灵气"的电竞生态社群，培育最有"灵性"的电竞人才梯队，形成中国最有吸引力的电竞产业集聚区。2020年以来，该中心集中打造"一核双新三生态"的产业体系：主核——以电竞赛事内容为核心,发挥厂商、赛事方和场馆方的三方力量;双新——以新技术即集聚全球游戏技术和基建配套、新人才即打造中国首个电竞教育核心区为两翼;三生态——以内容制作生态、赛事配套生态、文化配套生态为三大重点。它在远期将以"环上大"为核心区进行辐射,在空间上以"北灵石,南新华"的布局为重点,沿灵石路、平陆路、彭江路打造电竞产业、电竞文化、地区景观三大横纵轴线,以电竞文化的良好溢出效果带动该地区的文化和旅游发展。

得益于政策、投资、环境、技术等方面的大力支持,上海在建设"全球电竞之都""游戏创新之城"方面领先全国,显示了可持续发展的竞争力。2020年上海网络游戏国内及海外总销售收入达 1 206 亿元,占全国1/3,同比增长近50%,销售收入增速超过全国平均水平。其中国内销售收入999.2亿元,占全国比重达35.9%,同比增长超过24%;海外销售收入超29亿美元,约合人民币206.8亿元,增幅超过50%。上海自主研发网络游戏销售收入达823.8亿元,增量超过120亿元。电竞游戏市场规模201.8亿元,增幅达20.7%[①],预计2021年上海电竞游戏市场规模将达到228亿元。这显示了在疫情防控背景下上海文化新业态的强劲韧性,也显示出上海数字游戏和数字出版产业在未来将有更加宏大的前景。

四、促进新赋能：开发文化消费模式

上海推动的文化产业新业态促进了文化产业的价值创新,即以新视听和新体验为核心,为消费者不断开发和提供新的消费价值,带动新消费包括艺术消费、时尚消费、体验消费、品牌消费、美丽消费、体验消费等的升级,从而推动整个产业链和价值链的不断延伸。

根据中国学者徐苏涛的研究,在中国产业结构演进过程中,主要有三股力量:在1.0阶段强调产业基础能力的工业化、在2.0阶段强调产业创新能力

[①] 《〈2020—2021上海游戏出版产业报告〉发布,去年上海网游销售收入1 206亿元》,中国新闻出版广电报/网,2021年6月25日,https://www.chinaxwcb.com/info/572738

的高科技、在 3.0 阶段强调产业跨界能力的新经济①。中国文化产业作为一个贡献增加值占 GDP 比重达到 4.5% 以上的规模化产业,也大体经历了如下的发展阶段。

所谓"1.0 的工业化",在文化产业领域主要指依托基础设施、资源禀赋和技术条件,突出园区建设、招商引资、规模生产、出口拉动以及税费减免等元素,通过规模化的生产制造,完善产业链各个环节,以标准化提高生产能力、生产效率和供应能力。它包括社会化的生产方式、体系化的工业门类、工程化的技术构成、企业化的经营方式、资本化的经济体系。上海文化科技装备的研发、生产、服务与此密切相关。

所谓"2.0 的高科技",在文化产业领域主要是依托科研平台、科教资源以及技术创新等基础设施,突出"文创 + 科创"。它以科技成果的融入和推动,开发多样化的文化新产品和新服务,拓展人类生产生活的边界和疆域。如新型视听、沉浸式体验、超高清影视、游戏电竞、数字展览展示等。近年来上海迅速崛起的一批数字文化产业企业如风语筑,成为中国数字展览展示领域的排头兵,先后承接了各省市 1 000 多个大中型展览展示项目,自主开发了一大批数字科技和内容展示方面的专利和装备。它的主题词之一是:"好玩的时代才刚刚开始!"

所谓"3.0 的新经济",在文化产业领域主要是依托数字基建、平台型产业组织、数智科技等基础设施,突出新研发、新场景、新赛道、新体验、新治理等元素,以智能、互动、在线、精准为四大特点,重在通过市场需求、终端消费、应用场景反向配置资源和组织生产,降低交易成本、提高敏捷供应、扩大消费剩余,走向精准化的定制文化服务。从宏观角度看,新经济为发展数字文化产业提供了前所未有的机遇。如果说工业经济是生产决定消费,那么新经济是消费反向决定生产、供需互动激发动能。数字文化产业依托中国作为超大型市场的巨大潜力,调动了千千万万消费者的热情和潜力,让他们也成为整个

---

① 徐苏涛:《双循环发展格局下产业高质量发展从哪里来》,北京长城企业战略研究所—GEI 新经济瞭望,2021 年 9 月 21 日。

产业链和价值链的重要组成部分。

上海是我国最大的经济中心,也是工业化水平最高、现代城市文化和商业文明发育得最为完善的城市。跨入"十三五"时期以来,上海确立了建设国际经济、金融、贸易、航运、科创中心的目标。习近平总书记要求上海强化全球资源配置、科技创新策源、高端产业引领、开放枢纽门户"四大功能"①,为上海推动经济高质量发展,发展数字文化产业指明了主攻方向。在培育数字文化产业新业态的过程中,上海一方面通过大力发展先导产业、主导(攻)产业、主体产业,将产业宽度与产业体系(广度)拉开,为产业跨界融合以及构筑现代化经济体系创造良好条件;另一方面借助细分领域加强垂直的细化延伸,使得产业关联不断增加,强化产业深度,进入产业价值链的高效益环节,通过扩大时尚消费、体验消费、品牌消费、终端消费,反向配置资源和生产组织。

2020年以来,上海MCN经济的快速发展,就是一个生动的案例。MCN(Multi-Channel Network)是一种依托多频道网络传播的经济形态,是一种依托互联网而实现快速反馈与供需对接的网红运作模式,兼有文化新媒体和在线新经济的双重属性。所以说,直播经济既是直播,也是经济,归根结底是文化营销。

MCN将不同类型的PGC(专业生产内容)组合起来,实现内容的持续输出和实时反馈,促进商业的稳定变现,其形式包括视频开发、直播带货、VLOG、短视频营销、网红经纪等。MCN依托互联网和新媒体,形成了极强的包容性和渗透力,与越来越多的行业包括快消品、农副产品、教育、医疗、旅游、科技等联动,适应了当今时代小众、多变、时尚的消费需求。MCN涉及经济数字化转型、生活数字化转型、治理数字化转型等多个领域,形成了MCN内容、平台、投资、第三方服务等多个环节,创造了新的产业链和增长引擎。

目前,上海的MCN经济无论是机构数量、用户数量、平台流量,还是品牌参与规模,均为全国领先。上海的淘宝直播用户观看数和品牌参与规模均为

---

① 《权衡:强化四大功能,习近平总书记对上海提出这个新要求,有何深意?》,上海市社会科学界联合会官网,2019年11月11日,http://www.sssa.org.cn/xsyt/680922.htm

全国各城市中的第一。作为全国新零售桥头堡、新消费排头兵的上海,在直播间里跑出了"在线新经济"加速度。上海在全国率先创立 MCN 专委会,集聚了五大类市场主体,逐步形成了 MCN 的完整产业链和价值链。根据小葫芦和锋向数智等多家机构的调查,上海拥有的 MCN 机构和它们的活跃度在全国各个城市中名列前茅。2021 年,上海估值超过 2 亿元人民币的 MCN 机构有 13 家,最高的是美腕,以近 133 亿元估值高居榜首(位居全国第三),愿景娱乐以 111 亿位居第二(位居全国第四),炫石互娱估值近 25 亿元(位居全国第十八)。在上海的 MCN 机构中,获得商业估值过亿的有 22 家。上海以高颜值、国际范、优品质吸引更多的海内外 MCN 市场主体集聚,构建"网红经济"的国际新高地。

上海的 MCN 经济不仅吸引了大批民营投资机构,也促进了一系列平台型企业包括哔哩哔哩、喜马拉雅、小红书等的提升。数字化平台作为城市数字经济新生产力的重要代表,提供了让参与者在线互动的新型机制,包括交易平台和创新平台等多种类型。它们既是服务中介,又是基础设施,也是研发中心和经营管控中心,更成为开发文化消费新模式的示范者和先导者。截至 2021 年 6 月,阅文集团旗下囊括 QQ 阅读、起点中文网、新丽传媒等业界知名品牌,拥有 1 450 万部作品储备,940 万名创作者,覆盖 200 多种内容品类,触达数亿的用户,成为中国规模最大的正版网络文学平台。哔哩哔哩的月均活跃用户(MAU)为 2.371 亿,移动 MAU 达到 2.205 亿,同比增长 38% 和 44%;日均活跃用户(DAU)为 6 270 万,同比增长 24%;月均付费用户(MPU 1)达到 2 090 万,同比增长 62%。根据 CC 数据与中国美妆网联合发布《2021 年 Q1 美妆市场营销报告》[①],小红书在 2021 年 Q1 美妆个护行业的重点广告投放渠道中占 48.1%,名列第一。它从引导跨境购物分享起家,在推动时尚文化的同时探索了美好生活的前景,也推动了多样化的视频、综艺、活动项目。如金秋时节,由小红书出品,第一财经频道联合播出的"2021WILL 未来

---

① 《CC 数据&中国美妆网—2021 年 Q1 美妆市场营销报告》,豆丁网,2021 年 4 月 20 日,https://www.docin.com/p-2646042033.html

品牌大赏"，邀请元气森林、泡泡玛特、完美日记、茶颜悦色等新消费品牌创始人首次齐聚和对话。正如小红书的主持人所说："我觉得未来品牌是完整、开放而不同。①"这次活动成为新一代品牌领军人物的整体亮相，也成为年轻一代探索未来美好生活的热情欢聚。

　　上海的 MCN 经济大潮推动了国营广电媒体和文化机构的转型。根据上海市委和市政府关于全面推进上海城市数字化转型的战略部署以及上海文广集团（SMG）转型的内在要求，SMG 在 2020 年 9 月正式推出新型平台型产品百视 TV（BesTV+）。它的总体定位在于以视频流媒体为主要形式，以 SMG 的内容资源为强大支撑，以 C 端客户特别是新世代人群为主要市场，以"视频+内容+电商"为运营模式，以"四个打通"为主要优势（即打通渠道和内容、打通大屏幕和小屏幕、打通线上和线下、打通专属网络和移动互联网），以创新创意作为企业文化之核，努力打造成为一个代表主流文化、自主可控、品质优良、传播力强的新型综合性网络传播平台。百视 TV 的这一定位建立在科学分析流媒体和 MCN 潮流的基础之上，自正式开通运营一年多来，获得了流量攀升和用户满意度俱佳的效果。它作为国有广电集团的创新型综合性网络传播平台，为全国范围内主流媒体的转型升级提供了有益的经验。上海文化产业新业态的蓬勃发展，显示了城市数字化转型的强大推动作用，彰显了上海文化建设正在城市整体性转变、全方位赋能、革命性重塑的过程中，焕发出越来越旺盛的活力。

---

①　《小红书举办 WILL 未来品牌大赏，四大品牌创始人共话"未来品牌"》，网易，2021 年 9 月 16 日，https://www.163.com/dy/article/GK0NJQ6S053900WX.html

数字城市：推动文化转型

智能时代文化装备业高质量
发展的技术路径
——兼谈对上海的对策建议

---

① 王婧，上海交通大学媒体与传播学院文化产业管理系副教授，主要研究方向：国际文化贸易
与政策；城市、文化与空间；文化统计与文化产业。

介平台建设;将规模经济转变为范围经济,通过关键技术实现赢者通吃,提高产业效益。

关键词 智能时代 文化装备业 高质量发展路径 上海的对策

"文化装备业"是以制造业为核心,集制造、流通、服务于一体,共同服务于文化领域的装备产业集合。作为装备产业的新兴类别,中国文化装备业在全球市场上呈现两个特征:一方面,国产的高端文化装备无法完全满足国内的需求;另一方面,文化装备价值链的高端环节大多由外国厂商控制,其装备价格贵而且维护成本高。《经济日报》曾报道中美文化装备制造业存在三倍的盈利差距[①],这不仅折射出全球价值链分工地位的差异,也表明中国尚不是该行业的领先者,仍是世界文化装备市场的快速追赶者。

世界主要国家文化装备业的发展,印证了"科学技术是第一生产力"的深刻规律。在智能时代,基于移动互联网、大数据、超级计算、传感网、脑科学等新理论、新技术的驱动,人工智能呈现深度学习、跨界融合、人机协同、群智开放、自主操控等新特征[②]。高质量发展成为"十四五"时期我国经济社会发展的主题,以技术创新推动高质量发展已成为学术研究的热点领域[③]。智能时代正在为我国文化装备业高质量发展提供难得的机遇,本文基于对国内外文化装备业发展的前期调研,阐释智能时代下文化装备业发展的关键技术分析、新技术应用、技术突破及优化上海文化装备技术路径的对策建议。

[①] 《文化装备给生活添色彩》,《经济日报》,2017年12月16日。
[②] 《习近平:推动新一代人工智能健康发展 更好造福世界各国人民》,《人民日报》,2019年5月17日。
[③] 注:自2018年以来,已有学者结合计量经济学、产业经济学、营销管理理论,采用规范性分析等方法进行了关于技术创新、技术能力推动高质量发展的大量研究。

一、文化装备业的关键技术分析

文化装备业是技术密集型的高新技术产业,以技术突破成为推动自身持续升级的关键要素。其中的关键性技术尤其是高端技术以其高收益、高竞争、高风险的特点,成为文化装备企业从激烈市场竞争中脱颖而出的核心竞争力。我国文化装备业要提高核心竞争力,就要通过长期研发来不断掌握关键技术。在细分领域中,由某项技术专利形成的高技术门槛导致市场高度集中乃至垄断的案例比比皆是。本节将主要展开对高端机械配套组件技术、电子电气控制系统技术、灯光音响技术、摄录投影及视频技术等关键性技术分析。

(一) 高端机械配套组件技术

高端机械配套组件主要指应用于机械装备的高端领域,体现出力学、振动、安全等多学科技术的融合,构成装备企业核心竞争的优势来源之一,是处于产业链关键核心的配套组件。就我国国产机械设备而言,该类技术的总体水平可以满足一般设备功能需求,但与国外顶级厂商的技术水平相比还存在一定差距。这主要表现在:该类机构的安全功能不尽完善;机械设备的制造工艺水平还比较低,产品的高精度难以保证,运行振动噪声比较大;高端设备在速度、承载力、安全裕量、安全功能等方面达不到要求,缺乏占领高端市场的条件;另外,文化装备产品运输中的包装防护不到位,受限于设计水平、制造工艺、市场价格等条件。

在演艺、游乐游艺等行业中,国产文化装备的机械设备技术经过持续发展与积累,技术水平显著提高。随着国家工业化水平的提高,国产机械设备的设计、制造水平满足了设备功能的需求,为国内市场所普遍接受。这些行业设备的机械配套器件大部分已经采用国产产品,部分领域机械设备的国产化率已达到80%—90%。如宋城演艺和大丰实业等国内龙头企业生产的常规机械设备已基本成熟,其设计、制造水平比较稳定。个别国内厂商还承担了部分国外项目,如宋城演艺在澳大利亚昆士兰州建设传奇王国项目,大丰实业参与俄罗斯表演艺术剧院、斯里兰卡国家艺术剧院等项目建设,均取得了较好的效果。同时,舞台机械设备为适应千变万化的演出需要,不断推出新的机械结构。大丰实业可以做到实时应对市场需求,设计、制造多种巧妙的机械,达到了舞台机械设备的领先水平。

(二)电子电气控制系统技术

在机械设备系统国产化的过程中,国内厂商紧随电子、电气、可编程控制器技术以及计算机技术的发展进程,着力研发出自己的机械控制系统,其中个别厂商取得了重要突破。这些系统有效适应了国内市场对于价格低廉和功能实用的双重需求,对国内客户采用价格居高、维护困难的国外控制系统起到了一定的市场调节作用。但从总体看,与国外顶级系统的技术相比,国产系统的研发和生产都处于起步阶段,差距仍然较大。国外顶级厂商如德国倍福(Beckhoff)、美国派克(Parker)的控制系统,为保证系统达到预定的安全完整性等级,都采用了双处理器结构,即执行控制器 CPU 和监视控制器 CPU 结构。国内企业的控制系统采用了一定的冗余配置,提高了可靠性,但系统不能提供有关标准中规定和要求的所有内部措施,比如内部电压和温度的永久性安全监控、持续性自测等。有的国内中小厂商的控制系统几乎都没有冗余配置,其控制核心的安全性、可靠性与国外有较大差距。除了固高科技、汇川技术等个别骨干企业外,国内多数厂商的控制系统急停功能不能实现平稳过渡,急停过程有比较剧烈的振动,甚至有明显的滑移现象,严重影响设备系统的安全性及设备寿命。

就国产电子控制系统而言,国内企业在技术积累和前期投入上的不足导致系统难以达到期望的安全完整性等级,系统也没有通过相应的必备认证。而国外先进的控制系统对这些问题解决得较好,从而削弱了国内企业的竞争优势(如维保成本较低、服务及时方便等)。

(三)灯光音响技术

国内演艺灯光的技术和应用与国际先进水平相比,在细分领域参差不齐。其中,电脑灯、LED 灯具的研发基本处于世界前沿水平,飞达音响、珠江灯光音响等骨干企业的新产品开发基本与国外同步;调光器的水平与国外先进水平相差不大;光源和灯光控制台相对落后,尤其是光源水平差距较大。近些年来,国内产品的外观和工艺水平进步明显,品种数量繁多,但相关高端设备的研发相对滞后。全行业的主要问题在于开发创新不足、加工工艺精度不够、相互模仿较多,欠缺能够根据演艺产业的艺术创新而开展的自主开发成果。

国内专业音响设备企业已从最早的数量快速增长期进入平稳发展期。厂家普遍意识到低价竞争带来的不良后果,从而在产品质量和产品特色上加大投入。该行业在手拉手会议系统、公共广播系统等领域取得了一定成绩,但总体质量和技术上均处于世界中端水平。

(四)摄录投影及视频技术

随着科学技术不断进步和广播影视业迅猛发展,摄录投影设备在功能、质量、设计和使用上体现出专业化、高端化的特征。由于国内相关行业起步较晚,摄录投影及视频所需的液晶及 DLP 等核心技术基本掌握在该行业的龙头公司手里,这与企业的技术导向决策、持续投入有效研发、重视知识产权保护、灵活商业市场运作有很大关系。国内企业在此方面尚未形成后发优势,仅关注单体设备功能的完善,在设备稳定性、系统网络化等方面存在不小差距。

专业演出投影市场十分青睐品牌价值,从而需要厂家投入更多的技术及资本,而不是靠低成本争夺市场。该领域相对于教育、消费等商用市场,其量产额度并不高;需要结合新技术、新材料向具有独立知识产权的新品设计制造方向努力,方能占有市场一席之地。在部分行业细分领域,国内企业逐渐显露头角,涌现出一批重点企业和上市公司,如大丰实业、鹏博士、风语筑、华强等。大丰实业从简易厂房生产起步,成长为拥有资产近 7.1 亿元、企业注册资本 2.36 亿元的国家级高新技术企业,体现了中国演艺设备企业由小变大的轨迹。它作为中国演艺设备行业的排头兵,承接了多届央视春晚舞台机械工程项目。鹏博士作为国内最大的民营电信传媒企业,在国内国际运营商中均位于前列。它在十几年间深耕国内的宽带用户市场,其网络覆盖超过 1 亿户家庭、200 个城市。针对 5G 时代家庭互联网和移动互联网深度融合的趋势,鹏博士推出了大麦小布丁等新型视听设备,形式上以语音输入为载体,体积上侧重微型化,内容上结合了视频、云游戏、在线教育等大屏娱乐生态云服务,在新型视听服务领域处于国内的领先地位。

二、文化装备业的新技术应用

文化装备业的发展不仅需要关键技术,而且需要加强应用开发,将技术转化成为现实的文化生产力。技术创新正逐渐引领传统文化装备业态向数字化、网络化、智能化方向转型,促进人工智能、虚拟现实、5G、区块链等一系列新兴技术发展与文化装备业深度融合。

在投影机、舞台机械系统等传统文化装备应用方面,国内厂商和国际一流水平存在一定差距。随着国内主题乐园的兴建,影院舞台大量建设,尤其在"互联网+"、VR 等新兴文化装备领域,国内企业几乎和国外同时起步,技术开发也和国际同行齐头并进,在某些技术领域达到世界领先水平。下文以3D 打印技术、3D 全息影像技术和智能机器人技术为例,说明智能时代新技术在文化装备的应用。

(一) 3D 打印技术

3D 打印不仅仅是一种快速成型方式和一种新的增材制造方式,更突破了传统制造方式对于设计创新的束缚,带来了无限的创意空间。在 3D 打印业中,美国 Stratasys、3D system、北京太尔时代科技有限公司、安徽西锐三维打印科技有限公司等是该类装备的代表性重点供应商。美国 Stratasys、3D system 公司通过技术开发、兼并与整合,发展成为行业龙头。3D Systems 公司的产品和服务已经应用在高端制造,包括航天航空器的零部件制造、高端汽车零部件制造、先进医疗器械制造等方面,也应用到可视化教育、制造行业加快产品开发周期等服务中。Stratasys 经历多次兼并整合后,拥有了多项关键技术,包括增材技术专利超过 1 200 项,也同样致力于为航空航天、汽车、医疗、消费品和教育等行业提供解决方案。反观国内,桌面级 3D 打印厂家数量众多,逐渐出现一批领先型企业。如北京太尔时代科技有限公司成立于 2003 年,是中国较早开始专门从事研发、生产和销售工业级和桌面级 3D 打印机的高科技企业,其 UP 系列桌面级 3D 打印机更是成为全球三大品牌之一。总部位于上海、成立于 2013 年的安徽西锐三维打印科技有限公司是该领域的又一代表,成为集 3D 打印设备、材料、软件及应用平台的研发、生产、销售与服务为一体的高新技术企业。

(二) 3D 全息影像技术

英国著名物理学家丹尼斯·加博尔(Gabor D)在 1947 年首次提出全息术(holography)成像概念,即利用干涉和衍射原理记录并再现物体真实的三维图像。"全息"在希腊语中意为信息的全部记录。真正意义上的全息影像不通过任何介质,可以从空气中直接显示影像,而且随意改变体验者的观看角度,让他们在三维立体画面之中穿梭自如。目前还没有出现纯粹通过空气,而不通过其他介质呈现影像的全息技术。人们看到的大多数全息效果,实际上是 3D 全息影像技术即裸眼 3D 技术,让观众无需佩戴眼镜即可看到各种立体影像[①]。3D 全息技术除应用在演艺、娱乐、传媒等文化装备领域外,也在服装和医疗等领域得到广泛应用。其中,美国 3T‐Scope 公司、英国 Kinomo 公司、东漫(上海)电子科技等公司是代表性的重点投影装备供应商。

3T‐Scope 公司推出了 3D LED 浮空全息投影,它以投影开发的 3D 影像可以直接悬浮在空中,比传统全息投影设备的效果更佳、价格更低廉、使用更方便。它通过"POV"(视觉暂留)显示技术,旋转中的显示 LED 不断变化,利用人眼的视觉暂留原理,形成完整连续的画面,达成一种 3D 全息成像的效

---

① 杜娟灵、王永进:《3D 全息影像技术在服装领域的应用》[J],服装学报,2019,4(02):106—111.

果。Kinomo 公司也推出了 3D 浮空全息投影的产品 Hypervsn,输出的 3D 悬浮全息投影可以用于室内展示,甚至能安装于自行车车轮上,在静止状态或骑行中都能清晰显示影像。Kimono 以此为基础,还推出了以自行车为载体的广告设备 Video bike。东漫(上海)电子科技成立于 2012 年,2019 年被认定为国家高新技术企业。它专注于全息产品、全息工程项目、沉浸式交互体验等科技展示领域,在 AR、VR、全息投影、软硬件互动系统定制、机械装备定制等技术领域拥有几十项国家专利和知识产权。

(三)智能机器人技术

随着科学技术的突飞猛进,各式形态的机器人不断走进人类的生活和工作。从产品生命周期来看,服务机器人正处于市场导入期。在云计算和大数据应用逐步成熟的背景下,深度学习等人工智能关键技术取得实质性进展,语音和图片系统的识别率大大提高,加上商业模式的创新探索和市场的逐步成熟,服务机器人有望在不久的将来成为继电脑、手机之后的新一代智能终端,成为连接虚拟世界与现实世界的重要载体。应用智能机器人技术的主要代表性供应商包括 Boston Dynamics、SoftBank Robotics 和中科新松。

前波士顿动力公司(Boston Dynamics)因拥有全球顶尖的机器人研发实力而闻名。它曾经发布过高度智能化机器狗,获得媒体广泛关注。它被现代汽车集团收购后,正与后者共同创建一套机器人全价值产业链,涵盖机器人零部件制造到智能物流解决方案的各个环节,拓宽其产品线和销售服务范围。软银机器人有限公司(SoftBank Robotics)是一家集人工智能机器人技术开发与产品销售为一体的公司,它在巴黎、东京、旧金山、波士顿和上海拥有500 多名员工,其产品及服务已导入零售业、旅游业、健康陪护、政务服务、金融及教育等行业。中科新松是国内在智能机器人、人机协作等技术领域具有领先地位的企业。中科新松在上海的总部,依托上海自贸区的优势,业务覆盖智能机器人、智能制造和创新发展三个版块。综上所述,国内厂商基于对新技术的开发和应用,不断研发和掌握关键技术,适应中国超大规模市场的需求,成为中国文化装备企业赶超国际先进水平的重要动力。

三、文化装备业高质量发展的技术突破

文化装备业高质量发展的技术重点是人工智能的开发和应用,在基本功能型产品基础上,需要把人工智能融入物理(实体)系统中,推动文化装备制造业向数字化、智能化、定制化、创意化方向提升。人工智能的突出特点是其拥有自我意识,以计算机或集成芯片作为载体,利用数据逻辑作为推理介质,模拟人的思维过程,实现与人类相似的反应和判断。

在云计算和大数据日趋成熟的背景下,深度学习等人工智能关键技术正在不断获得实质性进展。语音和图片系统识别上的突破,将促进人工智能在感知、分析和制造执行三个方面获得广泛应用(见图1),推动文化装备从最初的基本功能型向日趋完善的标准型、个性化需求突出的定制型转变①。

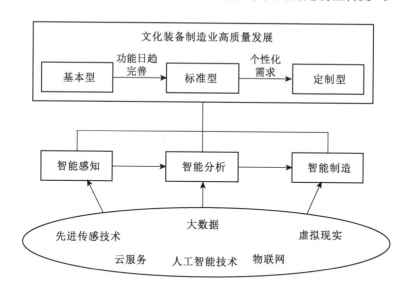

图1 人工智能技术带给文化装备制造业的技术突破

文化装备的基本功能型即初期产品,其主要功能可以满足基本的市场需

---

① 注:依据技术和市场发展的不同阶段,装备产品被划分为基本功能型、标准型和定制型三个时期。

求。随着市场的发展和技术的不断迭代进步,国产文化装备的标准和设计理念日趋成熟,对市场的适应性逐渐增强,使得产品日益规模化、集成化。与此同时,随着市场的逐渐成熟以及消费需求的变化,文化装备市场正在呈现出多样化、个性化态势,对定制化、创意化的产品提出了较高的要求,倒逼技术开发不断获得突破。文化装备智能化的特点是将人工智能融入物理(实体)系统中。其物理系统可以是一个系统或一台设备,如旋转舞台系统、灯光秀系统、绿色印刷系统等。它通过实时感知(传感器)与智慧分析(大数据分析和模型分析),渗透到文化装备的各个层次与环节①。本节将分别阐述文化装备业的智能感知技术、智能分析技术和智能制造技术的突破。

(一) 智能感知技术

智能化系统的基本要素是动态感知,即依靠传感器来感知变化,然后依靠大数据和物理模型进行智慧分析和识别,并做出判断和自动反应。因此,传感器对于信息实时获取来说特别重要,可以代替人的五官感知和获得信息。

智能感知技术可以应用到演艺舞台、游乐游艺、广告印刷等领域的文化装备制造。有关传感器的感知功能可分为光传感器、电传感器、磁传感器、热传感器、声传感器、机械传感器等。不同功能的传感器满足不同领域的使用场景,而多种类集成化的传感器可以感知不同的外界信息,利用人工智能进行自适应控制和通信协调,从而构成智能化的监控调节系统。以机器视觉技术为例,硬件装置包括图像传感器、摄像机、光路系统和计算机,软件部分实现对零件图像的采集、图像的预处理、图像特征检测、图像与图库的匹配、自诊断等功能。图像采集一般应用 CCD 图像传感器,其像素可达几千万级。该系统采集的像素越高,越能捕捉到更多的图像特征。很多 VR/AR 交互的场景依靠高清相机拍摄图像,并进行分析以获取用户的交互数据,相当于智能文化装备的眼睛。此外,机器视觉技术在文化装备制造中,可以应用于产品检测、精密测控以及自动化生产线等领域,通过获取可见光图像,或红外图

---

① 褚君浩:《传感器与智能时代》[J],世界科学,2018(06):25—26.

像在黑暗背景中识别目标,优化制造过程的质量管控。

智能感知技术在影视装备制造业领域的应用非常广泛。比如,高速摄影摄像设备、运动姿态跟踪系统等高精度感知设备的出现,使得《机械战警》(*RoboCop*)、《阿凡达》(*Avatar*)、《少年派的奇幻漂流》(*Life of Pi*)等电影的经典镜头成为可能。在广电、游乐游艺行业,智能感知技术也是 VR/AR 实时直播系统、虚拟现实体验系统的关键性前端技术支撑。

(二)智能分析技术

正如人的思维必须建立在一定的信息、知识和认知之上,人工智能技术也要建立在一定规模的数据之上,如无人驾驶、图像识别等,才能基于数据逻辑算法而进行分析、判断。文化装备制造业在采集到感知信息之后,需要进行相应的数据分析、处理,进行信息的智能融合、决策,如基于图像感知数据,执行对应的设备动作或人机协助交互等;与此同时,它可以基于大数据进行统计分析,如根据用户体验效果和参与程度来调整目标人群、优化目标设计等。

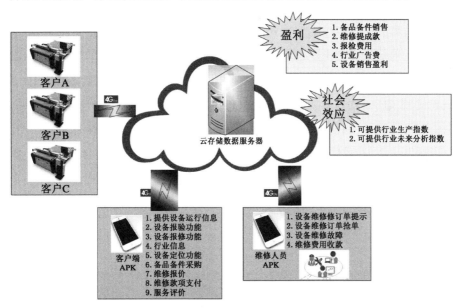

图 2 文化装备制造业的智能化云服务平台应用

　　文化装备制造业的大数据内容应该包含社会对产品的供求信息、使用者对产品的反馈、产品制造的工艺数据、制造设备的信息等。大数据涉及数据处理、云计算、人工神经网络等多个学科数据。从数据形式而言,包括文本信息、音频信息、视频信息、社会媒介信息等[①]。实现这一技术应用,需要先依据数据内容以及内在的逻辑关系,设立数据库框架,理顺信息之间的关联关系,开放数据的输入、输出路径,并根据内在逻辑关系建立数据模型,识别多数据间的关联逻辑(见图2)。通过云服务平台,企业可以监测不同行业现场应用、不同运行模式装备的运行状态和使用率,获取用户反馈,并在综合数据分析的基础上,运用数据模型,分析各行业各地区应用、不同模式的对比及对设备可能的影响,从而为设备的优化设计提供依据[②]。

(三) 智能制造技术

　　文化装备制造企业采用智能制造技术,可以满足用户多样化、个性化的需求,是提升企业创新能力、供给有竞争力产品、进入价值链高端的必要路径。

　　微电子技术、嵌入式系统、物联网、大数据技术等的广泛应用,促使文化装备朝着智能化、模块化、网络化等方向发展,重点体现在:(1)模块集成化。随着电子通信技术的不断发展,硬件平台获得加强,装备安装的空间更小,功能也更加强大。需要把嵌入式软件不断植入到文化装备的硬件或机械中,形成集机械、电气、软件于一体的智能信息模块,使之具有设备自监测、自诊断、自学习等功能。(2)网络互联化。随着5G技术和物联网等的快速发展,自动化设备在工业行业占比越来越大。企业直接面对个性化、多样化的用户需求,更需要充分运用大数据技术、模式识别、人工智能等技术,有效地收集、挖掘用户的需求特征,包括获取设备的远程监测特性数据,以满足用户个性化、定制化需求。

[①]　Amir Gandomi, Murtaza Haider. "Beyond the hype: Big data concepts, methods and analytics". *International Journal of Information Management*. 2015(35): 137—144.

[②]　Ibrahim Abaker Targio Hashem, Ibrar Yaqoob, Nor Badrul Anuar, etc. "The rise of 'big data' on cloud computing: review and open research issues". *Information Systems*. 2015(47): 98—115.

在演艺行业、游艺游乐行业,上述这些智能技术的应用尤为突出。消费者越来越不满足于传统的舞台和娱乐设备,对于互动体验性游乐设施的需求越来越强烈。如上海龙宣科技采用智能机器人技术、语音识别合成、图像识别等技术,研制装配系列仿真、仿生娱乐机器人等,实现人与机器的智能交互。它开发的黑暗乘骑项目将3D电影、仿真模拟、动感特效等游乐技术与现场装置的真实场景相融合,模拟影片中俯冲、坠落、躲闪等动作,使得用户可以在虚实景结合的环境中体验主题故事。

四、优化上海文化装备业技术路径的对策建议

人工智能是新一轮科技革命和产业变革的重要驱动力量。近年来,我国高度重视人工智能产业发展,国务院印发了《新一代人工智能发展规划》(国发〔2017〕35 号),工业和信息化部印发了《促进新一代人工智能产业发展三年行动计划(2018—2020 年)》。上海市率先颁布《关于加快推进上海人工智能高质量发展的实施办法》和《关于全面推进上海城市数字化转型的意见》等文件,在人工智能产业领域呈现出强劲的"领头雁效应"。本文基于上海现有的市场、技术和政策优势,提出智能时代优化上海文化装备业技术突破路径的对策建议:

(一) 建立文化装备业智能化的数据整合系统

推动中国文化装备业的升级,迫切需要结合权威统计资料,依托市场调查和数据库建设,形成文化装备业智能化的大数据整合系统。随着"加快文化装备产业发展"进入国家战略性政策文件,我国正在逐步改善文化装备生产的统计工作。国家统计局等颁布的《文化及相关产业分类(2018)》,将"文化装备生产"作为九大类别中的第八大类予以单独统计。这比先前 2004 年和2012 年颁布的同类产业分类文件,有了明显的改善,但是仍需要进一步加强。上海应该在这方面率先发力,建立文化装备业智能化的数据整合系统。

首先,上海要把体现文化装备产业互联化、智能化和集成化的一些重要

和大型文化装备包括移动互联装备、独立影院装备、文化教育装备等,归入该产业分类中。在实际的生产和社会生活中,这些装备已经被广泛应用于高端文化产品的生产之中。

其次,上海要明确"文化装备生产"的细分类别边界。如专业音响设备制造是属于广电设备制造,还是演艺装备制造?这需要专业团队经过深入的市场调研机制,分析客户的多样化需求,了解它们的市场应用,为这些类别的细分提供依据。

再次,上海要充分发挥国际化大都市的文化消费市场优势,敏锐把握文化消费的新趋势和新动向,充分利用互联网、云计算、大数据、智能控制、通信等信息技术和手段,实现文化装备技术数据库的聚合,为全产业链的各个环节提供数据服务,形成专业化和开放性的公共数据平台,为上海文化装备产业提供强大的数据支撑。

(二) 建立保障文化装备的标准化和检测体系

在近年来美中贸易摩擦不断加剧的背景下,我国正在建立国家技术安全管理清单制度,为保障国家核心技术安全树立坚固屏障,以"更有效预防和化解国家安全风险"[①]。标准化和完备的检测服务建设是保障文化装备品质的重要举措,构成了保障文化装备应用安全和高端品质的重要基础。上海在这方面要做出相应的举措:

第一,要参照国际、国内已有同类标准,制定上海文化装备行业所需的其他标准体系。2014 年 1 月 1 日起我国开始施行《中华人民共和国特种装备安全法》《特种设备安全监察条例》,国家质量监督检验检疫总局公布的《特种设备目录》,将大型游乐设施纳入其中以加强监管,同时实施《大型游乐设施安全监察规定》[②]。上海是文化装备应用最为先进的地区,有责任和担当参照国内外相关标准,为保障演艺装备应用安全提出《舞台机械安全技术规范》《演

---

① 《境外媒体关注:中国将出新举措强化国家技术安全管理》,《参考消息》,2019 年 6 月 10 日。

② 参见:http://tzsbaqjcj.aqsiq.gov.cn/zxzx/201507/t20150722_445405.htm

出过程组织管理安全技术规范》等地方标准。

第二,要及时研究制定对表演机器人、虚拟成像技术等新兴文化装备的相关安全标准。相比国外顶级厂商的安全性保障技术,国产舞台机械、游艺游乐等文化装备的安全性保障还有很大提升空间。要把安全性作为文化装备的生命线,严格参照国际相关标准对文化装备的安全要求,提高风险评估基础上的安全完整性等级。建立行业标准定期复审与验收制度,组织主管机构按规定定期复审,以确认现行标准的有效执行或者及时调整。同时,加大面向文化装备生产企业、应用企业和消费者宣讲与推广的力度。

第三,要建立与安全标准相配套的文化装备检验检测体系与认证认可体系。要参照国际惯例,加大第三方检测力度,推行必要的系统强制性认证认可制度,以提高文化装备特别是舞台机械和游艺游乐设备、文化教育设备的安全性。要建立专业的演出灯光技术检测中心、音响技术检测中心等,对灯光音响产品进行公平、公正的技术检测,形成定期发布、公示的有序市场,为优质文化装备提供合理的评定和选择依据。

第四,要高标准实施文化装备产业的标准化建设。国家标准化管理委员会官网公布了《2019年第一批推荐性国家标准计划》①,对数字文化馆数字资源建设、分类及版权,技术平台建设与运行保障,数据采集、分析和应用等内容提出基本要求②。上海要在这方面做出表率,高品质地体现数字文化馆、文化馆(站)等的标准化和信息化建设。

(三) 加强文化装备制造业的中介平台建设

在智能时代的背景下,我国文化装备制造业的产业链不断拓展和完善。这就需要加强新型的中介平台建设,以便对接供给与需求双方,有效整合产业链资源、增强集成厂商与核心零部件企业的组织黏性。从全国范围看,在

---

① 注:该标准由文化和旅游部全国公共文化发展中心牵头,联合马鞍山市文化馆、北京大学现代公共文化研究基地、上海市群众艺术馆、内蒙古自治区文化馆、宁波市文化馆、成都市文化馆、苏州市公共文化中心7家单位提出研制建议。

② 《〈数字文化馆资源与技术基本要求〉列入国家标准计划》,《中国文化报》,2019年4月19日。

演艺装备和广播电视装备行业均开展了社会组织管理，如国家科技部批准设立的"中国广播电视设备工业协会科技创新奖"（设奖证书号为国科奖社证号第 0158 号），即由中国广播电视设备工业协会承办①；中国演艺设备技术协会承担起演艺装备领域的标准化、行业评定、综合技术能力等级评定等工作。目前尚无全国性的文化装备行业协会，而上海已经率先建立了全国第一家国际高科技文化装备产业基地。它作为国家对外文化贸易基地（上海）的专业平台，为国内外文化装备企业的进出口代理、产品展示提供全方位的服务与支持。随着长三角有关省市②和广西③、北京等省市相继发布推动文化装备业发展的相关政策④，迫切需要形成跨省市的文化装备产业服务平台。上海要率先推动形成立足上海、带动长三角、辐射全国的文化装备产业基地和平台。

（四）推动文化装备业的规模经济转化为范围经济

智能时代所代表的新经济是一个渐变与突变并存的过程，它从根本上改变了企业战略的假设前提。在工业经济背景下，企业战略的假设前提是：在稳定的环境下，现在的趋势将延伸到未来，连续的经验积累可以成为企业竞争优势的源泉，规模经济是战胜对手的重要条件，这种理念被称为线性战略。在数字经济背景下，企业战略的假设前提是：环境存在巨大的波动性，是非连续性的和难以预测的。企业要针对未来发展形势，加强组织应变能力，通过合作利用资源，实现参与方共赢的局面，这被称为非线性战略⑤。

对于文化装备企业而言，要打造以需求为导向的价值链、供给为导向的供应链和更广泛的产业链，均面临着区域化和全球化的重大挑战。文化装备

---

① 参见 http://www.cctime.com/html/2018-3-8/1365041.htm
② 《浙江省文化产业人才 5 年发展规划发布》，《经济日报》，2018 年 1 月 16 日。
③ 《广西文化产业跨越发展行动计划(2017—2020)》，广西壮族自治区文化和旅游厅官网，2018 年 1 月 1 日，http://wlt.gxzf.gov.cn/zwgk/ghjh/t3924609.shtml
④ 中国演艺设备技术协会：《中国演艺装备科技蓝皮书(2016—2017)》，上海：文化艺术出版社，2018，第 7 页。
⑤ 黄修权、顾银宽：《论新经济环境下企业规模经济与范围经济》[J]，管理世界，2004(07)：142—143.

企业面临的需求越来越多元和多变,在提升核心竞争力时亟待开发难以替代的关键技术,获得高于平均水平的利润①,从而实现"赢者通吃",上述大丰实业、美国杜比等均是基于独有的关键技术而获取高于市场平均水平的收益率。上海要适应智能时代和新经济的特点,制定文化装备业的新战略,列出一批开发关键技术的清单,整合政产学研金等方面的开发力量,通过技术优势发展市场优势,将规模经济转化为范围经济,为提升国家文化软实力做出更大的贡献。

---

① 托马斯·史班达:《"范围经济"将取代"规模经济"?》[J],IT 经理世界,2017(09):64—65.

勇当新发展排头兵

——浦东新区文化产业新业态建设

邵　洁①

摘　要　近年来,浦东新区贯彻国家战略和《上海市社会主义国际文化大都市建设"十四五"规划》,全面贯彻新发展理念,落实高质量发展要求,围绕"两中心、两之都、两高地"建设目标,以推动长三角一体化高质量发展和自贸试验区改革开放的全面深化为契机,积极促进文化和科技深度融合;大力发展以"文化＋科技""文化＋数字"为主要特色的文创产业新业态,在加速文化空间建设中提升文创产业的创新能级;通过培育文创产业新业态,提升文化软实力,提高人民群众的获得感、幸福感,建设更具时代魅力的国际文化大都市文化发展创新示范新高地。

关键词　浦东新区　文化产业　创新升级

2020 年是浦东开发开放 30 周年,中共中央总书记习近平在浦东开发开放 30 周年庆祝大会上的讲话中强调:在新征程上,要把浦东新的历史方位和使命,放在中华民族伟大复兴战略全局、世界百年未有之大变局这两个大局中加以谋划,放在构建以国内大循环为主体、国内国际双循环相互促进的新发展格局中予以谋划,准确识变、科学应变、主动求变,在危机中育先机、于变局中开新局②。

---

① 邵洁,上海东方文创发展中心理事长、工商管理博士,从事城市文化发展与创意经济的研究。曾担任上海市数字内容产业促进中心副理事长。
② 习近平:《在浦东开发开放 30 周年庆祝大会上的讲话》,北京:人民出版社,2020 年 11 月。

2021年4月,《中共中央 国务院关于支持浦东新区高水平改革开放打造社会主义现代化建设引领区的意见》发布,赋予浦东五大战略定位,提出两个阶段发展目标,即打造更高水平改革开放的开路先锋、自主创新发展的时代标杆、全球资源配置的功能高地、扩大国内需求的典范引领、现代城市治理的示范样板。到2035年,浦东全面构建现代化经济体系,全面建成现代化城区,全面实现现代化治理,城市发展能级和国际竞争力跃居世界前列;到2050年,建成在全球具有强大吸引力、创造力、竞争力、影响力的城市重要承载区,城市治理能力和治理成效的全球典范,社会主义现代化强国的璀璨明珠①。

浦东新区自觉承担起党和国家所赋予的历史使命,在经济、科技、社会、文化等各方面取得了举世瞩目的重大成果,2020年的地区生产总值预计突破1.3万亿元②。浦东新区在"十四五"期间,将以打造集成电路、生物医药、人工智能的三大世界级产业集群,以"六大硬核产业"引领先进制造业集群发展,以文化创意与资产管理、融资租赁、总部经济、大宗商品、专业服务作为六大服务经济向高质量方向发展。浦东新区的文创产业已经成为浦东新区支柱产业之一,影视、演艺、艺术、网络文化等板块均实现稳步增长。其中,数字文化产业、休闲娱乐的发展表现更加强劲。这为上海推动城市数字化转型、提升城市文化软实力做出了积极贡献,也提供了有益的经验。

一、树立使命担当

(一) 以顶层设计确立战略目标

1. 不断完善产业政策体系

浦东新区政府紧紧围绕党和国家的重大战略,从全球化高度对发展文化

---

① 《中共中央 国务院关于支持浦东新区高水平改革开放打造社会主义现代化建设引领区的意见》,2021年7月15日,http://www.gov.cn/zhengce/2021-07/15/content_5625279.htm

② 《浦东2020年地区生产总值预计突破1.3万亿元》,浦东发布,2021年1月19日,https://m.thepaper.cn/baijiahao_10849277

产业进行顶层设计,发布了一系列文化政策的"组合套餐",其中既有纲领性文件,也有保障性实施路径。如《浦东新区文化活力和影响力提升"十三五"规划》,提出到 2020 年基本建成上海国际文化大都市的核心功能区和核心示范区的目标[①];《浦东新区打响上海文化品牌、打造文化高地的实施意见》作为浦东新区从"十三五"到"十四五"期间文化发展的纲领性文件,明确提出要集全区之力发展文化产业,聚焦两条主线包括建设特色文化集聚带和提升"文化+"的四大平台;《浦东深化现代公共文化服务体系建设三年行动计划》强调了要推动公共文化服务标准化、均等化,精准配送优质文化资源;《浦东落实"市文创 50 条"的实施办法》明确提出把电竞产业、影视产业、数字内容、文化贸易、演艺、文化装备作为六个核心板块;而《浦东文化空间布局专项规划》《关于加强浦东新区不可移动文物保护工作的实施意见》则分别提出了文化空间配置标准、发展轴线和产业集聚区等空间布局规划、文物保护的管理评估和实施方法。

浦东新区不断完善文化产业发展政策,包括通过数据统计和产业研究给予支撑。浦东新区以《浦东新区文化统计概览》颁布文化发展统计数据,同时从 2018 年到 2020 年连续形成年度的《浦东新区文化创意产业发展白皮书》,动态反映浦东新区文创产业的发展全景,提出对策性的意见和建议;《浦东新区关于支持人才创新创业促进人才发展的若干意见》强调在文化创意等领域"实施独角兽企业人才培育工程",重点扶持全球创新链、产业链高端领域的独角兽企业创业团队和项目,为文创产业储备高端人才蓄水池。浦东新区贯彻市委和市政府关于的推动城市数字化转型的重要部署,打造数字应用渗透最充分、数字技术基础最扎实、数字产业集群最丰富、数字要素资源最活跃、数字生态系统最具竞争力的示范区。[②] 这些不断完善的政策和举措,为浦东文化产业的可持续发展提供了有效的保障。

---

① 《浦东新区文化活力和影响力提升"十三五"规划》,上海市浦东新区人民政府官网,2018 年 5 月 21 日,https://www.pudong.gov.cn/14483.gkml_ghjhl/20220108/461450.html

② 《未来 5 年,浦东着力打造"3＋6＋6"产业体系》,人民资讯,2021 年 8 月 27 日,https://baijiahao.baidu.com/s?id=1709208714296629332&wfr＝spider&for＝pc

2. 优化文创产业管理机制

浦东新区在推动文化创意产业的发展机制上,形成矩阵式的治理体系。浦东新区文化及创意产业发展领导小组将商务委、发改委、科经委、财政局等部门和各开发区管委会纳入领导小组成员单位,并增加部分镇政府、开发公司。浦东新区颁布的《浦东新区文化创意产业园区(基地)认定及管理办法》,明确了各个文创园区的管理办法和牵头管理部门,加强了文创产业园区的基础建设和功能发挥。浦东新区与上海市委宣传部签订了部区合作方案,积极贯彻上海市《关于支持浦东新区改革开放再出发实现新时代高质量发展的若干意见》①,以争取更多的市级文化资源落实在浦东,不断培育高质量的文创产业发展项目。

浦东新区积极发展国际金融中心建设的优势,以金融作为文创产业发展的血液,以文化金融作为扶持文创产业发展的重要抓手。"十三五"期间,浦东新区以专项扶持政策,提出对于文化事业、文化产业(影视)等方面的专项资金管理办法,由区财政在五年内每年投入3亿元,到2021年累计投入15亿元②。浦东新区设立的"人民浦东"文化产业基金,规模为15亿元,募集目标50亿元,重点投资区内优秀文创企业。这些举措对壮大文创产业的独角兽企业、支持企业创新发展、提升企业发展生命周期发挥了积极作用,对培育文化新业态,推动文化新消费起了良好的促进作用。

(二)持续提升文创产业规模

1. 持续扩大产业规模

浦东新区采取多种举措扩大文创产业的规模优势。近年来,浦东新区文创产业的增加值保持两位数的平均增长幅度,在全国处于领先地位。2017年浦东文创产业增加值首次突破千亿,2019年达到1 097.88亿元,占全区增加

---

① 《关于支持浦东新区改革开放再出发实现新时代高质量发展的若干意见》,上海市人民政府官网,2019年6月25日,https://www.shanghai.gov.cn/nw12344/20200813/0001-12344_59426.html

② 《两个"15亿"撬动千亿级文化市场》,浦东时报,2017年11月1日,http://www.pdtimes.com.cn/html/2017-11/01/content_1_3.htm

值比重的 8.7%,营业收入达 3 351 亿元,增速 12.3%。根据浦东新区发改委的数据,2020 年在疫情防控的影响下,浦东新区文化及相关产业营收下降 6.6%,占全市比重为 16.3%,在全市各区中名列第二(第一名为徐汇区)。与此同时,浦东新区在数字文创和"互联网＋"领域显现了较强劲的韧性。2020 年上半年,浦东新区的互联网信息服务、数字内容服务、互联网游戏服务营收逆势上升,同比增幅分别达到 45.79%、43.91%、43.08%(笔者根据浦东新区 2020 年统计局数据做同比)。浦东新区以软件、数字内容、游戏动漫为特色的文创产业细分领域,在迎接严峻的挑战中获得了发展的新机遇。

2. 优化提升产业结构

浦东新区不断探索文创产业发展的规律,根据国际文化产业链和价值链的变化,持续提升文创产业的结构。有关专家研究了中国 275 个城市的异质性检验结果,指出数字经济能显著提升产业转型速度、产业结构高度化和产业结构合理化,为城市产业结构转型升级发挥了边际报酬递增的后发性优势,是驱动产业转型升级的重要着力点①。浦东新区聚焦于数字文化产业,大力发展网络文学、新型视听、数字动漫、电竞游戏等新业态,培育了一批细分领域的重点企业和骨干企业,提高了文创产业的内在驱动力。

3. 打造新型文化空间

浦东新区结合城市更新,推动文创产业与城市空间的有机结合,通过建设文化场馆、大型园区、演艺新空间等,激发文创新动能,促进文化新消费,从供给侧和需求侧两端发力。近年来,与上海迪士尼度假区联动的国际影视产业基地建设初具规模,吸引了诸多影视制作、发行机构集聚。位于浦东新区的上海国际旅游度假区和海昌海洋公园等引入特色驻场演出,开发文创衍生品,扩大了文旅融合的市场效应;世博展览馆、新国际展览中心、梅赛德斯-奔驰文化中心、上海东方艺术中心、东方体育中心、宋城大舞台等大型展演场所,努力提升服务水准和经营效益,成为长三角地区优质展演和顶级赛事的

---

① 李治国,车帅,王杰:《数字经济发展与产业结构转型升级——基于中国 275 个城市的异质性检验》[J],广东财经大学学报,2021,36(05):27—40.

首选举办地。

二、优化产业布局

（一）聚焦"一轴两廊一环"产业空间

1. 扩大延伸产业空间

浦东新区在"十四五"规划期间，把"一轴两廊一环"作为激发新型生产力的核心地区。浦东新区的文创产业聚焦重点，从原先的"一带一轴"即东西城市发展轴和滨江休闲带，逐步向"一轴两廊一环"拓展，为发展产业集群提供了更大的空间。其重点是根据垂直价值链和水平知识链的规律，强化文创产业集群的活力，从集聚、转型、升级向扩大、再集聚、提质而不断升级，打造产业经济与文化空间相结合的双螺旋形态。

浦东新区在打造文创产业新空间的过程中，把滨水文化功能带作为画龙点睛之笔。它对标伦敦泰晤士河南岸等典型案例，以陆家嘴、世博地区等作为聚焦区域，以世博演艺中心、东方体育中心、宋城大舞台、艺仓美术馆、1862时尚艺术中心、八万吨筒仓艺术中心、歇浦路8号等作为功能节点，强化文创产业的载体功能，体现了上海打造世界级滨水文化功能带的目标，把浦江东岸打造成为其中的一大亮点。

2. 创意生活跨界融合

在陆家嘴及周边地区，各个社区和街区统一规划，通过开放公共空间、举办公益活动等方式，推动园区、社区、街区、城区"四区融合"，营造跨界融合的"都市文化生活圈"。上海首个"楼道美术馆"就亮相陆家嘴地区东昌大楼，让老浦东人熟悉的大楼变身楼道美术馆[①]；位于张江产业园区的昊美术馆开放夜间展览，给张江科技城带来独特文化夜景；位于上海中心52楼的朵云书店，成为全国最高的书店；2021年金秋国庆，浦东新区推出了数字化的"世博VR

---

① 《上海首个"楼道美术馆"亮相东昌大楼，首展同一高度回望陆家嘴记忆》，文汇客户端，2021年8月8日，https://wenhui.whb.cn/third/baidu/202108/08/418671.html

全域文旅地图"①。在浦东新区文创产业的推动下,浦东各个区域的物理空间建设与符号象征内涵不断更新,城市的文化多样性和创造活力更趋活跃,也让更多的空间成为富有文化内涵、推动文化共享、促进文化生产的文创场景。

(二)突出国家级文创集聚区特色

1. 张江国家数字出版基地

创新是浦东新区的发展基因,也是文创产业不断增长的动力。张江国家数字出版基地作为全国首家国家文化产业示范基地、国家级数字出版基地和首批国家级"文化和科技融合示范基地",以文化和科技融合发展为主线,重点发展数字出版、数字创意技术、文化装备和动漫影视游戏四大文创产业集群,集聚了 2 000 余家相关企业,形成梯次合理的企业圈层。它以数字出版为亮点,集聚了阅文集团、哔哩哔哩、沪江、盛大游戏、喜马拉雅、蜻蜓FM、WIFI 万能钥匙等重点企业,培育了达观数据、众人科技、小蚁科技、七牛云、亮风台科技、小派科技、欢乐互娱、蝴蝶互动、优谈 TOP、精灵天下等一批"专精特"企业,以更多的中小微企业作为发展后备军,增强了可持续发展的能力②。

2. 外高桥国家对外文化贸易基地

外高桥国家文化贸易基地依托上海自贸区制度创新的优势,率先建立了公共服务、通道服务、交易服务和配套服务等四大功能和"一个平台,五个中心"(即上海国际艺术品 365 保税服务平台、上海国际艺术品保税服务中心、上海自贸区国际艺术品交易中心、版权服务中心、文创 IP 运营中心、艺术品评估鉴定中心)。该基地集聚了 1 300 多家文化企业,涵盖演出、娱乐、影视、动漫、游戏、出版、印刷、拍卖、艺术品交易、文化投资等领域。2021 年,全球面积最大的艺术品保税综合服务体——上海国际艺术品保税服务中心(面积 6.83 万

---

① 《国庆邀你"一键云游世博"! 上海世博 VR 全域文旅地图上线》,新闻晨报,2021 年 10 月 3 日,https://baijiahao.baidu.com/s?id = 1712594045408774515&wfr = spider&for = pc

② 相关资料根据《张江数字文创动态》2020 年版、2021 年 1—7 月版(张江文化控股创新服务部编)整理而成。

平方米)正式投入启用,其功能集艺术品仓储物流、展览展示、拍卖洽购、评估鉴定、版权服务、金融服务等六大板块于一体,提供了艺术品全产业链的配套服务,也为上海将来引进、承办更多高质量的全球艺术展会和繁荣交易市场提供了有力的保障。

3. 金桥移动视听产业园

浦东新区的"一轴三带一环"的"金中环"即金桥地区,经过十余年的产业培育,基本形成了"大视讯"产业集群,在细分领域形成了领先全国的优势。它依托"龙头企业 + 基地 + 基金 + 中小企业集聚"的发展模式,汇聚中国移动、咪咕视讯、天翼视讯、央广视讯、中投视讯和网达软件等为核心的一批运营商、内容供应商、软件服务商和服务提供商,发展移动视讯、移动物联、数字内容等产业,打造逐渐完善的网络视听产业链。它集聚了影创视讯、宙谷视讯、闵渔数字等企业,协力开发"VR + "等新型业态,打造文化生产力的新亮点。

(三)推动重大文化项目落地新区

浦东新区近年来开发了一批体现国际文化大都市实力和魅力的重点项目,以高质量的文化地标,营造具有全球影响力的城市文化空间。

1. 建设世界级水准文化地标

近五年来,浦东新区陆续建设上海图书馆东馆、上海博物馆东馆、世博文化公园、浦东美术馆、上海天文馆等五个具有世界级水准的文化地标。上海天文馆和浦东美术馆在 2021 年 7 月正式开放;上海图书馆东馆在 2021 年年底建成;建设中的世博文化公园面积近 2 平方公里,建成后将成为上海中心城区最大的公园绿地;上海天文馆面积 3.8 万平方米,是全球建筑面积最大的国际一流天文馆。它们将成为浦东新区具有全球影响力的文化新坐标。位于世博地区的上海大歌剧院于 2019 年动工,主体建筑面积 11 万平方米,将在"十四五"期间建成。它不同于传统的大剧院运作模式,将成为中国第一座集演出、创作、制作、艺教、展示和研究于一体,按全产业链要素设计建造的新型剧院。它在开业后第一年的演出目标为 650 场,吸引观众达到 65 万人次,为上海演艺市场带来一大批国际艺术精品。

2. 提升上海国际旅游度假区

位于上海城市东西主轴上的上海国际旅游度假区，以迪士尼乐园为中心，通过举办论坛、旅交会、电影节、薰衣草节等品牌活动，不断扩大辐射力和影响力，逐渐形成文旅消费标识度高、文商旅高质量融合发展态势。上海迪士尼主题乐园总投资 400 多亿，历时三年建成，是中国大陆首座、亚洲第三个、世界第六个迪士尼乐园，成为国内外亲子游客来沪旅游的首选地。在新型冠状病毒肺炎疫情防控的背景下，它成为全球首家恢复运营的迪士尼乐园，恢复后当年吸引游客达 500 万人次，成为全球主题乐园经营效益的标杆。它近年来增加了度假文化的内涵，增设了大量游客互动内容和演出场地，积极打造国际影视作品首发地和迪士尼影视项目合作地的形象，成为集购物、奇观、影视、游乐于一体的文旅胜地。它不仅仅是文化 IP，也是推动新消费的现象级文化地标。

3. 建成启用一批新文化设施

浦东新区从文化供给侧改革的角度，积极培育多元文化主体，激发新的文化生产力。经过筹备和建设，总投资超 60 亿元的前滩信德文化中心于 2020 年 7 月封顶，建筑面积超过 21 万平方米，在全部建成后将提供多元的文化表演、艺术展及国际会议，成为前滩地区最大的会展休闲娱乐综合体。近年来，浦东新区的青少年活动中心和群众艺术馆、张江戏剧谷、1862 时尚艺术中心、22 个"望江驿"服务驿站及浦东足球场、源深体育中心篮球馆、康桥 E-one 超级电竞园区、外高桥森兰电竞馆等项目相继落成，为浦东新区文化供给提供了新的载体。在"十四五"期间，浦东新区还将"上新"一批文体设施，包括浦东青少年活动中心及群艺馆、浦东足球场、久事国际马术中心、周浦体育中心、川沙体育场等，形成层次更加合理、业态更加丰富、布局更加均衡的文化设施格局[①]。

[①] 《未来 5 年，浦东将"上新"一大波重大文体设施》，浦东发布，2021 年 4 月 22 日，https://sghexport.shobserver.com/html/baijiahao/2021/04/22/415070.html

三、培育新兴业态

（一）数字文创形成新兴业态

浦东新区顺应"互联网＋"和"文化＋科技"大趋势，加速建设数字文化经济新生态，重点打造数字娱乐、数字出版、网络文学、网络视听、动漫游戏等数字内容产业集群，不断开发数字文创的新业态和新消费模式。浦东新区以一批重点企业带动产业链的创新，依靠功能平台引入资源，加强与产业链上下游的合作，推动文化科技的融合发展。在网络文学领域，阅文集团等发挥引领作用，以优质 IP 的开发带动产业链的后续环节；在网络视听领域，咪咕、天翼、央视、央广等国有企业和喜马拉雅、蜻蜓 FM、哔哩哔哩、咪咕视讯、PP 视频等民营企业在细分市场中扬长避短，形成优势互补的格局，持续深耕二次元、体育直播、手机视频等垂直品类；喜马拉雅和蜻蜓 FM 成为国内音频服务市场占有率第一和第二位的领军企业，并且向"有声城市"等跨界服务的广阔领域拓展；在动漫游戏领域，盛大、网易、完美世界、空中宏电、九城、河马动画、韬图动漫等成为发展迅速的主力军团。与之相适应，中国国际数码互动娱乐展览会、中国国际动漫游戏博览会等重大展会活动持续在浦东新区举办，成为中国动漫游戏领域最具影响力的顶级活动。

（二）网络视听带动新型消费

浦东新区多年来耕耘网络视听产业，逐渐形成产业集聚和创新的高地。金桥移动互联网视听产业园依托 5G 产业生态园，集聚了华为上海 5G 创新中心、上汽联创智能网联创新中心、中国移动上海产业研究院 5G 应用创新中心、中国信通院 5G 标准开放实验室"四大开放平台"，同时大力推进"5G＋"超高清视频平台、5G 国家级智能车联网大视频平台、金桥"5G＋"超高清产业人才培养与交流服务平台、5G 移动视频端到端安全管控平台等项目建设，形成大中小微企业相互结合的发展模式。央广视讯与咪咕视讯等开展深度合作，在丰富播出内容同时，扩大移动视讯产业规模，建立超大规模、高并发量和高可靠性的视频云计算中心,打造全开放式的专业视频数字内容发布平台,不断完善视听内容与技术研发相结合的产业生态。

（三）电竞产业成为新增长点

浦东新区贯彻"上海电竞 20 条"等政策,把电竞产业作为新的文化生产力进行培育。近年来,浦东新区连续举办大型电竞赛事,包括推动全球顶级电竞赛事第九届 DOTA2 国际邀请赛(TI9)2019 等项目;以梅赛德斯-奔驰文化中心作为主场,推动了完美世界和 Steam China 平台、电竞俱乐部等相继落地;吸引 2020 年英雄联盟全球总决赛(S10)在浦东足球场举办[1],该赛事首次采取了 XR 扩展现实技术进行直播,提供沉浸式体验技术,增强了电竞传播的冲击力和吸引力。拳头游戏首席执行官尼克洛·劳伦特(Nicolo Laurent)为之感慨道:"这一年上海或许已经成为了全球的电竞之都。"[2]2021 年 1 月,2020 世界一级方程式(简称 F1)电竞中国冠军赛全国总决赛在浦东新区融媒体中心落下帷幕,整个赛季吸引了约 5 300 万人次观众,同比增长超过 1 倍[3]。这些现象反映了浦东的电竞产业正在逐渐壮大,获得了越来越多公众的认同。浦东新区从建设电竞核心功能区,到建立赛事运营、场馆建设、人才服务、企业融资、赛事直播、基地孵化等诸多体系,逐步形成多业态整合的电竞产业集群和优良生态。

四、文化点亮城市空间

（一）多彩活力点亮滨江文化空间

浦东新区结合重大文化设施建设,把保护和开发工业遗存与植入优质的文创内容结合起来,让城市文脉与创意创新相辅相成。经过多年的建设,上

---

[1] 《30 个大项目将为浦东电竞业"充值"百亿营收》,中国发展网,2020 年 7 月 25 日,https://baijiahao.baidu.com/s?id=1673168252214286171&wfr=spider&for=pc

[2] 《英雄联盟全球总决赛 S10 与"全球电竞之都"上海彼此成就》,中国新闻网,2020 年 10 月 30 日,https://baijiahao.baidu.com/s?id=1681941892747431190&wfr=spider&for=pc

[3] 《F1 电竞中国冠军赛全国总决赛浦东落幕》,上海市浦东新区人民政府官网,2021 年 1 月 18 日,http://www.pudong.gov.cn/006001/20211210/84637.html

海船厂地区、陆家嘴南北滨江、东昌滨江绿地、世博园区滨江绿地等重点区域,从记录城市记忆和百年沧桑的老工厂、老码头和老仓库升级成为绿地公园、亲水岸线、高品质的公共活动空间。浦东新区结合滨江地区的城市更新,重点构建以文化演艺、艺术展览、艺术品交易、创意设计、精品酒店等为主导的公共活动和文创区域,打造集文化贸易、市民生活、休闲旅游、娱乐于一体的文化新天地,建成世界一流文化滨水区[①]。如 2017 年 9 月启动建设的浦东美术馆由法国世界级建筑大师、普利兹克奖得主让·努维尔设计,由陆家嘴集团投资、建设和运营,展馆面积近 4 万平方米,在 2021 年 7 月正式开幕。它以三场艺术大展和伦敦泰特美术馆联动,阐述了以人文点亮城市的浦东胸怀。

(二)国际展演活动聚焦世博地区

世博地区作为上海打造亚洲演艺之都的核心承载区之一,引入了一大批有世界影响力的演艺、赛事、展览、展示等项目,包括 NBA 中国赛、环球马术冠军赛、回向国际标准舞公开赛、太阳马戏、世界人工智能大会等。世博地区依托一批重点文化场馆,积极开展品牌传播,集聚各种城市流量,营造有利于国际展演活动的优良生态。在疫情防控的背景下,世博地区管委会积极打造专业剧院、大型演唱会、户外音乐节、旅游演出、娱乐驻场秀等五大展演板块,并且在 2021 年推出了云端数字化文旅,以多层次的传播方式,扩大优质展演活动的辐射力和影响力。

(三)多点集聚营造美好创意生活

临港新片区发挥政策优势,积极建设文创产业园区和创意小镇,导入国际社区服务、品牌书店、艺术场馆等文化业态。该地区包括川沙、高桥、惠南、周浦、新场、航头等城镇,拥有丰富的江南文化资源。它以文创产业为核心、

---

① 《来这里邂逅上海,远眺未来,浦江东岸打造世界"会客厅"新地标》,文汇客户端,2019 年 5月 12 日,https://wenhui.whb.cn/third/baidu/201905/12/262088.html

以特色空间为亮点,结合新型城镇化建设,积极打造红色记忆小镇,串联起第一楼茶园、新场历史文化陈列馆等红色旅游路线①。它贯彻党和国家关于乡村振兴的部署,深度挖掘乡村文化资源,建设"缤纷社区""美丽庭院"等,打造特色化的乡村文创品牌,成为浦东文创产业的又一道风景线②。

五、勇当开放先锋

(一)依托自贸区推动制度创新

1. 建设文创产业领域的审批服务集成体系

浦东新区依托自贸区先行先试的优势,在文创产业领域大力推进"放管服"和"一网通办"的改革,建立演出场馆、电影放映等 10 个综合监管平台,形成以分类监管为特色、服务与监管相结合的闭环监管机制,不断简化文创企业区级审批事项,建立文创企业审批许可绿色服务通道。浦东新区率先开展"证照分离"改革全覆盖试点,在文化、广电、影视、新闻出版、旅游等涉企经营许可方面,为企业提供更多的便利化服务。浦东新区建立国家文物进出境审核上海管理处上海自贸区受理站,建立市文广影视局(市文物局)浦东新区受理点等项目,为浦东企业提供市、区两级文创审批集成服务③;引进上海市电竞协会,在浦东率先开展电竞运动员注册制,落实电竞产业标准体系,探索电竞运动员学历贯通体系④。

2. 依托特殊经济功能区推动文化产业的监管服务创新

浦东新区在全国率先推出艺术品"先进区后报关""保税出区展示"等模

---

① 《浦东:活化利用红色资源 打造红色记忆小镇》,东方财经浦东频道,2021 年 3 月 15 日,https://m.thepaper.cn/baijiahao_11718165

② 《上海浦东探索乡村振兴:新经济如何赋能新乡村?》,中国新闻网,2020 年 9 月 22 日,https://baijiahao.baidu.com/s?id = 1678500272820736575&wfr

③ 《缩短十公里办事距离,上海浦东试点市级文化审批项目区内受理》,澎湃新闻,2018 年 3 月 22 日,https://www.thepaper.cn/newsDetail_forward_2037707

④ 《顶级电竞赛事移师上海浦东 率先试点电竞运动员注册制》,新华社新媒体,2018 年 11 月 28 日,https://baijiahao.baidu.com/s?id = 1618391939646015052&wfr = spider&for = pc

式,有效推动了艺术品通关、展示、交易的便利化①。上海自贸区突破艺术品到港预申报,美术品进境备案环节批文取消,把批文和保税展示审批从 20 天缩短为 5 天,并且经国家文物进出境审核上海管理处上海自贸区服务点实现了进出境海关无纸化申报。截至 2020 年末,浦东新区的专利申请达 18.4 万件,发明专利的申请达 3.4 万件,每万人的发明专利达 90 件。2021 年 8 月,浦东新区颁布了《浦东新区知识产权发展"十四五"规划》,对标国际标准,加强知识产权的国际合作,努力把浦东新区建设成为具有国际竞争力的国家知识产权发展新高地②。

(二)担当国际文化贸易排头兵

1. 做大对外文化贸易总量

近年来浦东新区依托自贸区优势,发挥一批文化贸易重点企业的效应,提升文化贸易平台的功能,在对外文化贸易领域不断提升综合效益,增强了国际文化贸易竞争力。上海自贸区已成为全国最快捷高效的艺术品进出境通道。经由上海自贸区操作的进境艺术品(含文物)4 400 余件/套,占全市近60%;其中文物从 2016 年 61 件增至 2020 年 1 930 件/套,占全市 40%,在全国自贸区中居首位③。国家对外文化贸易基地(上海)发挥了重要的组织和推动作用,连续多年组织本土文化企业赴海外参加重要国际展会,拓展海外文化市场。

2. 推动中华文化走向世界

浦东新区积极推进中国文化走向世界,为世界人民贡献更多的文化产品。浦东新区所推动的对外文化贸易内容,从工艺美术品、文化用品、文化科

---

① 《引领区一线探访　在全球面积最大的艺术品保税服务中心,4 小时实现极速通关》,文汇客户端,2021 年 7 月 27 日,https://wenhui.whb.cn/third/baidu/202107/27/416164.html

② 《浦东新区知识产权发展"十四五"规划发布　打造世界一流的知识产权保护标杆》,上观新闻,2021 年 8 月 19 日,https://sghexport.shobserver.com/html/baijiahao/2021/08/19/516436.html

③ 《上海自贸区保税区域:已成为全国最快捷高效艺术品进出境通道》,澎湃新闻,2021 年 7 月 27 日,https://baijiahao.baidu.com/s?id = 1706406337854241220&wfr = spider&for = pc

技设备等,扩展到演艺、影视、动漫等内容领域,并且在数字文化产业的对外贸易领域获得了长足的进步。其中,如阅文集团的国际版 APP 连续上线日文版、英文版、西班牙语版,发布了超过 70 万个专辑、1 000 万条音频内容,吸引了众多海外用户;哔哩哔哩不断深化动画领域国际化合作,它与 Discovery 等进行深度合作,成为国内规模最大的纪录片出品方和播出平台之一,促进本土原创的动漫产品进入国际市场,提升中华文化的对外传播效能;盛趣游戏以原创 IP 出海与全球 IP 合作相结合,积极布局新的市场领域;喜马拉雅在日本建立分支机构,上线日本版 APP "Himalaya";起点中文网上线海外站"起点国际",覆盖多语种服务,将海量网络文学作品向全球推广,推动中国网络文学在全球化的舞台上广泛传播。

　　浦东新区围绕国家发展战略,以规划领先、优势聚焦、重点带动,将重要文化项目建设和多元城市空间发展相结合,把文化新业态与文化新消费相结合,推动文创产业不断迈向高质量发展的新阶段,为全国其他城市提升软实力提供了宝贵的经验。

百视 TV（BesTV＋）：打造新型综合性网络传播平台

花　建① 　傅晓红②

摘　要　数字经济以"五全基因"——全空域、全流程、全场景、全解析和全价值给媒体产业带来了革命性的机遇，也给国有广播电视机构的数字化转型带来了三大挑战。SMG（上海广播电视台、上海文化广播影视集团有限公司）积极开拓国有广电集团的转型升级之路，推出新型平台型产品百视 TV（BesTV＋）。它在总体定位上，以视频流媒体为主要形式，以 SMG 的内容资源为强大支撑，以 C 端客户特别是新世代人群为主要目标；它在运作机制上，以"视频＋内容＋电商"为运营模式，以"四个打通"为主要优势，成为主流媒体集团转型的"先锋队"；它在竞争优势上，突出内容赋能产业，以互联网思维挖掘 SMG 积累的内容生产制作优势和多元产业布局能力，争取 IP 内容的自由和数据开发的自由；它在市场开发上，探索线上线下混合的全渠道零售模式，不断发掘中国本土以及海内外的新锐品牌，以品效合一助力新消费。百视 TV（BesTV＋）为国有广电集团的转型提供了有益的经验。③

关键词　BesTV＋　主流媒体　深度融合　新型平台

---

① 花建，上海社会科学院文学研究所研究员，上海社会科学院文化产业研究中心主任，北京大学文化产业研究院研究员，《上海文化产业发展报告》（蓝皮书）执行主编，长期从事文化产业、城市文化、国际文化贸易等方面的研究和决策服务。

② 傅晓红，上海社会科学院文学研究所研究生，从事文化产业和电影经济等方面的研究。

③ 本文是针对百视 TV（BesTV＋）的转型创新成果所做的研究报告，本文的研究获得吕钟、方倩敏、辛涛、王欣等的大力支持，吸取了他们的意见和建议，谨此致谢。

一、大潮冲浪：国有广电集团转型的三大挑战

（一）广电媒体数字化转型的大势所趋

跨入新时代，推动高质量发展、打造高品质生活成为中国文化产业发展的主旋律。这是中国文化产业从 20 世纪 90 年代后期正式起步以来的一次深刻转型，其转型的重点在于：随着中国实现民族伟大复兴两个百年的转换，跨入全面建设社会主义现代化国家的历史阶段，中国文化产业将从相对粗放式、低效率、注重文化用品和相关周边产品为主的发展模式，向高质量、专业化、注重文化核心内容和知识产权为主的发展模式转化；中国发展对外文化贸易将从以劳动力密集型、初级加工密集型为主的文化产品出口，向创意密集型、资本密集型、科技密集型为主的文化产品和文化服务出口转化；中国的文化消费市场将从大众化、批量化、供给型的模式向特色化、个性化、时尚型、互动型的模式转化；中国的文化生产力模式将从依赖资源禀赋型、资本驱动型逐步向创新驱动型、贸易流通型转化。这一升级过程得到了数字经济的强有力推动。

"数字化之所以能够颠覆传统，就在于它所拥有的五全基因——全空域、全流程、全场景、全解析和全价值"[1]。数字化打破了区域和空间的限制，把过去文化产业的在地生产、在场生产、在线生产都融合在一起；数字化渗透到人类生产和生活的每一个节点，可以 24 小时不间断地持续信息搜集和数据处理；数字化跨越了行业界限，把人类涉及的场景包括微观世界和外太空全部打通；数字化结合 5G、大数据和人工智能等技术，可以在极大的范围内研究自然界和人类社会的动态解析模型；数字化通过大数据的海量流通和高速处理，穿透各种自成一体的价值体系，整合成为高度融合的巨大价值链。

在数字经济大潮的推动下，上海市委和市政府明确提出"加强顶层设计、聚焦重点难点、创新推进机制，加快打造具有世界影响力的国际数字之都[2]"，

---

[1] 黄奇帆：《数字化重塑全球金融生态》[J]，探索与争鸣，2019(11)：5—8.

[2] 《李强：事关全局，事关长远，进一步增强全面推进城市数字化转型坚定性紧迫感》，人民网，2020 年 12 月 11 日，https://baijiahao.baidn.com/s? id = 1685746652082986999&wfr

其重点包括率先应用新技术，用数字化场景牵引技术创新和广阔市场空间；率先转换新动能，用数据要素配置链接全球资源、大力激发社会创造力和市场潜力①；在广播电视和媒体领域，党和国家颁布了《关于加快推进媒体深度融合发展的意见》，广电总局提出了《关于加快推进广播电视媒体深度融合发展的意见》。这就意味着，城市文化产业包括广播电视的产业链、创新链和价值链及各个环节，都要全方位赋能、整体性转变、革命性重塑。

（二）国有广电媒体转型的三大难题

数字化转型对文化产业的各门类和各类企业都提出了转型和升级的紧迫挑战。在这其中，国有广电媒体转型面临着三大特殊的问题，需要在分析普遍趋势的同时，更加精准地把握其中的特殊规律：

第一，国有广播电视机构必须改变长期以来的由点向面、单向传播的方式，加快适应多向互动、精准到人、实时反馈的网络传播方式；必须改变多年来依赖广告营收的经营方式，与新媒体采用的广告、会员、商城、游戏、直播、衍生产品等多元化的商务变现方式相适应，并且对下一波的创新浪潮保持一定的提前量。这就必须对机构长期以来的战略定位和运营模式及人才结构、管理方式等做出深刻的调整，要敢于破"旧规"，更要善于立"新规"。

第二，国有广播电视机构承担着传播主流文化和意识形态的导向工作，也承担着基本公共文化产品和公益性文化产品的供给，维系着中国文化生态的多样性和丰富性，必须把社会效益放在第一位，做好风险管控工作，保持宣传工作的稳定性，争取社会效益和经济效益的统一。这就要求机构在推动数字化转型时要采取稳妥和有效的方式，既要有探索的"突击队"，又要有保持稳定的"护城河"，并且在这两端之间保持灵活的弹性。

第三，国有广播电视机构在整个文化产业领域中，属于重资产、投入多、工种多、影响大的门类，具有牵一发动全身的特点。政府对于国有广电机构

---

① 《关于全面推进上海城市数字化转型的意见公布》，国家互联网信息办公室官网，2021 年 1 月 8 日，http://www.cac.gov.cn/2021-01/08/c_1611676479346954.htm

有资产保值和增值,包括收入、净利润等方面的指标要求。根据中宣部文改办、财政部科教和文化司《国有文化企业改革发展报告(2020)》,全国地方国有文化企业的有关经营和盈利指标处在较低水平,如人均营业收入为 102.1万,人均利润总额仅为 7.3 万元。其中,新闻信息类的资产总额占比 8.9%,营业总收入占比 7.4%,增减幅度为 - 7.3%,利润占比 10.4%,增减幅度为 - 10.9%,而且营业收入和利润下降的趋势连续多年。[①] 这就要求机构面对这一现实,把数字化转型与国有文化机构的体制改革结合起来,在推动数字化转型时大胆探索新的经营管理模式,把重要的资源聚集到产生最大效益的环节,在瞬息万变的新媒体市场竞争中形成独特的优势。

二、为"转"而生:做集团转型的"先锋队"

(一) 确立新型平台的战略定位和主要形式

在国有广播电视机构面临历史性转型的重要关头,SMG(上海广播电视台、上海文化广播影视集团有限公司)再一次发挥了改革开放排头兵作用。SMG 是全国范围内领先、拥有完整产业链的新型主流文化传媒集团,截至2020 年末资产总额超过 650 亿元,净资产达到 440 亿元。SMG 与旗下的东方明珠连续蝉联世界媒体 500 强,SMG 稳居全国媒体前五位;东方明珠已经连续 9 年入选全国文化企业 30 强,并且荣获《财富》杂志评选的中国企业 500强、中国互联网企业 100 强和中国品牌价值 100 强。

根据国家关于加快推进媒体深度融合发展的方针,上海市委和市政府关于全面推进上海城市数字化转型的战略部署以及 SMG 转型的内在要求,2020 年 9 月 SMG 正式推出新型平台型产品百视 TV(BesTV +)。它的总体定位在于以视频流媒体为主要形式,以 SMG 的内容资源为强大支撑,以 C 端客户特别是新世代人群为主要市场,以"视频 + 内容 + 电商"为运营模式,以"四个打通"为主要优势(即打通渠道和内容、打通大屏幕和小屏幕、打通线上

---

① 中宣部文改办、财政部科教和文化司:《国有文化企业改革发展报告(2020)》,第 29—31 页。

和线下、打通专属网络和移动互联网），以创新创意作为企业文化之核，努力打造成为一个代表主流文化、自主可控、品质优良、传播力强的新型综合性网络传播平台。

百视 TV(BesTV＋)的这一定位建立在科学分析流媒体和 MCN 潮流的基础之上。从广义上说，流媒体可以作为 MCN 经济的组成部分。MCN(Multi-Channel Network)作为一种依托多频道网络传播的经济形态，兼有文化新媒体和在线新经济的双重属性。MCN 将不同类型的 PGC(专业化生产)组合起来，采用了流媒体技术和互联网思维，实现内容的持续输出和实时反馈，促进商业的稳定变现，其形式包括流媒体服务、中短视频、图文、直播＋、VLOG、网红经纪等。而 MCN 经济近年来的一大问题是内容机构和平台机构过分追求规模扩张，造成管控失当，引发内容滑坡和公信力的坍塌。在这一背景下，百视 TV(BesTV＋)的突破重点是开发优质的 IP 资源，保证内容品质的可控与增效，从而形成独特的核心竞争力。

工欲善其事，必先利其器。作为 SMG 推出的新型平台型产品，百视 TV(BesTV＋)犹如强大集团军所派出的一支精锐灵活的特种部队，率先突入强手如林、风险莫测的新战场，不但要保持自身的生存率，更要率先建立多样化的模型，为集团带回一条可行的新发展路径。这一创新型举措获得了 SMG 管理层的全力支持。第一，在流媒体内容开发的导向方面：百视 TV(BesTV＋)设立每月节目评比"媒体融合奖"，其评比指标主要考虑节目的吸引用户(拉新)、点击量、转换率(销售额)等；第二，在孵化优秀创意的扶持举措方面，实施"B＋蜂巢计划"，不定期在 SMG 内部进行内容创意征集、孵化，并且在第一期就收到 100 多个节目创意，经过三轮筛选出 10 个方案；在资金支持的力度和标准上，将相关节目分为 4 级：S 级(大型直播综艺)、A 级(常规卫视节目)、B 级和 C 级(其他节目)，对单个节目给予 5 万—300 多万不等的资金扶持；第三，在 KPI 进行年终额外加分和减分制度方面，根据入选节目即蜂巢计划的情况进行评选，积极配合百视 TV(BesTV＋)的给予加分，不配合的减分；第四，在人力资源的投入方面，百视 TV(BesTV＋)节目所产生的额外人力成本不计算人集团的人力成本管控之中，以配合集团优化内部人力结构，使人力成本支出更加高效。

（二）以优质的流媒体内容为核心竞争力

百视 TV（BesTV＋）团队把建立优质的流媒体内容和吸引客户群的稳定增长放在提质增效的第一位，这也是世界范围媒体企业转型的宝贵经验。从企业经营角度看，任何一个增长曲线都存在一个极限点，经过这个极限点后进入下滑阶段。优秀的企业善于在第一增长曲线到达极限点之前启动第二增长曲线，从第一个增长曲线突然跳到第二个增长曲线，即非连续性的突变。如 Netflix 从 1997 年成立的影视 DVD 出租连锁机构快速转型成为一家新型的流媒体企业，将自己的服务嵌入 PC 端、电视端、移动端等，让用户可以用单一账号访问多个终端。从 2013 年开始 Netflix 再次大幅度转型，投入巨资自制电视剧《纸牌屋》等。它以优质内容推动全球用户从 2010 年的 2 000 万提升到 2018 年底的 1.39 亿，其市值在 2018 年达到 1 840 亿美元，10 年间涨幅 6 168.47%[①]，一度超过了老牌的影视和娱乐巨头华特·迪士尼公司。

与其临渊羡鱼，不如退而结网。在 SMG 和东方明珠的大力支持下，百视 TV（BesTV＋）的运营主体——东方龙公司逐步建立了跨屏合作体系，使用户可以用单一账号访问多个终端，并且把注意力逐渐向移动终端转移。它建立了"融屏原创中心""二创中心"等由"网生一代"组成的内容创制团队，充分挖掘 SMG 存量内容，在开发创新中形成增量内容，使得节目内容更符合时代潮流，更能吸引新生代的观众。这实际上就是为 SMG 在第一增长曲线到达极限点之前探索第二增长曲线。百视 TV（BesTV＋）组建近一年多来，建立了新的内容供应矩阵：

头部内容：以长视频为重点，长度在 15 分钟以上，以东方卫视作为优质内容提供方，东方龙公司与之合资建立"融东方"，邀集一批新锐的独立制片人进行定制和改编，内容包括少儿、访谈、综艺、科教、主题片和纪录片等。它

---

① 《这家美国媒体巨头市值 1 840 亿美元，10 年涨幅 6168.47%，却难解隐忧》，中国经营报，2019 年 8 月 10 日，https://baijiahao.baidu.com/s?id＝1641463983423945288&wfr

们是 SMG 获得大量奖项和丰富经验的优势领域,包括超过 150 万小时的强大节目版权库,覆盖了全品质内容。东方明珠也累积了 4 万部以上的电影版权,拥有超 800 部、5 000 小时的精品纪录片版权等。百视 TV（BesTV＋）以此作为重点,可以让流媒体的运作体现"用户价值思维",推动财务运营的良性循环,构建拉新促活的"护城河",形成高品质内容的竞争力优势。

腰部内容:以中视频为重点,长度多为 5 分钟—10 分钟,向短电视剧、短综艺节目、PGC 和 PUGC 的领域发力,形成垂直品类。正如《新媒体蓝皮书:中国新媒体发展报告 No.12（2021）》所指出的:截至 2020 年 12 月,我国网民规模达到 9.89 亿,其中网络视频用户规模达 9.27 亿,短视频用户较 2020 年 3 月增长 1 亿,达到 8.73 亿,占全体网民的 88.3%。2020 年中视频平台人均日消费时长月度增长趋势明显,增长率达到 10.2%。[1] 在视频行业竞争的下半场,比短视频长、比长视频短的中视频正在成为新赛道[2]。百视 TV（BesTV＋）以此作为新锐领域,可以突出制作优势,以横屏方式展现更为丰富的视觉信息,以专业化创作者为核心,开发场景、美食、音乐、健康、旅游、美妆等丰富内容。

底部内容:以短视频为重点,长度在 1 分钟—5 分钟,与相关机构和专业人士合作,灵活而广泛地涉及社交、娱乐、美妆、虚幻、家事、萌宠、动漫二次元等内容。这样做有利于百视 TV（BesTV＋）保持与新生代消费者群体的密切接触,感受瞬息万变的市场动向和消费者诉求,也有利于从短视频制作者中发现新锐的创作团队,形成更有竞争力的合作联盟。

百视 TV（BesTV＋）采用的上述内容供应矩阵,既有头部的长视频以显示高品质制作的优势,又以腰部的中视频承上启下,再以底部的短视频亲近新生代消费者群体和市场动向。这样可以依托 SMG 的大量版权内容优势,在新的赛道上加速奔跑,通过开发细分市场而加强变现能力。

---

① 业界普遍认为中视频是比短视频长,比长视频短的形态,而对中视频的具体长度没有统一的标准。这里参照百视 TV（BesTV＋）的具体情况,表述为 5—10 分钟。

② 中国社会科学院新闻与传播研究所:《新媒体蓝皮书:中国新媒体发展报告 No.12（2021）》,北京:社会科学文献出版社,2021 年 7 月。

三、发力重点：在艰难求索中寻求两大自由

（一）IP 自由：适应新人群的新内容

歌德有一句名言："在限制中显出能手,唯法则能给我自由。"为了贯彻党和国家关于推动媒体深度融合发展的部署,SMG 加强对于流媒体技术和市场规律的研究,并且形成因势利导的竞争思路。流媒体技术也称流式媒体技术,即把连续的影像和声音信息经过压缩处理后放上网站服务器,让用户一边下载一边观看和收听,而无须等整个压缩文件下载到用户的计算机或者其他视听终端上才可以观看的网络传输技术。流媒体服务具有三大特点：连续性、实时性、时序性。从 2018 年以来,老牌的娱乐和媒体业跨国公司加快转型,推出了 Disney＋、Apple＋、NBCPeacock 等新型模式。流媒体创新已经成为国际传媒界竞相探索的前沿。在这个背景下,SMG 结合中国广电产业转型发展的趋势,积极探索媒体深度融合发展的新模式。

SMG 是中国目前产业门类最多、产业规模最大的省级新型主流媒体及综合文化产业集团。依托上海作为国际化大都市的强大实力与文化底蕴,经过改革开放以来数次大规模的整合与拓展,SMG 的产业版图中包括：具有强大制作能力的广播和电视频道及其丰富内容;以东方购物、B＋商城为代表的购物零售;以小荧星、哈哈炫动、空中课堂为代表的少儿教育培训;以第一财经、一财数据公司为代表的财经服务;以五星体育、天鹰转播为代表的健康体育;以东方明珠塔、国际会议中心、东方绿舟为代表的文化旅游以及以文广演艺集团为代表的现场演艺等等。此前传统广电媒体的线性播出方式局限于"以播出为中心"的固有思维,即围绕节目播出这个中心点大量投入基础设备、人力资源、业务资金等。这也导致形成了以广播和电视广告为主要盈利来源的运作模式。这种模式滞碍了内容资源价值的充分释放,导致很多节目"一播了之"或者"一演了之",它已经落后于数字经济时代和互联网思维,也不适应SMG 日益壮大的综合实力和多样化的制作能力。有鉴于此,百视 TV（BesTV＋）瞄准了"IP 自由"和"数据自由",突出两大攻坚重点。

所谓追求"IP 自由"，即进行 IP 优质内容的精准开发和质量管控。这是贯彻融媒体战略的一大难题，其核心是要有适应新人群的新内容。百视 TV（BesTV＋）结合上海的实际情况，针对都市中追求时尚和活力的年轻人群，不断整合新的内容。如采用首播、独播的方式，推出的融屏综艺节目《完美的夏天》等，在东方卫视和百视 TV（BesTV＋）的 APP 上同步首播，并在 APP 端增加了花絮和更新版内容，获得了流量攀升和用户满意度俱佳的效果。节目自开播以来连续数周位居同时段收视第一，CSM59 城最高收视破 1.76，获得全网热搜 100 个左右。

《完美的夏天》以夏日、海滩、度假为关键元素，以明星嘉宾和西岛居民日常相处为内容，鲜明地塑造了"亲海探索"的独特质感。"西岛浪五花"完成了许多个人生第一次：第一次做饭、第一次钓鱼、第一次赶海、第一次迎接海岛的暴风雨……他们在"岛化"的过程中获得了可贵的温情和质朴。"西岛浪五花"从初来乍到的火速破冰，到陆续开展的海岛电影节、龙舟挑战赛、新手代课记、拍环保短片、健能运动会、厨艺大比拼等，和女民兵一起军训，为当地的孩子们上课，最后举办了一场海岛音乐会，以此回馈西岛居民。《完美的夏天》作为东方卫视结合百视 TV（BesTV＋）流媒体战略融屏转型的试水之作，显示了"PGC 原创＋存量二创＋增量开发"的成效，初现了"内容护城河"与"流量蓄水池"效应。《完美的夏天》在百视 TV（BesTV＋）开设平台专区，让视频加长版及幕后精彩花絮只在百视 TV（BesTV＋）播出，利用优质独家内容吸引粉丝下载百视 TV（BesTV＋）客户端，实现高效导流及用户留存。

东方卫视和百视 TV（BesTV＋）的合作方式并不是单纯的台网联播，而是在"PGC 原创"做主力支撑的基础上进行锦上添花的"存量二创"。双方集聚优势资源，为百视 TV（BesTV＋）提供丰富的视频衍生产品，实现开发和增能。《完美的夏天》上线后，吸引了 200 多万电视大屏以外的年轻人群观看。又如《我们的歌》打出"代际潮音竞演"的概念，两代歌手通过盲选配对的方式，组队改编经典歌曲。它以首播形式出现在百视通大屏和百视 TV（BesTV＋）的 APP 上。这一项目把过去在正片以外在编辑机房剪辑掉的大量花絮短视频和加更版内容，经过提炼呈现在新媒体上，突出了正版节目质量上乘、幕后花絮亮点纷呈的特色。这些特别专题,传递了"YOUNG FOREVER"的理念,显示了 IP 优质内容的精准开发和质量管控。

(二) 数据自由：以新算法把握用户的需求

百视 TV(BesTV+)流媒体平台的战略重心,是基于四个"打通"策略,推动全渠道的文娱生活服务,构建一套内部联动机制和推动新消费的闭环结构。将 SMG 版图中的丰富内容进行有机结合是发展的关键,也是百视 TV(BesTV+)探索的主要意义。它推动"B+会员"服务体系,促进 SMG 产业版图中多品类服务的资源共享、权益互通、统分协同、交叉赋能,打造全方位的品质生活服务体系。

百视 TV(BesTV+)流媒体平台作为适应数字经济的新业态,努力抓住内容赋能产业这个基准点,强调用互联网思维,充分挖掘 SMG 多年来积累的内容生产制作能力和多元产业布局能力,以"内容+服务""内容+电商"等多种途径,来构建一个内容联动和新消费的闭环,打通价值创造和价值变现的"最后一公里"。这就必须形成新的数据开发战略,仅仅拥有"内容+服务"的双核驱动还不够,还必须把先进的数字技术作为实现流媒体战略的重要支撑。

在 2016 年 9 月举行的 G20 杭州峰会上,多国领导人签署通过了《二十集团数字经济发展与合作倡议》。它指出"数字经济是指以使用数字化的知识和信息作为关键生产要素、以现代信息网络作为重要载体、以信息通信技术的有效使用作为效率提升和结构优化的重要推动力的一系列经济活动"[①]。数字经济依赖数据、技术和人的智慧投入,这与工业经济依赖于能源、原材料和资金,农业经济依赖于土地、自然条件和初级劳动力的情况是截然不同的。英国《经济学人》杂志在 2017 年 3 月的封面文章中把数据比喻为新时代的资源"石油"。数据本身不能产生效益,要把它转化成为优质的可投资和可增值的价值量——数字资产,关键是进行交换、整合与创意,即依托"数据+计算

---

① 《二十国集团数字经济发展与合作倡议》,G20 官网,2016 年 9 月 20 日,http://www.g20chn.org

力"发挥人的想象力和创造力，提高文化产业的增量，才能实现报酬的递增和产业的可持续发展。百视 TV（BesTV＋）建立一年多来，深入探索数字经济的规律，不断强化"文化＋科技"的深度融合，与阿里数据合作搭建了许多相关系统，以便及时掌握节目的播出效果，了解每一个时段、每一种要素对于用户的吸引力，注重内容开发和用户体验，而非单纯提高节目的数量。

百视 TV（BesTV＋）积极探索新的算法，依托"数据＋计算力"而提升文化生产力水平，并且把运算的重点从 CPM 模式向 CPS、CPC 的运作模式倾斜。传统的 CPM（Cost Per Mille）计算模式，是一种按照千次曝光进行计算收费的方式，也称千人成本，是一种媒体或媒体排期表（SCHEDULING）送达 1 000人或"家庭"的成本计算方式。CPM 计算模式的数据采集和算法在媒体融合背景下需要不断更新。在数字经济和移动互联网时代，CPS、CPC 的运营模式更受资本青睐。所谓 CPC（Cost Per Click），即按照用户点击量来进行收费，是更加贴近于 MCN 经济的计算模式。MCN 将不同类型的 PGC（专业生产内容）组合起来，以数据开发为核心要素组织产业链，实现内容的持续输出和实时反馈，促进商业变现；CPS（Cost Per Sales）即通过实际的销售量进行收费，采用精确的流量进行数据统计，更适合购物类 APP 和流媒体的推广。百视 TV（BesTV＋）积极探索"CPM＋CPS"的运作模式，把握受众对节目的反应，精准到流媒体播放过程中以秒计算的时间段，以及对应的特定受众年龄、性别、职业、学历、收入水平等，包括筹备"粉丝购"计划，让百视 TV（BesTV＋）的会员享受折扣优惠。这就提升了流媒体战略针对受众需求的发力点。

四、从"新"突破：迎接新消费时代的到来

（一）探索全渠道的服务营销模式

新消费是指由数字技术等新技术、线上线下融合等新商业模式以及基于社交网络和新媒介所驱动的消费行为，具有带动消费增量、体现消费升级的特点。新消费不是原有消费的数字化，而是新供给创造的消费增量。2021 年7 月 19 日，国务院批准上海市、北京市、广州市、天津市、重庆市率先开展国际

消费中心城市培育建设。它所传达的重要信息是：中国将通过提供高质量的供给来拉动并创造国内新的需求，以带动整个消费的转型升级，从而对中国的消费复苏产生强劲的刺激作用。

阿里研究院与 BCG 波士顿咨询公司联合发布的《中国消费新趋势：三大动力塑造中国消费新客群》指出，新消费的三大主要动力是：崛起的富裕阶层、新世代消费者和全渠道的普及①。根据中国学者张辉的研究，我国坐拥 14亿人口的巨大市场，个人消费支出规模是相同人均 GDP 水平下美国、日本、英国、法国、德国、意大利、韩国个人消费支出总和的 1.35 倍。2015 年至 2018 年我国居民最终消费年均增长率是美国和欧盟国家的 2.9 倍②。更富裕、更具个性和品位、日益成熟的大批消费者正在中国快速成长。生于"80 后""90后""00 后"的"新世代"们逐渐成为品质消费的新力量，升级速度在五年内提高了近 8.7%；而中产阶级、富裕人群的消费也日趋多样化，他们青睐高端健康产品以及生活方式类产品，喜欢高品质的体验式服务，对消费的需求也越来越精细。

百视 TV(BesTV＋)通过打通渠道和内容生产、打通大屏和小屏、打通专网和移动互联网、打通线上和线下的全渠道文娱生活服务，为推动新消费赋能和发力，重点耕耘品牌消费、学习消费、时尚消费、健康消费、品质消费等。比如"空中课堂"是 SMG 和旗下东方明珠与上海市教委合作、在行业内领先的全媒体在线教育品牌。SMG 发挥旗下有线电视、百视通 IPTV、BesTV APP等大小屏多渠道视频集成与分发平台的全媒体优势，为"空中课堂"提供技术、编排、分发、播出、运营、数据等全方位资源支撑和服务保障，面向中小学生专题教育和成年人终身教育。它以"直播＋点播＋回看"多方式并举的方式推进了优质教育均衡化、公益化。在这个基础上，2021 年初，上海市教委与SMG、东方明珠联合推出在线教育新产品，即面向"50＋人群"打造全媒体终

---

① 《阿里研究院&BCG：中国消费新趋势，三大动力塑造中国消费新客群》，搜狐网，2017 年 6 月5 日，https://www.sohu.com/a/143754437_483389
② 《张辉：以国内国际双循环引领新型全球化》，澎湃政务号，2020 年 8 月 13 日，https://m.thepaper.cn/newsDetail_forward_8735068

身教育平台"金色学堂"，为老年人提供精准、智慧、适需的教育服务。这也是百视 TV(BesTV+)对在线教育垂直领域的又一次深耕拓展，它充分发挥内容编排和精细化运营的强大能力，设立健康、文化、艺术、生活、时尚、技能 6 大类别，打造乐学大讲堂、人文行走、银龄法宝、智能设备 4 大特色栏目，每周更新重点课程，丰富了百视 TV(BesTV+)的优秀产品矩阵。

（二）敏锐发现新的商业合作伙伴

百视 TV(BesTV+)不断发掘中国本土和海外的新锐品牌，并且在品效合一的营销方面抢占新的赛道。在媒体产业的激烈竞争中，流媒体战略的优势，在于加强创造性(creativity)、体验性(experience)、参与度(involvement)，让受众及时、深度、多维地参与到消费活动中，加快内容的商业变现。2020 年 9 月，芒果超媒孵化了新视频内容电商平台"小芒电商"，强调"打造芒果第二增长曲线"，将带货产品在综艺、电视剧 IP 中进行深度植入，通过"种草＋拔草"一站式解决用户需求，最终形成"视频＋内容＋电商"的视频内容电商模式。这对上海国有广电机构实施融媒体战略是有益的启发，也是积极的挑战。

百视 TV(BesTV+)依托上海作为全球会展之都的优势，将流媒体战略与大批商业会展对接。上海作为全球会展之都，即使在疫情冲击之下，2020 年仍然举办了 550 多个展览，展览面积达到 1 100 平方米，超过 10 万平方米的展会如进博会等达到 25 个。百视 TV(BesTV+)因势利导，积极推动"进博好物"。在 2021 年 7 月举行的第四届进博会首场展前供需对接会上，联合利华、博西家电、宝洁、卡赫、高丝等世界 500 强和行业龙头企业，以及一批小而美的细分领域"隐形冠军"企业携带首发新品加入，不少为中国全球首发。而在 2021 年的第四届进博会上，规划展览面积达 9 万平方米的消费品展区将迎来大量全球首发产品集中亮相。百视 TV(BesTV+)以 MCN 服务国际会展，为更多的优质快消品、新能源汽车、新型装备、高新科技、国际教育、特色医疗、大健康服务等代言，成为吸引更多的国际客商进入中国市场的枢纽、推动更多的中国制造走向国际市场的引擎。

百视 TV(BesTV+)对新锐的本土品牌保持了高度的敏锐性，让受众及时、深度、多维地参与新锐品牌的消费。正如英国金融媒体在 2021 年 6 月的一篇评论《社交媒体网红帮助中国品牌智胜外国对手》中指出的,"对于可口可乐、美宝莲和雀巢这样的西方公司来说,正日益受到中国初创企业的威胁。精明的社交媒体营销和优化的供应链极大地推动了中国初创企业的增长"[①]。新锐品牌在传播方式上更加偏向于在新媒体平台上讲故事和线上种草,其营销推广成本占到价格的 60% 左右。2020 年"双 11"期间,一个诞生仅 4 年的中国饮料品牌"元气森林"在线销售额超过可口可乐和百事可乐,而中国本土美妆品牌"完美日记"挑战法国美宝莲的销售额,中国本土零食品牌"三只松鼠"挑战瑞士雀巢的销售额等也是令人瞩目的案例。百视 TV(BesTV＋)积极为新锐品牌提供服务,通过聚合优质的内容,构建消费场景,实现品效合一。这可以充分发挥百视 TV(BesTV＋)作为主流流媒体平台的内容优势,为新兴消费群体提供新鲜的产品和体验,为推动高品质生活和促进新消费市场做出积极的贡献。百视 TV(BesTV＋)作为国有广电集团的创新型综合性网络传播平台,尽管仍在不断的探索过程中,但它的理念和实践为国有广电集团的转型提供了有益的启发。

---

① 《英媒报道:网红帮助中国品牌智胜西方对手》,参考消息,2021 年 6 月 28 日,https:// baijiahao.baidu.com/s?id＝170378694886124791&wfr

开放优势：提升产业能级

上海对外文化贸易高质量发展研究

——以国家文化出口重点企业和重点项目为重点

田 野①

摘 要 上海是我国对外文化交流与合作的重要桥头堡。本文分析了历年来国家各部委公布的国家文化出口重点企业和重点项目，指出上海对外文化贸易高质量发展的关键在于：发挥国际文化码头的作用，明确文化进口的导向，以进口贸易提升文化产品出口的能级；积极搭建服务平台，集中于文化产业链中高端环节和富有特色的领域，鼓励外向型文化企业的跨域投资，以资源整合提升对外文化贸易能级；坚持创新驱动，以数字赋能激发文化贸易的动力，形成以新技术、新业态、新品牌为亮点的对外文化贸易新图谱。

关键词 对外文化贸易 高质量发展 国家文化出口重点企业 国家文化出口重点项目

---

① 田野，上海交通大学媒体与传播学院博士生，从事电影与文化创意产业研究。

引言：以对外文化贸易搭建国际文化交流与合作的桥梁

文化是一个民族的灵魂与生命，人类的存在其实质就是文化的共生①。文化共生既是不同国家和地区之间观念与思想的交流，也是有迹可循的经济活动。它存在于国际文化商品与服务的消费中，大众与流行文化的传播中，更存在于文化企业的日常经营活动中。中国对外文化贸易是"讲好中国故事，传播好中国声音，展示真实、立体、全面的中国"的重要路径，也是中国推动经济转型升级、打造新发展格局的重要组成内容。上海作为中国对外文化交流、合作、贸易的重要桥头堡，其对外文化贸易的快速发展不仅展现出上海文化的开放包容和兼容并蓄，也显示出上海文化产业的国际化品格和创新活力。

2019 年，上海文化产品进出口总额达到 675 511 万美元，位居全国第四位，其中进口额为 438 455 万美元，位居全国首位，出口额为 237 056 万美元，位居全国第六位②。在中国首倡"一带一路"的大背景下，上海对外文化贸易充分利用国内国际两种资源，发挥好亚太门户城市的区位优势，获得了广阔的市场空间和强大的增长动力，呈现出鲜明的特点：在优化文化贸易结构方面，以文化产品进口带动文化产品出口，凸显国际化的文化码头效应；在发展外向型文化企业方面，积极打造服务平台，鼓励外向型文化企业踊跃投资，挺立对外文化贸易的潮头；在激发创新活力方面，积极推动文化产业数字化，培育文化产品与服务贸易的创新源头。上海对外文化贸易成为上海发展外向型经济、推动国际文化大都市建设的一项重要举措，也成为上海打造长三角文化产业一体化发展的重要内容，强化全球文化资源配置能力的生动表现。

外向型文化企业是对外文化贸易发展的基础，有什么样的文化企业，就有什么样的文化产业，就有什么样的对外文化贸易③。本研究以历年来商务

---

① 隗斌贤：《"一带一路"背景下文化传播与交流合作战略及其对策》[J].浙江学刊,2016(02)：214—219.

② 数据来源：商务部网站。需要指出的是，商务部公布的上海市文化产品进出口情况与上海市文化产业报告中公布的数据有较大差异。

③ 《以对外文化贸易赋能国际传播》，《新华日报》第 17 版，2021 年 09 月 28 日。

部、中宣部、财政部等多部门共同认定的国家文化出口重点企业和重点项目为数据基础,探究上海对外文化贸易在过去十五年间发展的重点内容、取得的主要经验,以及未来的发展方向。

一、文化码头:以进口贸易提升文化出口的高度

约翰·穆勒认为,一个国家通过进口贸易,可以获得自身所不能生产的原材料、机器设备等社会经济持续发展的必备物质资料,一方面形成新的需求,刺激和引导新产业的生长,另一方面推动国内生产过程的转型与创新,提高劳动生产率[①]。上海的文化产品进口具有明显的结构导向性,主要集中于文化产业链中高端环节和特色领域,例如设计、版权、技术服务等。这为上海在文化产业领域配置高端国际资源提供了有利的条件,创造了以参与国际创新大循环而提升区域文化产业价值的良好效应。

(一)明确导向:以文化产品进口贸易带动产业转型

在开放型的经济体系中,进口贸易是一种更为直接的技术外溢传递渠道,通过对外界技术、资源的引入、模仿与吸收,可以加快本土的产业创新步伐和产业转型发展[②]。上海对外文化贸易的一大特色在于明确进口导向,以高端文化资源、技术的进口贸易带动本地产业的转型升级,不断提升文化产品出口贸易的品质能级。

根据商务部文化贸易公共信息服务平台公布的最新数据显示,上海是我国文化产品进口的首位城市,文化产品进口额远高于文化产品出口额,约是文化产品出口额的 2 倍。2019 年上海文化产品进口额为 43.85 亿美元,占全国文化产品进口总额的 37.91%,是第二名广东省的 2.1 倍,第三名北京的 2.33 倍,第四名江苏省的 3.98 倍,是全国文化产品进口平均值的 11.75 倍。

---

① 张远鹏:《进口贸易与美国的经济增长》[J].国际贸易问题,2005(05):30—34.

② 方希桦,包群,赖明勇:《国际技术溢出:基于进口传导机制的实证研究》[J].中国软科学,2004(07):58—64.

这种以文化产品进口为主导的贸易方式反映出上海在高标准对接国际贸易规则以及国际文化资源本地化发展等方面的专业化能力,有利于上海对外文化贸易结构的优化和对外文化贸易的不断升级。

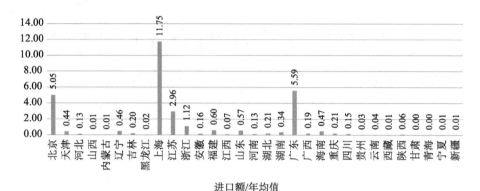

进口额/年均值

注释:数据来源于商务部文化贸易公共信息服务平台所公布的《中国文化产品进出口省(市)情况(2019年)》,不包括港澳台。2019年,全国文化产品出口额平均值为322 213.1万美元,文化产品进口额平均值为37 312.1万美元。

图1 2019年各省市文化产品进口额与全国文化产品进口平均值的比值情况

在文化进口贸易的产业类别上,上海文化进口贸易在全市文化产业健康发展的基础上,以引进国外高端资源和技术服务为主,不断优化产业结构,提升国际文化贸易的能级。根据上海市历年文化产业发展报告可知,以工艺美术品及收藏品、文化专用设备为代表的相关层是上海文化进口贸易的核心内容,其次是以广告服务、文化与娱乐服务为代表的文化服务贸易,最后是文化产品的核心层。这种以文化艺术、高端制造和文化服务为核心的文化进口贸易格局,从整体上提高了上海文化产品的专业化水平和服务能级。

以上海的时尚文化发展为例。上海是全国最大的消费城市,新零售的"试验田"与"竞技场",也是国际零售商和国际知名品牌集聚度名列前茅的城市①。作为时尚品牌集聚之城、时尚创意策源之城、时尚消费引领之城②,上海是中

---

① 《〈全力打响"上海购物"品牌加快国际消费城市建设三年行动计划(2018—2020年)〉有关情况》,上海市人民政府新闻办公室网站,2018年5月8日,http://www.shio.gov.cn/sh/xwb/n790/n792/n1038/n1051/u1ai17006.html

② 方整源:《上海时装周对产业和城市发展带来改变》[J].东方企业文化,2018(03):41.

国时尚文化的主阵地。大都市的现代时尚理念让上海成为众多国际知名品牌进入中国和中国知名品牌走向世界的重要枢纽。上海积极推动的时尚文化创造了文化产业领域的先发优势——以首店、首展、首秀、首演增强文化商品与服务的有效供给,激活首发经济对国内品牌转型升级的带动作用,满足人民日益增长的美好生活需要。

2018年,上海的全球零售商集聚度达到55.3%,超越伦敦,位居世界第二,仅次于迪拜;90%以上的国际知名高端品牌已进驻上海,超过3 000个国际国内品牌在上海首发,上海集聚的国际品牌首店约占全国半壁江山①。大批量国际一线品牌的引进使得上海处于时尚潮流的最前沿。上海借助各种文化传播平台和消费商圈,不但带动了文化艺术人才以及各类时尚消费爱好者的集聚,实现了"产品流"对"人才流"的吸引,也推动了本土文化品牌的升级和消费模式的创新。在2021年上海"五五购物节"期间,各种老字号品牌争先亮相,推出了1 168款联名、限量的新品潮品,实现了从本土品牌到国潮文化的涅槃,获得了众多年轻消费者的青睐。

(二) 品质升级:以国际文化创新循环提升原创价值

推动双循环畅通运转是中国应对世界百年大变局、推动经济高质量发展的重大举措,也是中国打造新发展格局,从经济大国迈向经济强国的关键一步②。通过参与国际文化创新大循环,外向型文化企业可以实现国内文化创新与国际文化创新的互通,从而不断提升文化产品和服务的原创价值,增强自主创新能力和国际竞争能力。

伴随着主要国家积极融入文化创新的进程,全球范围内的文化创新呈现出智能化、科技化的倾向。上海在建设全球科创中心的过程中,把文化科技领域的创新研究与应用作为关键的一环。文创企业技术创新表现为三个层

---

① 《上海全球零售商集聚度全球第二　中国零售业创新世界瞩目》,中国服务贸易指南网,2019年4月12日,http://tradeinservices.mofcom.gov.cn/article/yanjiu/hangyezk/201904/81174.html
② 周玲玲,潘辰等:《透视中国双循环发展格局》[J].上海经济研究,2021(06):49—61.

次：第一是文创企业开展技术创新,这是最基本的创新活动;第二是技术创新
在文创园区内企业之间的共享、扩散,促进企业进行模仿式创新;第三是文创
企业在整个产业层面开展技术创新,通过科技要素、组织要素、制度要素等的
重组和优化,促进产业升级①。这一点在上海数字游戏产业发展过程中表现
得十分明显。

自2017年上海提出建立全球电竞之都以来,上海逐渐成为全球数字游戏
企业和电竞赛事集聚的高地,其游戏产值超过全国的1/3。上海作为全国游
戏产业的创新领头羊,在多个细分领域包括桌游、主机游戏、移动游戏、云游
戏、独立游戏等,都推出了一大批创新成果。与此同时,海外游戏与电竞企业
的进入加快了上海游戏产业的创新步伐,刺激各种游戏要素渗透、越界、融合
到上海文化产业发展的各个环节中,与相关行业形成跨界联动的活力：第一,
游戏产业的成果作为IP内容和生产要素,以文化符号的形式赋能其他产业;
第二,游戏产业的内容与金融、科技等生产要素融合,催生了新的经济业态。
如上海游戏企业米哈游推出的原创游戏《原神》《崩坏学院》在海外市场获得
了广泛青睐,其游戏IP和场景成为各种休闲时尚消费领域的宠儿。这反过来
也激发上海游戏企业不断提升原创能力。

从更深远的意义上说,游戏产业的创新产生了更加丰富的溢出效果：游
戏开发倚重科技与艺术创新,从而激发了图像设计领域的专业化参与,吸引
了更多的创客加入图像和视频的设计中,完善了游戏产业的生态。如游戏引
擎Unity落户上海后,Unity的开发社区吸引了众多中国用户的注册与参与,
带动了上海图像设计领域的国潮风范;电子竞技促进了相关行业的商业创
新,推动会展、装备制造、场馆建设、人才培训等产业实现与游戏电竞的协同
发展;各种动漫游戏展会成为上海建设国际会展中心的新内容,其中游戏角
色扮演、服装租赁、摄影、美妆、造型设计等成为推动会展产业发展的新亮点;
各类游戏用品交易成为文化金融市场的新依托,许多交易平台将游戏交易作

---

① 解学芳:《文化创意产业科技创新环境优化研究——基于上海全球科技创新中心建设的思考》[J].科学发展,2015(09):54—59.

为重要内容。

二、贸易潮头：以集聚资源助力外向型文化企业

从全球范围看，文化市场最繁荣的城市也是经济活动的密集区、创意企业的集聚地、潮流文化的策源地和高端要素的聚合地。上海对外文化贸易的活跃，得益于各种优势资源的向心集聚，形成发展的合力。上海一方面推动外向型文化企业围绕核心区域集聚发展，形成"大集中，小分散"的空间格局，推动知识溢出与产业扩散；另一方面促进外向型文化企业围绕各种文化服务平台，整合高端资源，聚焦新兴领域，实现多领域的携手并进。

（一）空间集聚：以规模集群提升对外贸易结构

上海对外文化贸易的高质量发展与外向型文化企业的集聚密切相关。这种高度集聚通过两方面得以实现：一是加强产业载体的建设，通过优化主要的文化科技园区、文化创意园区等，实现文化资源、文化创意、科技创新以及产业链条的共享互通；二是借助国家对外文化贸易基地的试验田作用，注重培育新科技、新材料、新工艺、新设备，形成具有规模优势的外向型文化企业集群，不断优化对外文化贸易结构。

上海以打造文化创意集聚区作为承载外向型文化企业集群的载体。根据《2019年上海文化产业发展报告》可知，上海各类文创园区的数量和品质逐年提升，加强了产业集聚效应，形成文创园区、楼宇、空间互为补充的产业载体布局。到2019年，上海市正式认定的市级文化创意产业园区达到137个，其中20个园区被认定为示范园区，10个楼宇被认定为示范楼宇，20个文化空间被认定为示范空间。上海文化创意产业园区形成了"一轴、一带、两河、多圈"的空间布局。这种"大集中，小分散"的分布格局以特色鲜明的产业优势和发展重点推动了文化产业各要素在不同区域的流通和共享。例如，漕河泾创新科技园以网络信息业、软件设计等为优势，集聚了游族、腾讯、米哈游等一批数字文娱的重点企业，形成了推动对外文化贸易的新动能；"越界"园区

系列、德必园区系列、8 号桥系列等，作为以时尚创意、艺术设计等为主题的创意园区，通过优质的园区服务，实现园区经营品牌化、特色化、连锁化，达到自内而外的知识外溢和产业扩散。

国家对外文化贸易基地是中国文化走向世界的前沿阵地。作为全国首个对外文化贸易基地，国家对外文化贸易基地（上海）通过搭建国际文化贸易服务创新平台、国际文化贸易展示推介平台、国际文化贸易信息咨询平台、国际文化贸易人才培训平台、国际文化贸易政策试验平台等五个平台，集聚了 1 300 多家文化及相关领域的企业，吸引投资超过 470 亿人民币，年贸易规模超过 350 亿元①。作为对外文化贸易的国家级基地，它首先发挥对外文化贸易的引领作用，以文化贸易在制度改革、政策创新、培育市场、塑造产业生态等方面的示范效应，激发上海乃至全国文化创意产业进行新业态、新技术、新模式、新经济的融合创新；其次是激发外向型文化企业发展的内生动力，依托企业的重点发展领域和核心优势，不断创造技术资本、人力资本、组织资本以及知识产权的外向连接，加速外向型文化企业间的外溢共享；再次是搭建开放型的价值共轭体系，以深化国际文化的交流与合作机制，加快优质文创资源的双向流通，在引入国际优质资源的同时，积极培育本土的外向型文化企业集群；最后是推动对外文化贸易结构向创意密集型、资本密集型、科技密集型升级，通过大力培育中高端文化产品和服务，发挥数字文化企业的竞争优势，提升数字文化产品和服务在全球的竞争力，进而提高了上海在全球文化贸易价值链中的地位。

（二）跨域投资：以资源整合提升对外文化贸易能级

在现代市场经济体制下，加快各种文化要素在空间、体系、产业之间的流通与集成，有助于资源优化整合，实现文化新业态的多点协调发展。上海挺立于中国对外文化贸易的潮头，与海纳百川的城市文化和投资环境密切相

---

① 数据来源：上海国家对外文化贸易基地网站。

关。上海的外向型文化企业依托长三角高质量一体化发展的优势,一方面通过外向投资,实现文化生产要素在更大范围进行流通、溢出和扩散,提升产业发展的规模效益;另一方面借助各种文化服务平台,拓宽国际文化合作、交流和贸易的范围,提升对外文化贸易的竞争力。

上海鼓励外向型文化企业加快要素流通,实现溢出效应。这不但可以实现区域文化产业的协同发展,促进文化产业与其他产业发生关联、跨界与融合,也有利于企业寻觅更加广阔的市场空间。长三角地区作为我国区域一体化发展最为成熟的地区,也是现代经济体系率先发育的地区,形成了大中小城市层次齐全、星罗棋布的优良格局。长三角包括 1 座超大城市、1 座特大城市、9 座中等城市和 42 座小城市,其城镇分布密度达到每万平方公里 80 多个,是全国水平的 4 倍左右[①]。长三角四省市突破了狭隘的地域意识,在发展对外文化贸易方面大力协同,注重发展创新型文化项目,进行文化产业的跨域投资和跨界投资。

从表 2 可以发现,长三角地区是我国文化产业一体化发展最为成熟的区域。相比较于京津冀、粤港澳大湾区和成渝地区等文化产业群,长三角地区对外文化贸易重点企业注重区域内投资,在沪苏浙皖区域内的投资数量是区域外投资数量的 3 倍以上。具体来看,沪苏浙皖在投资上又有不同:安徽省将临近的江苏省作为对外投资的首选,而江苏省和浙江省将长三角的龙头城市上海视为投资的热点,上海对外文化贸易重点企业则齐头并进,将江苏省和浙江省作为双选择。除此之外,长三角三省一市作为我国文化产业发展最为活跃的地区,不仅积极向区域外进行资源整合和创新应用,也承接了许多来自国内其他省市的投资,推动了本区域文化产业的优势集聚。长三角的四个省市通过对外文化贸易重点企业间的相互投资,成为外向型文化企业的集聚高地,增强了文化产品与服务贸易的多重优势,整体上提升了长三角地区对外文化贸易的能级。

---

① 《关于印发长江三角洲城市群发展规划的通知》,国家发展和改革委员会官网,2016 年 6 月 10 日,http://zfxxgk.ndrc.gov.cn/web/iteminfo.jsp? id=358

表1 我国四大文化产业群的对外文化贸易重点企业的投资情况（单位：家）

公司所在区域	区域内的投资数量	区域外的投资数量	区域内投资数占文化产业群投资总数的比重
京津冀文化产业群	921	517	64.05%
长三角文化产业群	1 477	413	78.15%
粤港澳大湾区文化产业群	441	303	59.27%
成渝地区双城文化产业群	220	81	73.09%

注释：对外文化贸易重点企业来自2007—2022年度《国家文化出口重点企业和重点项目》，去除重复、注销、吊销、具有事业单位性质的企业和协会、个别未公布信息的企业之后，有效企业共1 145家；企业对外投资信息来自企查查和天眼查，不涉及企业对港澳台以及海外国家和地区的投资信息；粤港澳大湾区文化产业群的数据只涉及广东省含深圳市，不包括香港与澳门。数据查询时间2021年7月5日至8月16日。

除此之外，上海以中国国际进口博览会和长三角国际文化产业博览会等作为专业化平台，全方面、立体式推动中国与世界优质文化产品与服务的双向流通。以长三角国际文化产业博览会为例，2020年第三届长三角文博会通过采用"5＋2"展览模式，包括"五大融合板块"和"两个特色专题展"，吸引了1 100多家海内外参展商，举办了14场专题经贸对接活动和66场现场发布活动，现场交易金额突破3.8亿元①。这些综合性文化服务平台，让国际展品变商品、让国际展商变投资商、让国际展会变发展机会，将来自境内外的文化及相关企业聚集在一起，不仅增加了文化创意交流互鉴的机会，帮助企业间寻到找合适的合作对象和发展机遇，而且创造了文化创意与其他产业协同发展的条件，促进对外文化贸易的长度、宽度、深度不断延伸，也体现了建设人类命运共同体的宗旨。

三、创新源头：以数字赋能激发文化贸易的动力

近年来，国家鼓励发展数字文化产业，推动文化创意与数字技术的深度融合，促进我国文化产业向数字化、智能化方向升级。这不但创造了新的对外贸易品种，适应了国际市场对于数字文化产品和服务的巨大需求，也使得

---

① 数据来源：长三角国际文化产业博览会官网。

我国对外文化贸易获得了源源不断的内生动力。上海在加快国际科创中心的建设中,促进文化创意与科技创新的有机结合,为上海对外文化贸易的升级提供了强大动能。上海的对外文化产品出口,从过去注重传统文化产业门类,如印刷和记录媒介复制、新闻和出版业、批发和零售业、工艺美术业等,转向更加注重软件和信息技术服务业、商务服务业、广播、电视、电影和录音制作业等。以文化科技为核心的上海数字文化产业,所获得的知识产权数量不断增加,成为上海发展对外文化贸易的重点领域。

(一) 数字化转型:持续优化对外文化贸易的结构

在数字产业化和产业数字化的发展趋势下,文化与科技的融合成为上海对外文化贸易增速提质的重要驱动力。这可以从企业的数字化转型和产业的数字化转型两个层面来分析。从企业的数字化转型角度看,上海越来越多的外向型文化企业,大力开发数字数据,在运用先进计算力的基础上,重塑文化生产的流程,打造文化的国际供应链,敏锐发现新的细分市场;从产业的数字化转型角度看,上海对外文化贸易的重点门类,逐渐向数字化、智能化领域聚焦。过去,我国对外文化出口主要集中于工艺美术品、玩具、游艺器材及娱乐用品等劳动力密集型和初级加工型文化用品领域。伴随着"文化 +"和"互联网 +"战略的推进,创新驱动成为中国文化产业转型升级的重要方式。从2015 年开始,我国文化服务业的规上企业数量超过文化制造业的规上企业数量,2019 年达到后者的 1.63 倍①。从文化产业新业态的角度看,2021 年上半年,16 个文化新业态特征较为明显的行业小类实现营业收入 18 204 亿元,比2019 年上半年增长 57.1%,两年平均增长 25.3%②。在实施城市数字化转型的战略部署下,上海对外文化贸易的结构优化更加富有成效。

根据历年来上海入选国家文化出口重点企业和重点项目的名单可知,上海对外文化出口的结构经历了持续的调整和优化:从以传统产业为主,

---

① 数据来源:根据国家统计局发布的 2014—2020 年《中国统计年鉴》计算而得。
② 数据来源:国家统计局网站。

如以图书印刷出版为代表新闻和出版业、批发和零售业、印刷和记录媒介复制业等,逐步转向广播、电视、电影和录音制作业、商务服务业、软件和信息技术服务业、专业技术服务等为主的现代文化产业,实现了对外文化贸易结构的数字化、智能化升级。从图2可以发现,上海对外文化贸易重点企业增长最为明显的领域是科技推广和应用服务业、软件和技术服务业、专业技术服务业以及互联网和相关服务业等数字化产业门类。这四个产业门类的对外文化贸易重点企业数量逐年增加,占全部重点企业数量的35.19%。2018年,上海文化核心产业和服务总进出口额达到101.7亿美元,其中出口额为52.2亿美元——文化服务出口达到29.8亿美元,同比增长13.2%;在文化产品出口中,相关文化产品出口达到20.7亿美元,实现稳步增长①。上海对外文化贸易出口呈现了文化产品出口和文化服务出口并驾齐驱的局面,特别是出口产品和服务的数字化程度逐年提升,激活了上海对外文化贸易的活力。

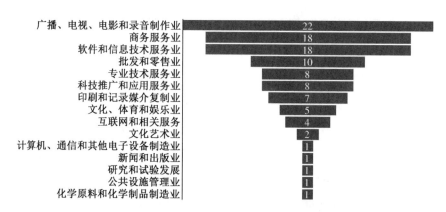

注释:对外文化贸易重点企业是指商务部等部委历年来公布的《国家文化出口重点企业和国家文化出口重点项目目录(2007—2022年)》中所涉及的企业和项目企业。去除重复、注销、吊销、具有事业单位性质的企业和协会、个别未公布信息的企业后,上海对外文化贸易重点企业的有效数量共108家。企业类型信息来自企查查和天眼查。

图2　上海对外文化贸易重点企业的企业类型分布(单位:家)

---

① 数据来源:《2019年上海文化产业发展报告》。需要指出的是,这里的数据与商务部文化贸易公共信息服务平台公布的数据有较大差异,但具体到了具体的产业门类数据,故此引用。

（二）内生性增长：以自主创新释放对外文化贸易潜力

习近平总书记多次强调，创新是一个民族进步的灵魂，是一个国家兴旺发达的不竭源泉，也是中华民族最鲜明的民族禀赋。创新驱动已经成为全球主要国家提升社会生产力和文化软实力的重要手段。创新驱动发展通过科技、制度、管理、商业模式、业态和文化等多方面的创新结合，推动经济发展方式转向依靠知识、技术和劳动力素质的提升，使经济形态更高级、分工更精细、结构更合理①。自主创新能力是坚持创新驱动发展、引领产业迈向新台阶、促进经济可持续发展的重要保障。

一个产业门类所拥有的知识产权之增长，象征着它在自主创新活力方面的明显进步。这种以开发知识产权为代表的内生式发展方式，不同于注重增加投资、扩大规模的外扩型发展方式。它更多的是注重知识、技术、组织制度、商业模式等无形资产的开发和应用。上海抓住第四次工业革命浪潮的机遇，加强科技赋能和数字化转型。上海对外文化贸易在发展过程中，高度重视研发投入，注重开发知识产权，逐步形成以新技术、新业态、新品牌为亮点的对外文化贸易新图谱，提升了上海在国际文化贸易价值链中的地位。

从图 3 可以发现：长期以来，广播、电视、电影和录音业作为上海对外文化贸易的重点领域，其对外文化贸易重点企业数量累计最多，知识产权拥有量也是最多，以 20.37% 的企业数量占据了对外文化贸易重点企业知识产权量的 52.29%，是第二名批发和零售业的 4.92 倍；批发和零售业、商务服务业分别以 9.25% 和 16.67% 的企业数量占据了 10.62% 和 10.32% 的知识产权量，显示出强劲的发展潜力；科技推广和应用服务业、软件和技术服务业、专业技术服务业以及互联网和相关服务业这四个数字化产业门类正迎头赶上，以 35.19% 的企业数量占据了知识产权申请量的 19.49%；其他行业门类的专利意识、品牌意识也在逐步增强。

---

① 《中共中央 国务院印发〈国家创新驱动发展战略纲要〉》，中华人民共和国国务院新闻办公室官网，2016 年 5 月 20 日，http://www.scio.gov.cn/xwfbh/xwbfbh/wqfbh/33978/34585/xgzc34591/Document/1478339/1478339_1.htm

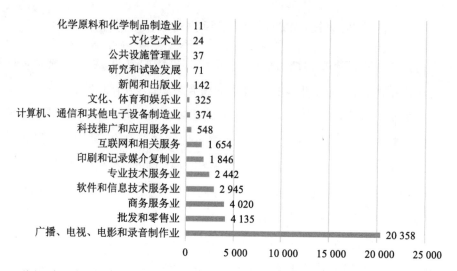

注释：知识产权数量来自企查查。在企查查中，知识产权包括企业的商标信息、商标文书、专利信息、国际专利、资质证书、产品的著作权、和软件著作权、备案网站、APP、小程序、微信公众号、微博、标准信息和商业特许经营等信息。状态包括注册申请中、已注册、商标无效、驳回、初审、复审等各种状态。

图3　上海对外文化贸易重点企业的知识产权数量（单位：个）

从全国对外文化贸易的宏观态势看，上海对外文化贸易率先实施了从追求规模优势，到注重内生创新和提高效益的转变。但从上海对外文化贸易的细分行业来看，各门类发展不够平衡，仍然有巨大的增长潜力。其中文化艺术业等门类，相比较于广播、电视、电影和录音制造业等门类，其自主创新能力亟待进一步提升。在上海大力推动城市数字化转型的背景下，无论是互联网特征比较明显的文化产业新业态，还是积极转型的传统文化产业门类，都可以加快产学研政协同创新，深化文化科技成果的创新应用和品牌升级，并且在这个基础上加强国际文化贸易的双向流通，推动上海在国际文化贸易产业链上向高端环节攀升。

四、总　　结

习近平总书记在上海考察时指出，上海要强化全球资源配置、科技创新策源、高端产业引领、开放枢纽门户等四大功能，努力成为国内大循环的中心节点和国内国际双循环的战略链接①。"十四五"时期,上海要自觉承担党和国家赋予的重大使命,发挥国际文化流通枢纽的作用,集聚国内外高端文化资源,提升上海文化产品出口的质量能级;要坚持挺立对外文化贸易的潮头,打造区域一体化发展和国际化综合服务平台,加强对优质资源的整合能力,形成对外文化贸易发展的合力;要发挥对外文化贸易的创新源头作用,以发展数字文化产业培育对外文化贸易的新品种和新业态,进一步增强对外文化贸易的内生动力。

---

① 《强化"四大功能",更好融入和服务新发展格局》,澎湃新闻,2021 年 1 月 25 日,https://baijahao.baidu.com/s? id = 1689866157619043164&wrf

上海国际艺术品交易月

——开创国际艺术品交易的上海新模式

上海国际艺术品交易中心①

摘　要　在上海建设国际文化大都市的背景下,上海把握国际艺术品产业的发展趋势和现实需求,做出了打造国际艺术品交易中心的重要决策。作为上海国际艺术品交易月②的核心承载区之一,上海西岸具有美术馆大道多元引领、艺术品产业要素集聚、"双 A"战略深度融合等独特优势。交易月开创了"政策集中、主体集中、交易集中、效益集中"的艺术品交易新模式。它举全市之力,通过创新机制、专项政策、专项资金、专业平台等一系列"组合拳",构筑国际艺术品产业高地。交易月创立三年来,以多方协同,多管齐下,营造国际艺术品交易的优良生态为重点。它运转顺畅、富有成效,为上海建设国际艺术品交易中心做出积极贡献。展望未来,交易月要从加强政策引领、做强话语权、形成先发优势、拓展产业链等方面入手,进一步建设成为配置国际艺术品资源的枢纽。

关键词　交易月　机制创新　集聚效应　政策优势　对标国际

---

①　上海国际艺术品交易中心是由中共上海市委宣传部、上海市文化和旅游局授牌成立,是政府指导、实体化运作的产业功能性平台。中心提供集信息咨询、登记确权、综合申报、交易管理、配套服务等为一体的一站式艺术品综合性服务,助力上海建设成为世界重要艺术品交易中心之一。本课题由上海西岸文化产业投资发展有限公司陈安达主持,陈传新、潘耀楠、陈清荷参与研究和撰写。

②　以下简称"交易月"。文中有关交易月、艺博会的数据由上海国际艺术品交易中心提供。

一、把握宏观背景——承担上海建设国际艺术品交易中心的使命

(一) 国内外艺术品市场的发展趋势

近十年来,随着中国经济的稳步增长,中国已经成为全球艺术品市场排名前三的大国。中国艺术品市场表现出强大的韧性和增长活力,引起了世界范围内的广泛关注。在这种背景下,上海提出了"建设国际艺术品交易中心"的战略目标,而上海国际艺术品交易月正是实现这一战略目标的重大举措。这一重要举措的提出和实施是建立在对国内外艺术品市场发展趋势的宏观把握之上。2020年初以来在新型冠状病毒肺炎疫情蔓延、全球经济遭受重创的情况下,全球艺术品市场也受到很大冲击,许多画廊、艺术品博览会和拍卖机构不得不停业、关闭或者减少业务。与此同时,艺术品市场各类主体努力探索疫情下艺术品市场创新、多元的经营模式,谋求化危为机的出路。

1. 国际艺术品市场曲折前行

近年来,全球艺术品市场在曲折中稳步前行。自2019年以来,全球艺术品市场受到多方面因素的影响,出现了比较曲折的状况。总体来看,全球艺术品总交易额下滑。据《巴塞尔艺术展与瑞银集团环球艺术市场报告2020》,2020年全球艺术品市场销售额估计为501亿美元,较2019年下降22%[①]。Artnet发布的《2020年全球艺术品市场中期报告》显示,上半年全球美术品拍卖总成交额较去年同期下滑58.3%,跌至29亿美元,平均成交价格下跌41.3%[②]。与此同时,艺术品在线交易却实现了历史性跃进。2020年1月至8月,全球线上拍卖交易额激增240%,从9440万美元攀升至3.21亿美元。苏富比、佳士得、富艺斯等拍卖机构的线上交易额同期增长率高达474.8%,

---

① 《巴塞尔艺术展与瑞银集团环球艺术市场报告2020显示,2020年艺术品市场网上销售额创新高,较去年增长一倍》,UBS Media,2021年3月16日,https://www.ubs.com/global/en/media/display-page-ndp/sc-20210316-art-market.html

② 艺术品交易和研究机构 Artnet:《2020年全球艺术品市场中期报告》,2020年11月。

交易额达 1.86 亿美元①。

2. 中国艺术品市场韧性十足

近年来，中国艺术市场地位稳步上升。2019 年，由雅昌艺术市场监测中心（AMMA）和法国知名艺术机构 Artmarket 联合发布的《2019 年度艺术市场报告》显示，中国艺术市场总成交额占全球纯艺术市场的 31%，成为全球第二大市场②。同年，TEFAF 首度以中国艺术市场为主题发布了叙事性研究报告《中国艺术市场》，指出现代中国艺术市场历经 40 年发展，已快速成长为世界第二大艺术市场。中国的拍卖行保利、嘉德也后来居上，在近三十年间快速成长，其成交量已位列全球第三名、第四名，仅次于佳士得和苏富比③。2020年，《巴塞尔艺术展与瑞银集团环球艺术市场报告 2020》显示，大中华地区和英国并列第二，市场占有率均为 20%。此外，大中华地区艺术市场超越美国艺术市场成为最大的公开拍卖市场，占全球销售额的 36%④。需要指出的是，中国的社会制度优势加速了中国艺术市场的复苏。在中国政府的坚强领导和宏观调控下，随着中国疫情防控取得重大成果，中国艺术市场的颓势也得以迅速扭转。根据雅昌艺术市场监测中心（AMMA）特别推出的《疫情下的中国艺术品市场调研报告（2020 年春）》，中国拍卖市场从当年 7 月开始陆续恢复，虽然该市场规模大幅缩水，但总成交率逆势上涨，成交作品均价达到近十年最高水平即 29.15 万/件（套）⑤。在疫情冲击之下，中国艺术品市场所率先展现的勃勃生机，为沉寂的全球艺术品市场注入活力，吸引了全世界对中国艺术品市场的广泛关注。

---

① "Online-Only Auction Review 2020", ArtTactic, 2020 年 9 月, https://arttactic.com/product/online-only-rawfacts-auction-review-2020/

② 《2020 年全球首份艺术市场报告发布 数读全球纯艺术市场》，雅昌指数，2020 年 2 月 25 日，https://amma.artron.net/observation_shownews.php? newid = 1070567

③ 《中国艺术市场 2019》，欧洲艺术和古董博览会（TEFAF），2019 年 3 月 15 日，https://2019.amr.tefaf.com

④ 《巴塞尔艺术展与瑞银集团环球艺术市场报告 2020 显示，2020 年艺术品市场网上销售额创新高，较去年增长一倍》，UBS Media，2021 年 3 月 16 日，https://www.ubs.com/global/en/media/display-page-ndp/sc-20210316-art-market.html

⑤ 《疫情下的中国艺术品市场调研报告（2020 年春）》，AMMA 研究团队，2020 年 9 月 29 日，http://tulu.artron.net/wap/report/market/79

（二）上海建设国际艺术品交易中心的现实需求

顺应中国艺术品市场稳步上升的趋势，上海及时做出了构建国际艺术品交易中心的战略部署。2018年，上海市委、市政府制定关于打响"上海文化"品牌的三年行动计划，提出"加快建设国际艺术品交易中心"的重点任务①；2019年，上海正式提出了"打造比肩纽约、伦敦、巴黎的国际艺术品交易中心"的战略目标；2021年，上海市政府制定了新一轮全力打响"上海文化"品牌三年行动计划，将"推进国际重要艺术品交易中心建设，办好'上海国际艺术品交易月'，加快艺术集聚区建设"列入计划的专项行动②。"上海国际艺术品交易月"被连续写入上海市层面的政策规划，充分表明了上海市政府对于建设国际艺术品交易中心的坚定决心和推动力度。

1. 建设国际艺术品交易中心，是服务于"双循环"大格局的必然选择

《中共中央关于制定国民经济和社会发展第十四个五年规划和二〇三五年远景目标的建议》重点提出：要"形成强大国内市场，构建新发展格局"③，坚持扩大内需这个战略基点，畅通国内大循环，促进国内国际双循环，发挥比较优势，协同推进强大国内市场和贸易强国建设。自改革开放以来，上海发挥了改革开放的排头兵作用，迈向国际经济、金融、贸易、航运、科技创新中心。上海的第三产业增加值占GDP的比重为72.7%④，成为上海经济增长的重要引擎。随着文化艺术品的跨国交易日趋活跃，文化艺术品正在成为国际通用的"软黄金"，而全球化趋势又在不断促进艺术家、作品、收藏家、藏品等

① 《〈全力打响"上海购物"品牌加快国际消费城市建设三年行动计划（2018—2020年）〉有关情况》，上海市人民政府新闻办公室官网，2018年5月8日，http://www.shio.gov.cn/sh/xwb/n790/n792/n1038/n1051/u1ai17006.html
② 《全力打响"上海文化"品牌　深化建设社会主义国际文化大都市三年行动计（2021—2023年）》，上海市人民政府官网，2021年7月30日，https://www.shanghai.gov.cn/nw12344/20210730/999a70f5b0ad438da 219325461 b00e03.html
③ 《中共中央关于制定国民经济和社会发展第十四个五年规划和二〇三五年远景目标的建议》，中华人民共和国中央人民政府官网，2020年11月3日，http://www.gov.cn/zhengce/2020-11/03/content_5556991.htm
④ 《2020年上海市国民经济和社会发展统计公报》，上海市统计局官网，2021年3月19日，http://tjj.sh.gov.cn/tjgb/20210317/234a1637a3974c3db0cc47a37a3c324f.html

要素在全球范围内流通。在此背景下,上海出台《关于促进上海艺术品产业发展的实施办法》,鼓励艺术品产业创新发展,优化艺术品产业载体布局,做大做强艺术品产业主体。上海积极营造艺术品产业发展环境,强化人才队伍支撑,深化"放管服"改革,积极承担起建设国际艺术品交易中心的历史使命。[①]

2. 建设国际艺术品交易中心,是打造国际文化大都市的重要抓手

艺术品具有文化属性、商品属性和金融属性等多元属性,而艺术品产业是以艺术品研究、收藏、展示、交易为目的的经济活动,是经济社会发展到较高水平后,对艺术品进行财富管理的产业形态。艺术品产业在传承历史文化、推动业态创新、提升国际文化影响力等方面具有带动作用。近年来,上海聚焦国际艺术品交易中心的目标,不断推动艺术品产业发展,其中包括(加强)艺术品基础设施和空间载体建设。截至 2021 年末,上海已有美术馆 96 家,其中国有美术馆 25 家,非国有美术馆 71 家[②];上海引进了著名艺术品交易机构如佳士得、保利等;截至 2020 年上半年,上海累计拥有画廊 404 家,数量居全国第三[③]。上海建设国际艺术品交易中心,集聚国际顶级艺术资源,促进国际艺术品的流通和交易,彰显了上海文化品牌的能见度和吸引力,体现了上海作为国际化大都市的艺术包容性,提升了上海在国际艺术品市场中的枢纽地位。

3. 建设国际艺术品交易中心,是推动文化消费升级的有力举措

根据国际艺术品市场发展的一般规律,当一个国家的人均 GDP 超过 3 000 美元时,一部分国民会热衷艺术品收藏;当人均 GDP 达到 5 000 美元至 8 000 美元时,艺术品收藏会经历一个明显的增长期,涌现许多画廊和艺术品机构;而当人均 GDP 达到 1 万美元及以上水平的时候,就会出现企业、机构和个人的系统收藏行为[④]。美国、日本、韩国、新加坡等国家的艺术品市场,大体

① 《关于促进上海艺术品产业发展的实施办法》,上海市人民政府官网,2018 年 5 月 4 日,http://service.shanghai.gov.cn/XingZhengWenDangKuJyh/XZGFDetails.aspx? docid = REPORT_NDOC_003415

② 《96 家! 2021 年度上海市美术馆名录发布》,上海市文化和旅游局官网,2021 年 11 月 12 日,http://whlyj.sh.gov.cn/yshd/20211112/b462a350dabb485b9d440b410deaf87d.htmll

③ 《疫情下的中国艺术品市场调研报告(2020 年春)》,AMMA 研究团队,2020 年 9 月 29 日,http://tulu.artron.net/wap/report/market/79

④ 王艺:《绘画艺术品市场定价机制研究》[D],中国艺术研究院,2011 年。

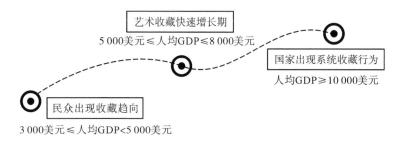

图 1　人均 GDP 因素影响下的国家艺术收藏发展趋势

上是按照上述轨迹而提升的。随着中国经济的稳步发展,产业结构不断优化,文化消费的规模逐步扩大,中国艺术品市场也获得了持续升级的动力。

根据上海统计局公布的数据,截至 2020 年末,上海地区生产总值达到 38 700.58 亿元。按全市常住人口 2 428.14 万人计算,上海当年人均 GDP 约为 2.31 万美元,进入中等发达国家人均 GDP 的水平①。随着居民收入水平的提高和物质生活的丰富,上海已进入艺术品的社会化收藏和理财时期,催生了广阔的艺术品交易市场和大量的客户群体。建设国际艺术品交易中心,就成为上海顺势而为、主动提升的战略选择。

二、发挥西岸优势——以世界级水岸集聚国际高端要素

参照国际艺术品产业中心城市的发展经验,一个世界级的艺术品交易中心,必然有若干个核心承载区。这些核心承载区集聚了艺术品产业不同环节的机构,包括拍卖行、画廊、艺术金融机构、会展公司、仓储机构等,也汇集了艺术展览、交易、交流、创作等多种活动。上海要建设国际艺术品交易中心,就必然要打造这样的核心承载区,而西岸正是实现上海这一重要目标的核心承载区之一。上海西岸是"后世博"时代徐汇滨江地区的全新称谓和城区品牌。它拥有黄浦江岸线 11.4 千米,陆域面积 9.4 平方千米,成为"上海2035"总体规划中承载全球城市核心功能的高品质中央活动区,也是徐汇区"两极

---

①　上海的人均 GDP,根据《2020 年上海市国民经济和社会发展统计公报》有关数据测算所得。

驱动、东西循环、南北联动"发展格局中的"高质量发展极"。它的目标是建成世界级滨水开放空间,形成集聚 20 余座高品质公共文化场馆的亚洲最大规模艺术区,构建以西岸传媒港、西岸数智谷、西岸金融城三大载体互为支撑的国际创新创意产业群,打造迈向国际大都市的卓越水岸。

（一）美术馆大道多元引领

纵观纽约、伦敦、香港等国际知名艺术品交易中心城市,可以发现它们具有一些共同点:第一,有完善的艺术品产业基础设施、空间载体和服务平台;第二,有一个或多个集聚了大批艺术场馆、艺术机构的地标性核心街区;第三,有适合艺术品产业发展的生态环境和享誉全球的国际知名度。正因如此,它们才能与世界主要城市保持密切的联系,吸引艺术品产业高端要素高度集聚、顶尖艺术活动高质量开展、高规格艺术交易高频发生。自 2012 年起,西岸对标国际知名艺术品交易中心,启动"美术馆大道"建设,目前已建成龙美术馆(西岸馆)、余德耀美术馆、油罐艺术中心、西岸美术馆、西岸艺术中心等多个大型文化空间,汇聚香格纳、大田秀则、阿拉里奥等 20 余家国内外知名画廊和艺术机构,并通过西岸美术馆与蓬皮杜五年展陈合作计划等引领性项目,构建具有国际影响力的亚洲最大规模的艺术场馆和活动群落。

2016 年,西岸推出"西岸文化艺术季"品牌,包括每年举办逾百场高品质文化活动、吸引超百万观众参与,被誉为"公众参与度最高的文化场"。西岸也逐渐成为路易威登、卡地亚、迪奥等国际顶级品牌在全球进行首发首秀首展的重要集聚地。2020 年,西岸联同徐汇区文旅局与上海大剧院开启"上海西岸大剧院"合作计划,其目标是打造上海最高级别的音乐剧场馆群落。西岸美术馆大道的规模优势稳步提升,扩展了文化多元性和艺术包容性,提升了国际影响力。

西岸美术馆大道汇集了大批国内外艺术家、收藏家、国际合作项目,积累了广阔的艺术圈人脉和丰富的艺术行业资源,构建了良好的国际艺术生态。这些优质资源的集聚,不仅有利于提升西岸文化品牌影响力,而且孕育着艺术品产业额的可持续增长动力。2018 年,《中法联合声明》第 20 条"加强教育、文化和科学交流领域的合作"明确指出："双方支持蓬皮杜中心和上海西岸艺术博物馆共办展览和研讨会"①。2019年，中法最高级别的人文交流合作项目"西岸美术馆与蓬皮杜中心五年展陈合作项目"，由法国总统马克龙亲自在西岸美术馆揭幕。它不仅是蓬皮杜中心在亚洲的首个合作项目，也是中国本土美术馆与国际顶级美术馆共同运营文化机构的首次探索。这一开创性的国际合作，既引入了蓬皮杜中心的优秀艺术藏品、公共教育活动，又有利于西岸美术馆汲取国际顶级美术博物馆的运营管理经验，还有利于提升西岸美术馆的专业能力和国际竞争力。

（二）艺术品产业要素集聚

艺术品产业作为以造型艺术品为主的各种文化经济活动的总和，以艺术品的创作为源头，涉及投资、会展、仓储、贸易、艺术衍生产品等相互关联的多个领域，延伸到各社会群体对艺术品的消费、收藏、投资等消费需求②。一个完全意义上的国际艺术品交易中心，要以优良的生态来集聚各类艺术品产业要素，不断优化资源的配置和流通，才能使得艺术品产业茁壮成长。目前，西岸的艺术品产业从建立国际一流的展览、仓储等设施和打造高质量艺术会展入手，不断布局和完善艺术品产业生态。

就会展领域而言，西岸自主创立的会展品牌"西岸艺术与设计博览会"（简称"西岸艺博会"）经过多年发展，已汇聚四大洲20个国家的近130家主流画廊参展，年均吸引超过5万观众观展；它的参展商与巴塞尔艺博会的重合率近五成，已经成为大量国际画廊登陆中国的首选。就仓储领域而言，2014年建成的西岸艺术品保税仓库，在实际运营的2015—2020年间，实现了功能和业务的有效盘活，成为西岸艺术品产业的核心服务机构，已为苏富比、佳士得等66家国内外艺术机构和46场大型展览提供服务，流通艺术品达到20 000

---

① 《中华人民共和国和法兰西共和国联合声明》，中华人民共和国中央人民政府官网，2018年1月10日，http://www.gov.cn/xinwen/2018-01/10/content_5254966.htm

② 花建：《中国艺术品产业的发展战略——迈向"十三五"的国际视野和中国路径》[J]，上海财经大学学报，2015，17（05）：57—70.

余件,总货值超155亿元,成为上海艺术品产业发展的重要功能性平台之一。

艺博会具有展览展示、收藏销售、宣传推广、学术评价、艺术公教等功能,在艺术品市场交易体系占有重要地位。境外艺术品到国内展出,不仅要办理备案、通关等手续,还要缴纳保证金。这对于单件货值动辄数千万元人民币、合计数百件艺术品、展期以月计量的展会主办方及参展商而言,需要承担较多的资金和利息,是一笔很大的开支。西岸艺术品保税仓库在这方面可以发挥保税优势,不仅使得国际艺术品机构办理进出境手续更加便捷,减轻了企业的负担,而且让库内艺术品可以便捷地转入其他海关特殊监管区域以保税形式进行展览,降低了藏品反复开拆、搬运带来的损伤风险。西岸艺博会与西岸艺术品保税仓是西岸艺术品产业链上的精准布局,为交易月的进一步发展奠定了良好的基础。

(三)"双A"战略深度融合

国际艺术品交易中心的发展模式既不是一成不变的,也不是层层要素的机械叠加和传统组团,而是随着全球化、信息化、智能化的时代潮流不断地更新和升级。西岸坚持与时俱进,加强科技创新发展,积极打造市一级的人工智能产业集聚区,并与国际艺术品交易中心的建设相辅相成,形成有效联动。2018年,首届世界人工智能大会落地徐汇滨江,引发了社会各界对于人工智能产业的高度关注,推动了西岸的文创和科创双翼齐飞,释放出良好的溢出效应。2019年,作为第二届世界人工智能大会的会场之一,徐汇滨江积极构建AI产业泛创新生态,打造科技与文化、生活相融合的应用场景,吸引众多头部企业集聚西岸。借此契机,徐汇区政府提出"双A(ART + AI)"发展战略,一个A是AI——人工智能,另一个A是ART——当代艺术,而落实"双A"发展战略的核心区就在徐汇滨江。

徐汇滨江深入贯彻落实"双A"战略,大力推进西岸的产业载体建设。以西岸智塔为核心的西岸数智谷,已聚集腾讯、阿里、华为等人工智能产业头部企业;以央视为核心的西岸传媒港,已聚集湘芒果、游族等一批优质企业资源,预计至2025年,将吸引近10万办公人群入驻。头部企业资源及高品质人群的集聚,为西岸艺术品产业包括艺术品 IP 授权、艺术教育等相关领域,提供了更多的发展空间。

三、确立基本定位——明确交易月的战略目标和独特模式

2019 年 11 月,上海市委宣传部、上海市文旅局与徐汇区委、区政府按照"国际化、市场化、专业化"的原则,以西岸为主要区域之一,举办首届"上海国际艺术品交易月"(简称"交易月"),打造聚集艺术品交易、展览展示及相关内容的重要品牌活动,同时成立首个上海国际艺术品交易中心(简称"交易中心"),成为打造国际艺术品交易中心核心承载区的重大举措。

(一)助力上海打造千亿级艺术品交易市场

交易月贯彻落实市委、市政府关于打响"上海文化"品牌的战略部署,聚焦"上海文创 50 条"提出的"把上海建设成为世界重要艺术品交易中心之一"的发展目标,通过支持艺术品活动集中举办、支持艺术机构落户上海、降低艺术机构交易成本等系列举措,吸引大量国际艺术品展览、机构和人才集聚,助推上海形成千亿级规模的艺术品交易市场。

(二)形成"四个集中"的基本框架

交易月围绕"政策集中、主体集中、交易集中、效益集中"的"四集中"要求,通过政策引领、平台建设等方式,整合艺术品产业上下游的各类要素,形成资源高度密集、政策有力扶持、交易便利规范、综合效益优良的产业发展高地。

1. 打造一个艺术品交易品牌

交易月在每一届都集中举办百场以上国际化、品牌化、专业化的活动,吸引艺术品产业各环节的主体参与,开展广泛的宣传推广,打造"交易月"品牌形象,提升它在全球的知名度和美誉度。

2. 成立一个艺术品交易中心

由上海市委宣传部、上海市文旅局在上海西岸挂牌成立上海国际艺术品

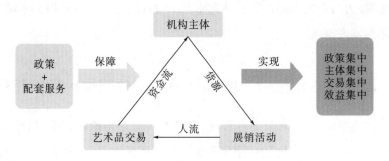

图 2   上海国际艺术品交易月运作模式

交易中心。该中心采取实体化运作，打造集展览展示、拍卖交易、活动推广、商务办公等功能于一体的艺术品交易服务高地。

3. 构筑一个一站式服务平台

上述交易中心内设立了艺术品交易"一网通办"服务窗口，以线上与线下相结合的形式，在交易月期间为艺术机构集中提供工商登记、展览审批、通关报检、外汇结算、财税申报、奖励及补贴申报、仓储物流等一站式便捷服务。

4. 实施一套交易月产业政策

交易月聚焦艺术品交易成本较高、艺术品流通环节手续繁杂等难点，积极探索审批报关的绿色通道、降低艺术机构准入门槛、减免相关税费等举措，实施专门的交易月产业扶持政策，为艺术品交易营造良好的政策环境。

（三）树立全球艺场的上海标杆

交易月举办时间为每年一个月，汇集艺博会、拍卖会、展览展销、论坛讲座等多种活动。多元的业态、丰富的形式、高品质的资源，广泛吸引国内外专业人士、艺术爱好者、游客等群体，适应他们的差异化需求。交易月在不断优化中扩大规模，完善机制，提升品牌知名度和辐射力。2021 年 9 月，"打造上海国际艺术品交易月品牌，建设全球艺术品交易中心"作为徐汇区文化出口基地的代表案例，入选国家文化出口基地首批创新实践案例。

1. 首届交易月成果

首届交易月以"艺术西岸，全城联动"为主题，共推出 112 场系列活动，包括3场大型艺术博览会、14场拍卖活动、52场展销活动、35场展览活动、8场外延活动。截至2019年11月30日,百余场系列活动中境内外艺术品展示、展销、拍卖的累计货值突破111亿元,各大博览会总参观人数超过50万人次。

从艺博会角度看,交易月期间举办的第六届西岸艺博会、第七届ART021艺博会和首届艺术与设计创新未来教育博览会等三场大型艺术博览会,吸引了世界各地众多藏家、美术馆馆长、策展人以及艺术家等业内人士;从拍卖活动的角度看,12场拍卖会累计成交额约2.03亿元;从艺术品展销的角度来看,19场展销活动累计销售额约6530万元。

2. 第二届交易月成果

第二届交易月以"全球艺场·上海时间·艺术西岸"为主题,历时32天,联动全城40余家艺术机构,推出国际拍卖周、高峰论坛周、生活品艺周、国际博览周四大板块,汇聚95场系列活动,包括4场大型艺术博览会、35场拍卖及预展活动、53场展览展销活动、3场外延活动,同时举办了21场专业论坛。在第二届交易月的影响下,国家文物局与上海市政府签订《社会文物管理综合改革试点合作协议》,推动全国首个国际文物交易中心落户徐汇滨江。

第二届交易月的多项活动取得了丰硕的成果。从艺博会角度看,作为2020年全球首个如期举办的线下艺术博览会,仅贵宾预览首日,第七届西岸艺博会的销售额就突破1亿元人民币,5天展期内吸引观展客流超8万人次,达历年之最;从拍卖活动的角度看,35场拍卖会累计成交额近16亿元;从保税服务的角度看,交易月期间上海现当代艺术品整体流通货值超20亿元,其中西岸艺术品保税公司服务进口额约8亿元,占比约40%。第二届交易月的成功举办,极大地提振了后疫情时代全球艺术市场的信心,第七届西岸艺博会成为诸多国际画廊进入中国市场的重要门户,推动全球各类艺术博览会高度关注中国市场和上海市场。

3. 第三届交易月成果

本届交易月以"全球艺场,艺术上海"为主题,在全市举办了302场艺术活动,吸引交易主体420余家,包括6场艺术博览会、118场文物艺术品拍卖会、132场美术展览以及46场展览展销活动,累计交易艺术品货值达108亿元。

与前两届交易月相比,第三届交易月的规模更大、品质更高,进一步提升了其在全球艺术市场的影响力。它的系列重磅活动包括第四届进博会文物艺术品板块、第八届西岸艺博会、第九届 ART021 上海廿一当代艺术博览会(简称"ART021")等三大艺博会,吸引参展机构 280 余家,呈现展品 6 000 多件,成交意向超过 25 亿元人民币。本届西岸艺博会和 ART021 的规模都达历年之最,而且参展画廊返场参与率接近 70%。这显示了国内外艺术机构对上海艺术品市场的信心和热情。本届交易月引入上海嘉禾秋拍,总成交额为 3.2 亿元人民币,总成交率达 97.37%,为历届之最。这标志着交易月首次实现重要艺术品拍卖活动全环节落地,弥补了前两届交易月中缺少重磅拍卖活动的遗憾。

四、推进创新重点——营造国际艺术品交易的优良生态

经过三年的努力,交易月的组织架构、活动体系、服务措施、扶持保障基本建立而且运转顺畅,有关艺术品产业的政策体系基本成型,为建设国际艺术品交易中心提供了有益的经验。其核心是多方协同,多管齐下,营造国际艺术品交易的优良生态。

(一) 建立联动机制,发挥各方力量

1. 深化"放管服"改革,提高政府服务效能

交易月建立"上海国际艺术品交易月"联席会议制度,制定工作方案,统筹协调各方。上海市政府、市委宣传部、市文旅局、徐汇区委、徐汇区政府等主要领导为召集人,市商务委、市文旅局、市税务局、国家外汇管理局上海市分局、上海海关等共同参与,研究、协调和部署交易月的主要工作。交易月在联席会议制度下设立办公室,设置在上海市文旅局。这一工作机制有效整合了政府、企业、机构等各方力量,又通过任务分工协作,让专业的人做专业的事,保障了交易月的有序运行。

2. 推动科艺融合发展,提升区域企业贡献度

交易月大力推动文创与科创的有机结合,为艺术品产业注入科技创新的

强大能量。西岸数智谷集聚了一大批人工智能、区块链等领域的头部企业，通过交易月搭建起科技企业进行艺术领域探索应用的桥梁。第二届交易月与入驻企业阿里云合作开发了上海国际艺术品交易月的线上展示交易系统，依托阿里云的技术支持，首次构建起云端交易月，实现艺术品线上申报、7×24 小时线上展览展示和交易、线上筛选机构入驻等多种功能，以助力艺术品交易机构应对疫情带来的各种变数。第三届交易月期间，西岸发挥区域人工智能和艺术资源优势，与上海树图区块链研究院、上海嘉禾拍卖等机构就数字艺术领域开展合作，包括举办数字艺术展览、主题论坛等，推动徐汇滨江成为最前沿的科技文创产业高地。

（二）制定上海政策，降低交易成本

1. 制定专项政策

为了深入推进"艺术西岸"品牌建设，推动艺术品产业发展，保障上海国际艺术品交易月顺利实施，由徐汇区牵头制定专项政策《徐汇区关于加快推进艺术品产业发展的扶持意见》（以下简称《意见》）。《意见》有效期为 1 年，每年根据实际情况及时调整，目前已更新至 2.0 版本。在第三届交易月期间，上海市委宣传部发布《上海市推动国际重要艺术品交易中心建设、支持艺术品产业发展的重点政策》，展示了许多创新的亮点，包括在推动涉外文物拍卖开放方面，支持外资拍卖企业拍卖境外征集的 1949 年以后去世的部分外国艺术家作品；在试点文物艺术品税收优惠方面，明确艺术品、收藏品及古物等被纳入进博会享受税收优惠政策的展品清单中，每个参展商可以享受不超过 5 件展品免征进口关税、进口环节增值税和消费税；在试点艺术品交易外汇结算方面，上海市委宣传部、市文旅局、外汇管理局上海分局等合作，指导有关银行对涉外艺术品交易结汇进行规范试点，交易中的涉外汇费用可享政府补贴。

2. 设置专项补贴

上海的市、区两级政府在交易月期间设立了扶持艺术品产业的专项资金，实施艺术品领域中的"三免三补"，即对交易行为过程中发生的通关保证金服务、外汇结算服务、行政服务相关费用实行减免，对交易行为中发生的贷

款利息费用、融资担保费用和代理记账费用进行补贴,对展览展示活动以及注册落户的知名艺术机构和专业服务机构进行综合性扶持。截至目前,徐汇区已投入专项补贴资金2 000万元,并为百余家/次的交易月参与机构提供约820万元的扶持资金。2020、2021年度的文创产业扶持资金也对相关项目给予支持。

(三)整合资源,发挥集聚效应

交易月充分整合艺术品全行业的资源,每年在特定的时间和特定的地点,让原来分散的产业要素聚焦起来。交易月把优质的艺术品、海内外艺术家、画廊等艺术品机构、高品质的艺术展览、国际著名的艺术金融机构、买家和专业观众等吸引到西岸,构建起以徐汇滨江为核心的艺术品产业集聚高地。它聚焦于艺术品产业链中具有较高产出率、市场前景广阔的环节,为国际知名艺术品机构等创造了大量的发展机会,同时向长三角乃至海内外市场辐射。

(四)对标一流,融入全球市场

交易月向国际顶尖水平、向行业最高标准看齐,积极对标伦敦南岸、巴黎左岸等国际知名艺术集聚区,在载体开发、活动创办等方面加强与全球艺术品市场的深度联系,以优质服务树立对外开发的新优势:第一,积极引入苏富比、佳士得、富艺斯等国际知名拍卖机构的秋季拍卖活动,形成品牌叠加效应;第二,广泛吸引全球的多元化艺术资源,重点引入国际顶级的画廊、艺术品机构等,形成引领性和权威性的艺术品产业高地;第三,组织高品质的艺术品展览和交易活动,举办国际性的学术论坛;第四,对接国际进口博览会资源,承接进博会的溢出效应;第五,联动西岸美术馆大道乃至全上海的艺术资源,引入国际知名艺术大展;第六,借助上海国际文物交易中心建设的契机,充分发挥国家政策先行先试的作用,开拓新的文物艺术品交易板块,进军国际文物艺术品交易市场。

五、迈向未来愿景——建设配置国际艺术品资源的枢纽

创立三年以来，交易月在打造国际艺术品交易体系，构建国际艺术品发展的优良生态，普惠全体人民方面起到了引领作用。虽然与国际成熟的艺术品交易中心相比，交易月还处于发展阶段，存在一些亟待提升的环节，但是已经显露出蓬勃的活力和光明的前景。从中国迈向全球艺术品大国的前景看，交易月要加强先行先试，创新体制和机制，聚焦战略目标及愿景，成为上海打造千亿级艺术品交易市场的强大引擎。

坚持政策引领，强化平台功能。上海市、区两级政府为发展艺术品产业，已经量身定制了一系列政策。交易月在未来要强化政策引领，争取国家扩大艺术品和文物交易、海关通关便利化等政策在这里先行先试；借鉴上海自贸区、上海进博会等的体制创新经验，吸引更多优质的国际艺术资源集聚；做实上海国际艺术品及文物交易中心，拓展平台功能，优化营商环境。

做强话语权，建立产业生态圈。交易月要积极创办或承办具有国际影响力的艺术品产业高端论坛等，定期发布艺术品交易指数等权威数据，扩大在全球艺术品产业领域的影响力；积极争取 Artnet、Artsy 等国内外知名艺术媒体聚集，形成权威媒体矩阵，打造行业新闻首发地；要研究和设计上海建设亚洲重要艺术品交易中心的指标体系、数据体系，建立对标国际的行业规则及产业统计口径。

坚持"双 A"战略，形成先发优势。交易月要依托西岸"双 A"战略的优势，把人工智能、区块链、新型视听、沉浸式体验等科技成果与艺术品产业相结合；要把握"中央美术学院西岸科技与艺术创新实验室"入驻挂牌的契机，依托国内著名艺术院校的专业力量，联动周边的美术馆大道、西岸数智谷、西岸传媒港，开展科技与艺术融合的前沿探索；要借助西岸版权工作站的平台，开展艺术品版权开发与保护的积极尝试。

开辟新领域，拓展艺术产业链。交易月不但要把握艺术品产业核心资源，也要关注产业链上下游以及艺术品周边产品等业态，包括艺术金融、艺

培训、艺术授权等领域,开发与艺术品交易相关的展览展示、IP 衍生授权等项目。交易月要整合艺术品产业链上下游要素,推动价值链的不断提升,真正成为上海打造千亿级艺术品交易市场的引擎和配置国际艺术品资源的核心枢纽。

打造中国音乐剧产业标杆剧场

——上海文化广场的创新成果及经验启发①

秦迎林② 田云清③ 乔梦琪④

摘 要 上海是中国文化与世界文化的重要交流枢纽。音乐剧作为从西方引进中国的艺术样式，率先在上海获得良好的发展环境，开启了本土化发展的新篇章。上汽·上海文化广场作为全国唯一连续制定三年发展规划的剧院，围绕上海建设"亚洲演艺之都"的目标，借鉴了美、英、日等发达国家发展音乐剧产业的有益经验，在战略定位、产品经营、营销传播、技术发展、生态营造等五个方面，因地制宜地进行了持续创新，为国内相关剧院、剧团的可持续发展提供了可贵的启发。

关键词 上汽·上海文化广场 音乐剧产业 标杆剧场

音乐剧作为一种现代的综合性舞台艺术，率先兴起于欧美国家。中国引入音乐剧艺术后，开启了本土化发展的新篇章。上海作为中国与世界开展文化交流的枢纽，提供了发展音乐剧产业的良好环境。上汽·上海文化广场围绕上海建设"亚洲演艺之都"的目标，以"文化乐土，梦想绽放，成为都市文化广场"为愿景，努力打造"音乐剧产业发展风向标""丰富感官体验的文化生态地标""引领大众审美与崇尚人文追求的精神家园"。它自 2011 年运营以来，

① 基金项目：上海哲学社会科学规划"学习贯彻习近平总书记'人民城市人民建　人民城市为人民'重要理念"专项课题"新时代上海人民城市文化建设研究"（2021XRM009）。
② 秦迎林，上海工程技术大学副教授，硕士生导师。
③ 田云清，上海工程技术大学研究生。
④ 乔梦琪，上海工程技术大学研究生。

上演中外音乐剧/舞台剧及时尚经典类演出 2 200 余场,演出密度达 1.5 天/场,吸引观众逾 220 万人次,形成了"看音乐剧,到文化广场"的品牌口碑①,也提供了中国音乐剧产业标杆剧场的有益经验。

一、音乐剧发展趋势背景

（一）音乐剧产业的历程和背景

音乐剧产业自诞生以来经历了数百年的发展。早在 17 至 18 世纪,欧洲的音乐发展进入了"巴洛克时期",清唱剧和歌剧广受欢迎。19 世纪中后期,美国城市商业快速崛起。音乐剧在此获得了良好的发展环境,衍生出轻歌舞剧和滑稽表演。20 世纪初,小歌剧由欧洲传入美国。欧洲歌剧和英国的音乐喜剧对美国的音乐剧产生了重要的影响②。美国逐渐成为世界音乐剧产业的重镇。音乐剧集歌、舞、剧为一体,融入了先进的舞美技术,追求视觉和听觉效果的结合,以雅俗共赏的特质风靡了全世界许多国家。近几十年来,以美国百老汇、英国伦敦西区、日本四季剧团等为代表,音乐剧成为世界艺坛上一个长盛不衰的样式。

1. 美国百老汇：优化资源配置,打造可持续的产业链

百老汇作为美国现代歌舞业的代表,集聚了几十家剧院,形成了完整的创意产业链。它从创意、策划、投资、剧场整修,到演出组织、演员培训、票房推销、宣传活动、纪念品销售等,按照市场化和社会化开展运营③。百老汇集中了一大批专业化公司,运营产业链中的各个环节。这些公司与产业链上下游的公司签订合作协议,选择有实力的制作公司签订剧目。这样做有利于制作方签约心仪的创作团队,演员寻觅合适的制作人,专业人士可以选择适当的公司和戏剧项目合作④。

---

① 上海文化广场剧院管理有限公司：《上海文化广场打造音乐剧演出品牌》。

② 王倩：《西方音乐剧对中国音乐剧的影响及启示》[J],戏剧文学,2017(10);74—78.

③ 滕晓鹏、汝艳红：《百老汇戏剧产业孵化体系对中国演艺产业发展的启示》[J],山东社会科学,2018(10);122—126.

④ 《美国文化全球扩张和渗透背景下的百老汇》,人民网,2016 年 7 月 12 日,http://theory.people.com.cn/n1/2016/0712/c143844-28547138.html

2. 英国伦敦西区：集聚戏剧产业,形成独特的艺术品牌和票房效应

伦敦西区是与纽约百老汇齐肩的两大世界戏剧中心之一。它得益于英国政府所颁布的文化扶持政策、剧院的集聚效应,以及现代化运营管理模式。西区剧院群落正向关联起一系列相关产业,带动了城市的经济发展。它在产业布局上形成中心—边缘的圈层结构,其内圈层是集中在海马克特街和沙福兹伯里街两个街区的近50家西区剧院,构成了伦敦戏剧产业的核心集聚区和辐射源;在伦敦西区外存在着大量的剧院,包括小剧场和酒吧等服务设施,表演内容涉及古典戏剧、歌舞表演等方面①。这样的圈层结构形成了西区剧院的极化效应,距离西区剧院集聚中心越远的地区其收益也相对递减。内圈层对外圈层形成辐射和带动作用,外圈层也通过不断竞争向内圈层贴近,最终形成了互相促进、互为表里的关系②。

3. 日本四季剧团：坚持本土化制作,推动剧场长足发展

从20世纪70年代起,在美国百老汇音乐剧的影响之下,四季剧团开始从话剧演出逐步转向音乐剧演出。在《西区故事》《群舞演员》等音乐剧的演出获得巨大成功后,四季剧团确立了以演出音乐剧为主的宗旨③。它在吸收西方音乐剧精华的同时,逐步创造了一套适于亚洲人表演的体系。四季剧团选择在欧美获得演出成功的优秀音乐剧,如《猫》《狮子王》《为你疯狂》《美女与野兽》《歌剧魅影》等④,积极将其翻译成为日语,又启用本土演员,逐步消除了日本观众对音乐剧的欣赏障碍。四季剧团不仅使音乐剧被日本主流社会接受,同时创作了一批原创音乐剧,创造了具有世界影响力的音乐剧表演中心。

（二）中国音乐剧产业概况

1. 多元音乐剧形态共存,市场竞争逐渐激烈

近年来,中国国内上演的音乐剧作品主要包括三种形态：原版引进、外来

---

① 吕华：《浅析伦敦西区音乐剧产业化——以〈魔法坏女巫〉为例》[J],戏剧文学,2019(05)：140—143.
② 陈敏：《析英国戏剧产业运营对中国戏剧业发展的启示》[J],艺术评鉴,2018(17)：145—147,109.
③ 满宁：《日本音乐剧运行模式对中国音乐剧发展的启示》[J],黄河之声,2020(15)：54—55.
④ 《揭秘业界"神话"四季剧团：64年,坚持做一件事》,搜狐网,2017年8月11日,https://www.sohu.com/a/163795929_516608

本土化以及原创音乐剧。原版引进是指将西方音乐剧完整地引进中国，从2002年登陆上海大剧院并取得成功的经典作品《悲惨世界》，到观众津津乐道的口碑作品《猫》《妈妈咪呀》和《剧院魅影》。国内已有多个专业公司专门进行原版音乐剧的引进和推广，引进的剧目数量和题材越来越丰富①。与此同时，《美女与野兽》《我，堂吉诃德》《番茄不简单》《寻找初恋》等海外经典音乐剧纷纷被制作成中文版，搬上舞台后取得了良好的效果②。在原版音乐剧和本土化作品取得成功的同时，原创音乐剧也如雨后春笋般破土而出。一些优秀的原创音乐剧如《蝶》《金沙》等获得了业内的好评③。从发展趋势看，原版引进和外来本土化的音乐剧作品占有较大的市场份额，原创作品的竞争力相对较弱，发展也相对困难。

2. 音乐剧场次不断增多，剧院功能日益丰富

根据《2021中国音乐剧指南》的分析，从2016年开始，音乐剧的演出场次、观众数量、收入等稳步增长，至2019年共演出2 655场，同比增长5.4%；观众数量达到213万人次，同比增加29.5%；票房收入突破6亿元，同比增长37.1%，成为近年来中国音乐剧产业发展的一个高峰④。由于疫情冲击，2020年1月至3月全国取消或者延期演出近2万场，直接票房损失超过20亿元。随着疫情得到有效控制，从2020年6月份起音乐剧演出逐渐恢复。2020年全年共演出音乐剧997场⑤，表现出较强的市场韧性。中国音乐剧市场从北上广等一线城市延伸到南京、杭州、西安、哈尔滨、苏州等二、三线城市，逐步扩大了社会影响力。

3. 粉丝效应带来新局面，产业消费不断升级

在互联网战略和粉丝经济的带动下，中国音乐剧产业获得新的助推力。

---

① 周容生：《新时期我国音乐剧的创作与发展》[J]，四川戏剧，2017(01)：126—130.

② 陈洁：《上海音乐剧产业的原创力探析》，《2021年上海文化产业发展报告》，上海：上海社会科学院出版社，2021年4月。

③ 《如何孵好中国音乐剧这只"蛋"》，《解放日报》，2021年1月18日。

④ 《中国音乐剧进入全产业链时代》，中国经济网，2021年6月30日，http://www.ce.cn/culture/gd/202106/30/t20210630_36680607.shtml

⑤ 《后疫情时代 中国音乐剧如何发展》，中国新闻网，2021年5月25日，https://www.chinanews.com/cul/2021/05-25/9485151.shtml

图1 2016—2020年中国音乐剧演出场次及增长情况

数据来源：前瞻产业研究院《2018年中国音乐剧行业市场分析：整体市场规模不断扩张，中文版音乐剧迎来发展高峰》、中国音乐剧协会《2021中国音乐剧指南》

2019年之初，湖南卫视的综艺节目《声入人心》低开高走，其豆瓣评分突破9分，推出郑云龙、阿云嘎等明星音乐剧演员[1]，将高雅音乐引入雅俗共赏的综艺节目中，显示了粉丝经济融入音乐剧产业的活力。同年，《摇滚莫扎特》《巴黎圣母院》《摇滚红与黑》《罗密欧与朱丽叶》等一系列法语音乐剧演出，以广为人知的经典主题在全世界内拥有广泛的粉丝群体，也在中国掀起了一阵观演热潮[2]。

（三）上海文化广场发展现状

上海作为国际文化大都市，是全国最早引入和开发音乐剧产业的中心城市。上海颁布的"上海文创50条"（2017年），明确了打造"亚洲演艺之都"的目标，推动上海演艺产业从"高原"走向"高峰"。上海积极打造音乐剧产业的标杆剧场，在演艺产业的各个方面推动高水平建设，包括院团、剧院、场馆以及辅助系统。上汽·上海文化广场（以下简称为文化广场）——国内第一家音乐剧专业剧院，积极贯彻"上海文创50条"，肩负起打造中国音乐剧产业标

---

[1] 《音乐剧传播出圈——给演艺产业带来的启示》，北京演出行业协会官网，2019年7月24日，http://www.bjycxh.com/news/503.html

[2] 《2019年中国演出市场回顾——音乐剧篇》，中国演出行业协会官网，2019年12月31日，http://www.capa.com.cn/news/showDetail/168060

杆剧场的主要使命。它经过多年的建设,形成了品牌形象逐渐凸显、服务品质不断提升、营业利润逐年增长的良好局面。

1. 文化广场特色突出,品牌形象逐步凸显

上海文化广场剧院管理有限公司自 2011 年 6 月成立以来,以经典和时尚剧目为重点,以孵化音乐剧产业为追求,以培育市民观剧习惯为己任,致力于构筑"文旅结合、开放亲民"的都市文化艺术中心。

文化广场充分发挥专业优势,集聚了国内外一大批优秀的音乐剧剧目,在引进经典和搭建原创展演平台方面双管齐下。文化广场在 2012—2020 年期间完成音乐剧/舞台剧演出 1 620 场①,推动大批经典音乐剧的首秀和首演,形成"看音乐剧到文化广场"的良好口碑,逐步成为国际知名音乐剧创制公司在中国的主要合作伙伴。如法语音乐剧《摇滚莫扎特》于 2018 年 1 月 2 日至 21 日上演 24 场,平均上座率 91%,复购人数 1 117 人,掀起了国内观众对法语音乐剧的极大热情,成为社会关注、业内热议的重要文化现象②。文化广场也积极助力华语原创音乐剧的开发制作,形成特色突出、多元立体的品牌形象。

2. 服务品质不断提升,受众基础日益扩大

文化广场积极贯彻习近平总书记对新时代文艺工作的重要讲话精神,突出剧场建设的人民本位,强调为人民服务的宗旨③。文化广场坚持体验式服务的理念,让每一位观众通过文化艺术获得自我价值的提升。文化广场从管理制度与服务标准、综合培训与考核监管、观众互动与角色转换等层面,将服务的触角延伸至剧院的每一个细节和每一位观众。

文化广场在全国首创剧院增值服务模式,通过"广场小白"这个集信息资讯、服务定制、会员互动于一体的微信服务号,由"90 后"场务团队为观众提供设备租赁、票张寄存等服务,打通现场服务的"最后十米"。2020 年,"广场小

---

① 上海文化广场:《上海文化广场剧院管理有限公司三年发展规划(2021—2023)》,2021 年 4月。
② 上海文化广场:《上汽·上海文化广场 2018 年度运营年报》,2019 年。
③ 梁卿:《剧院为民众服务的典范——维也纳人民歌剧院经营管理的理念与模式管窥》[J],四川戏剧,2019(02):72—78.

白"为 26 230 名粉丝提供主剧场线上服务 1 168 次,做到在第一时间"有问必有答",全年收到观众好评及点赞 800 余次①。在上海积极推动数字化转型的大背景下,文化广场引入 5G、人工智能、大数据、区块链等技术,积极探索数字化、智能化的管理服务方式②,加快传统剧院向"互联网 + 剧场"转型,在智能化剧院方面走在全国前列。

3. 场馆运营优势初现,营业利润逐年增长

文化广场经过十年的努力,推动主营业务收入不断增长,促进服务性收入、艺术教育收入、营业外收入逐年增加,形成多样化的经营业态,建构标杆剧场的核心竞争力。2017—2020 年期间,文化广场的演出总场次为 1 059 场③,各项营业指标逐年递升。2020 年由于受到新冠肺炎疫情的影响,文化广场的多轮演出延迟和取消,但它仍然坚持社会责任,打造音乐剧产业的风向标,保持以音乐剧/舞台剧为主的艺术定位和市场定力,全年完成演出 179 场,其中音乐剧/舞台剧 115 场,占比 64.2%,其中 5 台 28 场演出为全国首演④。

表1　2017—2020 音乐剧/舞台剧票务及场租收入情况

年份	项目数量	场次	演出收入占比	观众人次(万人)	上座率	票务收入(万元)	租场收入(万元)
2017	25	234	87.31%	28.0	70.98%	6 175.4	1 201.4
2018	26	257	78.83%	32.2	74.97%	6 336.2	1 737.5
2019	26	234	81.82%	35.1	82.17%	7 803.3	2 123.2
2020	20	115	64.24%	9.6		2 742.5	774.6

数据来源:《上海文化广场剧院管理有限公司三年发展规划(2021—2023)》

文化广场围绕三个"三年规划"发展目标推进科学管理,以现代管理理念推动制度化建设,优化顶层架构的设计。它对剧院定位、运营方向、工作指标等进行动态化的更新,梳理各类保障工作流程和内控管理条例。它从确立战

---

① 上海文化广场:《上汽·上海文化广场 2020 年度运营年报》,2021 年。
② 范周:《数字经济变革中的文化产业创新与发展》[J],深圳大学学报(人文社会科学版),2020,37(01):50—56.
③ 上海文化广场:《上海文化广场剧院管理有限公司三年发展规划(2021—2023)》,2021 年 4 月。
④ 上海文化广场:《上汽·上海文化广场 2020 年度运营年报》,2021 年。

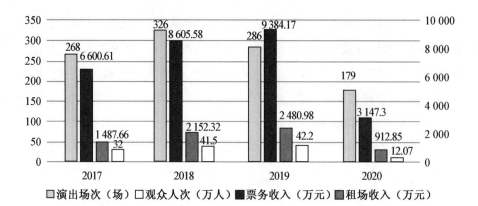

图 2　2017—2020 年演出场次、观众人次及票务、租场收入情况表

数据来源:《上海文化广场剧院管理有限公司三年发展规划(2021—2023)》

略定位、打造优良产品、整合营销传播,到开展技术运营、营造剧院生态,稳步迈向打造中国音乐剧产业标杆剧场的目标。

二、明确方向：确立剧院战略定位

文化广场自 2011 年以来经过三个"三年规划"的实施,响应时代的呼唤和"亚洲演艺之都"建设的要求,形成了明确的战略定位:文化乐土,梦想绽放,打造成为国内有影响力的剧院、音乐剧产业发展风向标和市民共知的文化生态地标。

(一) 运作机制——事业单位建制 + 现代企业运行

文化广场是由上海大剧院艺术中心、上海文化广播影视集团、上海精文投资有限公司及上海东方传媒集团有限公司等四家大型文化企业多元投资组建而成。与此同时,文化广场也是由政府投资兴建的大型公共文化设施,实行事业管理,资产划归上海大剧院所有,享受其差额拨款单位的相关财税和人事政策。文化广场在"事业单位建制 + 现代企业运行"的管理运作模式下,实施董事会领导、现代企业管理制度运行,以场地开发管理、节目生产制作与市场运营为主业,以演出经纪、艺术教育交流、场地服务等为相关业务,探索规范化、专业化、集约化的发展模式。

（二）发展定位——时尚中的经典，经典中的时尚

文化广场秉持"以音乐剧表演艺术为主，时尚跨界类舞台艺术为辅"的节目定位，以春季原创音乐剧展演与上海国际音乐剧节、夏季时尚大戏、秋季周年庆典、冬季年末演出季等为主要内容形成演出布局①。它以专业眼光和全球视野引进世界一流、适应国内观众需求的音乐剧，使音乐剧产业真正在上海落地生根。不仅如此，它还以每年两台的进度，以"自制＋与制作公司合作"的方式参与华语原创音乐剧的创制，以中小型的优质剧目制作为重点，打造一批拥有自主版权的优秀本土音乐剧。

（三）目标愿景——塑造文化生态地标、人文精神家园

文化广场夯实发展基础，营造发展生态，探索新的突破，一直致力于发展成为具有更广泛影响力的音乐剧产业发展风向标、文化生态地标、人文精神家园，构建多层次、丰饶的演艺生态系统。作为承载城市文化记忆的空间，文化广场坚持"为观众选好戏"的初心，把握"为艺术家搭好台"的格调，营造良好的艺术生态环境。它以剧场为圆心构建广阔的艺术腹地，串联起社区乃至整个城市的文创商业版图，提升市民的幸福感、获得感，打造都市人喜爱的文化生态地标、人文精神家园。在 2020 年疫情防控背景下，文化广场不断加强安全保障，对人流与场馆进行更严格的管控，利用舞台空档期综合考量复工日期、预算可控度、工期长短等因素②。

三、产品经营：打造优质文化产品

作为公共服务机构，文化广场从一开始就确定了通过市场化运营实现收支平衡和社会效应增长的战略目标，通过专业化和市场化的产品设计、平台

---

① 《音乐剧演出占城，"红色底蕴＋青春力量"点亮文化广场全年演出板块》，《文汇报》，2021 年3 月 25 日。

② 《疫情下"苦练内功"，上汽・上海文化广场准备好了》，人民网，2020 年 5 月 24 日，http://sh.people.com.cn/n2/2020/0524/c134768-34038827.html

经营以及资源整合,努力在市场的竞争中获得可持续发展的优势。

(一)开发文创产品,稳步参与精品音乐剧创作

顺应数字经济带动演艺产业转型升级的大趋势,文化广场树立了以剧院作为资源整合平台的新理念,发挥产业链的枢纽作用,带动上下游企业共同开发市场新蓝海。文化广场以资源整合与原创制作为双轮驱动,在每年春季打造"原创华语音乐剧展演季",并在同期举办音乐剧发展论坛,借助高度专业化、强互动性和高感染力的音乐剧内容,形成立足上海、辐射全国的"音乐剧嘉年华"[1]。它以"共生"作为运营理念,打造剧院与观众、粉丝、会员的共生关系,形成各方参与的价值共同体[2]。

文化广场对标世界一流演艺集聚区,倾力打造优质内容,积极参与精品音乐剧创作,将当代审美范式和传统戏剧内核有机结合,持续深耕音乐剧市场[3]。2020年,它立足"音乐剧为主、时尚经典为辅"的节目定位,以《我的遗愿清单》《拉赫玛尼诺夫》和《春之觉醒》3台原创音乐剧在全国18座城市开展巡演,共演出91场次,吸引观众61 255人次,迎来原创华语音乐剧的小高潮[4]。根据文化广场在2021年的演出板块信息,华语原创音乐剧孵化计划的首批作品《生死签》《南唐后主》《对不起,我忘了》等也分别于2021年5月、10月、11月在上海和南京首演[5]。

(二)创新经营模式,打造特色音乐剧专业平台

文化广场不断转变发展理念,即从载体思维转向平台思维、从产品思维

---

[1] 《"演艺大世界—2021上海国际音乐剧节"启幕,立足上海、辐射全国 用心耕耘,与观众共同走进音乐剧春天》,《解放日报》,2020年12月8日。

[2] 上海文化广场:《上海文化广场剧院管理有限公司三年发展规划(2021—2023)》,2021年4月。

[3] 《在音乐剧领域深耕十年,文化广场迎来"自制音乐剧"大年》,澎湃新闻,2021年3月24日,https://www.thepaper.cn/newsDetail_forward_11860287

[4] 上海文化广场:《上汽·上海文化广场2020年度运营年报》,2021年。

[5] 《上汽·上海文化广场10岁了!2021年度全年演出发布,音乐剧占七成,预计全国巡演超250场》,《文汇报》,2021年3月24日。

转向服务思维、从场地思维转化成场景思维、从供给思维转变为共创思维。它遵循社会主义国际文化大都市的建设目标,树立开放优势、坚持开放品格、推动开放作为,在提升社会效益和经济效益的过程中,吸收世界先进剧院的经营经验,不断开拓文化广场的服务边界①。它构建了"载体运营＋音乐剧专业平台"的经营模式,着力构建"丰富感官体验的文化生态地标""引领大众审美与崇尚人文追求的精神家园"。它努力打造中国音乐剧产业的标杆剧场,融入以"演艺大世界"为代表的上海演艺集群建设,整合剧院演出制作、艺人经纪等资源,向"一对多＋音乐剧专业平台"模式发展。

文化广场探索开发中国音乐剧的多种样式,充分整合资源,以自主开发的音乐剧为核心,构建"集成巡演"模式,将高品质的艺术教育、专业培训、文创衍生品、广场市集等形式和优秀剧目一同输出,扩大了演出的影响力,打造了新的经济增长点,构建了多层次的演艺生态系统。2020 全年,文化广场共完成 69 台 179 场演出,其中音乐剧/舞台剧演出占比 64%,户外舞台获首批演艺新空间资质,公益活动数量达 293 场,剧场全年无休对外开放②。

(三) 强化资源整合,逐步确立产业风向标地位

2021 年 7 月,上海发布《全力打响"上海文化"品牌　深化建设社会主义国际文化大都市三年行动计划(2021—2023 年)》,提出全方位塑造"魅力上海"城市形象③。文化广场不满足于做纽约百老汇、伦敦西区优秀剧目的"海外票仓",而是谋求从打造"核心竞争力"转向"核心辐射力"的发展新路径。根据《上海文化广场剧院管理有限公司三年发展规划(2021—2023)》,它将稳步实现"文化乐土,梦想绽放,成为都市的'文化广场'"的愿景,依托长三角高质量一体化发展的优势,加快集聚各类音乐剧机构、信息资源和人才资源;通过推动跨界合作,实现演艺与旅游、科技、商业、金融等的融合发展,逐步树立

---

① 《建设人民城市　开创国际文化大都市发展新格局》,《光明日报》,2021 年 1 月 7 日。
② 上海文化广场:《上汽·上海文化广场 2020 年度运营年报》,2021 年。
③ 《全力打响"上海文化"品牌　深化建设社会主义国际文化大都市三年行动计(2021—2023 年)》,上海市人民政府官网,2021 年 7 月 30 日,https://www.shanghai.gov.cn/nw12344/20210730/999a70f5b0ad438da 219325461 b00e03.html

中国音乐剧产业的标杆剧场地位。

文化广场以"和合共生"为价值观念,打造以内容为核心、以团队为纽带、以平台为基础、以品牌为支撑的剧院运营新模式。它通过全球音乐剧历史展示馆、本土原创音乐剧奖项、原创音乐剧孵化发展基金、音乐剧论坛、音乐剧剧团等,形成了海外经典音乐剧到沪必选文化广场、本土原创音乐剧展演必到文化广场、自制音乐剧孵化依托文化广场的优势地位。2020 年 3 月 20 日,文化广场实现了首个线上年度发布会①;2021 年又携手国内知名青年文化品牌摩登天空,打造 2021"自然醒"系列音乐现场节目,并于秋季推出为期 2 至 3 周的户外演出音乐季。届时大船文化·小白亲子嘉年华、古月集、凡几等国内活动品牌也将入驻"2021 年户外舞台演出季"。

四、整合营销：推动品牌形象传播

文化广场在成立规划之初即提出了"大剧院艺术中心旗下的品牌剧院"的建设目标,将推动品牌形象传播、实现品牌溢价作为运营管理的核心工作之一。

（一）整合品牌优势,实施整体赞助商精准招募

为更好向世界传递"上海声音"、塑造"上海形象",上海"十四五"规划中提出要建设全球标杆性文化体育类活动品牌②。文化广场把品牌建设作为竞争力的核心,深入挖掘优质内容,阐发剧目主题内涵,吸引大众共鸣,结合上汽集团的企业品牌优势,形成"三度创作"的工作思路。它在整合营销的过程中,进行品牌标识、品牌符号、品牌视觉形象(VI)、品牌口号等全方位的设计,增强品牌的识别度,打造深入人心的文化广场品牌形象。

---

① 《上海文化广场去年在探索中实现盈利,今年原创音乐剧孵化计划有望丰收 剧院是艺术舞台,也是品质生活空间》,《解放日报》,2021 年 3 月 25 日。
② 《中共上海市委关于制定上海市国民经济和社会发展第十四个五年规划和二〇三五年远景目标的建议》,上海市人民政府官网,2020 年 12 月 10 日,https://www.shanghai.gov.cn/nw12344/20201210/db7c9310622145908515706f467fd45a.html

2016年文化广场获得上汽集团5年冠名,成为"上汽·上海文化广场"。上汽·上海文化广场委托零点有数科技股份有限公司,结合财务分析与人群抽样调研,统计剧院资产收益、品牌强度与品牌乘数,完成《2020上汽·上海文化广场品牌价值评估报告》。报告显示,文化广场的品牌价值区间从2017年的6.93千万—7.24千万元增长至2.22亿—2.32亿元,以科学的统计数据向赞助商全方位展示化文化广场品牌的商业价值,并以此对标实施整体赞助商的精准招募①。

(二) 构建营销渠道,确立客户精准定位中心优势

文化广场抓住上海打造"亚洲演艺之都"的机遇,积极争取国家、上海专项资金的扶持,通过企业冠名、项目冠名、活动赞助等,构建多渠道的营销推广途径。文化广场通过加强剧院体系化管理,实现市场认可、专业认可、政府认可三元合一助力品牌价值评估,彰显文化广场品牌价值;通过加强分众化传播,确立目标客户营销精准定位,形成中心优势;通过运用各种媒介及数字化技术,突出宣传立意和重点,形成整体品牌影响力。

文化广场根植黄浦土地,关注点对点的客户体验,以客户体验为中心构建营销工作,对受众类别进行精准细分。在疫情期间对客户需求进行动态调整,根据市场需求进行动态定价和特色定价;既推出适应知识阶层和专业观众审美的经典剧目,又创作出符合地区人民群众需求的通俗剧目。文化广场以《上海市关于促进文化和科技深度融合的实施意见》为指导,对接云计算、人工智能、5G、AR等新技术,利用分众营销、网络直播、后台VLOG计划等文化与科技的深度融合计划,扩大在线平台的剧院网络传播效用②。文化广场在运营过程中,重视服务环境(场地、设施、装饰)和人员(服务)对品牌价值的放大作用,通过对服务和人员的体系化管理,提升品牌形象;通过跨界的合作增加消费体验,音乐剧与旅游结合为剧院吸引新的受众,电竞与演绎结合,打

---

① 上海文化广场:《2020上汽·上海文化广场品牌价值评估报告》,2020年9月。
② 《〈上海市关于促进文化和科技深度融合的实施意见〉全文发布》,澎湃新闻,2021年8月16日,https://m.thepaper.cn/baijiahao_14074995。

造独特的舞台体验。

（三）拓展服务资源，提升整体品牌无形资产影响力

文化广场突破只做专业剧场的思维模式，打造一个引领大众审美与崇尚人文追求的文化生态系统。为此文化广场在做好音乐剧及各类舞台剧运营的基础上，举办各类品牌活动，优化衍生服务开发，进一步拓展服务资源，提升整体品牌影响力。文化广场重视核心观众的需求，展开《青年受众消费调研分析报告》的调研和撰写，切实分析青年文化消费状况，助力完善剧院消费环境①。文化广场垂直深耕 30 余万会员，推出尊享 PLUS 会员衍生服务，按人群、舞台、产品、功能等维度打造舞台、艺教、新媒体、社群等个性化的会员服务内容。为了完善客户关系管理体系，文化广场不断提升会员服务的品质，推动信息化平台的后期建设和功能完善，辅助会员政策制定和服务升级，增强会员的黏性，提升整体品牌的影响力和辐射力。

文化广场联合多方优势，利用无形资源，举办户外剧场互动、暑期音乐营等各类公益活动，提升品牌形象，实现社会效益和经济效益的双赢。2020 年 6 月，上海市委在《中共上海市委关于深入贯彻落实"人民城市人民建,人民城市为人民"重要理念，谱写新时代人民城市新篇章的意见》中谋布上海人民城市建设方案②。文化广场以此为指导，不断提升服务号和公众号对大众生活方式的探索，以新颖的跨界类自媒体作品，传递文化广场的核心价值观，引流圈层外的受众走进剧场，提升整体品牌影响力，以需求为导向，将剧院打造为品质生活空间和人民重塑精神追求的精神家园，助力上海人民城市文化建设。

五、技术运营：助力企业信息化发展

为全面升级剧场的观演和服务模式，文化广场从 2016 年起推出了"剧院

---

① 上海文化广场:《青年受众消费调研分析报告》,2020 年 9 月。
② 中共上海市委:《中共上海市委关于深入贯彻落实"人民城市人民建,人民城市为人民"重要理念,谱写新时代人民城市新篇章的意见》,2020 年 6 月 24 日。

信息化平台",实现了与观众在线上和线下的即时交互,将信息技术运用于管理、营销、服务等各个环节,推进传统剧院向"互联网＋剧场"转型。

(一) 完善线上系统服务,成为上海首个无纸化进场剧院

2015年,文化广场推出集信息资讯、服务定制、会员互动等功能的微信服务号"广场小白"。"广场小白"在演出现场为观众提供充电宝、毛毯、雨伞、望远镜、节目单等贴心小物,也准备了儿童陪玩、票张寄存、人肉ATM等服务项目。文化广场希望通过"广场小白"实施以年轻观众体验为核心的用户中心服务策略,通过私人定制式服务加强观演联动①。2016年,推出"管家小白",注重对后台演职人员的服务管理,结合后台排练的服务需求,为演职人员开设线上预约服务,提供戏剧表演和准备过程中需要的安全用具、医疗用品、饮料糕点等服务②。文化广场聚拢演出商和主创团队,开展有效的线上线下交流,将观众的剧目评价及时反馈,形成良性循环。2018年,文化广场完成官网更新、微信改版、资源管理系统上线,并且率先实现二维码扫码无纸化入场,成为上海首个实现无纸化进场的剧院。

(二) 强化票务系统建设,提升会员社群信息服务一体化

文化广场自2016年启动信息化平台建设后,先后开展了票务系统与场地业务管理系统建设,加速信息化剧院布局。根据"人、票、剧、场"的连结关系,以"和合同生"的理念,构建剧场新零售、新业态、新趋势、新生活③。2018年,文化广场在剧院资源管理系统的数据基础上进行了数据可视化平台的建设,通过多样化的组合分析模式,对票务、销售、社群分析、投放等有了更立体的掌握。并且对数据进行整合分析,进一步了解观众对剧目的偏好、非尊享会

---

① 上海文化广场:《上海文化广场剧院管理有限公司三年发展规划(2021—2023)》,2021年4月。
② 上海文化广场:《上海文化广场剧院管理有限公司的战略和经营分析——2011—2016年》,2017年2月。
③ 《智能化同步年轻人的生活方式,文化广场欲把剧院变"广场"》,《青年报》,2018年9月25日。

员的成长性、合作伙伴契合度,为经营业务的决策提供更加具体的客观依据。另外,文化广场引入智能硬件与外部数据对接,拓展传统会员的外延,全面掌握泛会员的来源、增长趋势、基本消费行为等,并利用个性化推送设置,进行观众购票引导,提升营销精准度。截至 2020 年,累计会员已达 313 124 名[1]。通过更贴近需求的温暖服务,从线上至线下,从剧院内到剧院外,连接更多的人群、活动与空间。

(三) 构建新兴媒体矩阵,全方位助力剧院剧目经营运作

文化广场在以演出为核心的产业链中,充分发挥"互联网+"的渗透性,时刻触达观众,形成与观众、粉丝、会员的共生关系,打造涵盖合作伙伴、艺术家在内的价值共同体,提升服务力。通过官网、微博、微信订阅号和服务号、豆瓣,以及"广场小白"组成新媒体矩阵,促进产业资源共生互补、社会资源共生互惠、平台资源共生搭建、信息资源共生发展[2]。另外,文化广场还专注于探索剧院未来智能化建设方向,完成智能化剧院一期建设,包括手机官网、新CRM 系统和 CMS 系统,通过多渠道整合打通剧院 PC 官网、手机官网、微信服务号、线下窗口、"剧艺堂""广场小白"等各会员渠道,把独立运作、碎片化的平台数据予以整合、完善。通过持续性大数据分析,文化广场逐步建构客户群体消费能力和行为模型,为多角度、全方位对剧院经营、剧目运作进行系统分析研究,辅助决策。

六、多元发展：营造剧场优良生态

围绕打造中国音乐剧产业标杆剧场的目标,文化广场不仅注重剧场的配备完善,而且致力于文化艺术教育的推广,通过系列艺教活动和新媒体宣传,满足了人民群众在艺术审美、文化消费和人文精神方面的需求,自觉承担起

---

[1] 上海文化广场:《上汽·上海文化广场 2020 年度运营年报》,2021 年。
[2] 《上汽上海文化广场六周年　未来三年迎"全民美育"》,新民网,2017 年 9 月 25 日,http://newsxmwb.xinmin.cn/wentihui/wtsh/2017/09/25/31306133.html

剧院的社会责任。

（一）构建多元分众艺教体系，打造艺教多层次活动品牌

上海是文化演艺重镇，作为重要的文化"码头"和文化"源头"，在全国乃至全世界有举足轻重的历史地位和现实影响力。以文化广场为主力"演艺大世界"建设进一步深化上海音乐剧文化研究中心实体化运作，在内容孵化、版权交易、人才培养等方面积极探索，强化与学界前瞻性研究的合作，大力构建多元分众的艺教体系。文化广场自觉肩负起文化机构引导群众精神文明创建的责任[①]，通过主题策划活动，实现跨领域交叉互动，创新开发线上活动，保持剧院与观众的交互体验，与市民和城市产生更多的联结和交流，引导普通民众养成良好的观演习惯。文化广场通过引导群众性精神文明创建，进一步培育起观演市场，参与塑造市民文化和公民社会，以"大艺教"为关键词，把音乐剧转化并植入于本土的艺术教育之中。

2021年6月，中共上海市委提出：上海城市精神品格是由千千万万的人创造出来的，也要在千千万万的人身上更好展现出来[②]。文化广场努力厚植上海城市精神品格，举办跨界合作的文艺活动，将艺术的影响力从观众扩散到普通市民，建立多元分众的艺术教育体系。文化广场坚持以内容优势赢得发展优势，依托微信公众号、新浪微博、哔哩哔哩、PC官网等互联网平台，打造"剧艺堂"、"广场小白"和"ByStage汇谈"三个活动品牌，推动优质项目线上线下交互[③]。

（二）探索产场融合经营模式，提升教育功能和文化内涵

文化广场不断拓宽公共服务边界，推动更加多元化的剧团演出，完善以

---

① 《关于深化群众性精神文明创建活动的指导意见》，人民政协网，2017年4月5日，http://www.rmzxb.com.cn/c/2017-04-05/1461773.shtml

② 《中共上海市委关于厚植城市精神彰显城市品格全面提升上海城市软实力的意见》，上海市人民政府官网，2021年6月28日，https://www.shanghai.gov.cn/nw12344/20210628/11c22a0c594145c9981b56107a89a733.html

③ 上海文化广场：《上汽·上海文化广场2020年度运营年报》，2021年。

剧目巡演、艺术教育与人才孵化为触角的集成运营模式,积极构建"产场融合"新模式。通过提升空间效益,推动"区域集聚"新格局,提升人才效益,打造"引用并重"新机制,发挥文化广场的纽带作用,成为引领大众审美、崇尚人文追求的精神家园。上海文化广场寻求的"产场融合"新模式,以剧场为基础,以产业为保障,驱动剧场完善服务配套,从经营剧院转变为经营剧院生态和生活方式,围绕"打造沪上地标性公共文化艺术中心"的目标,凸显上海音乐剧文化研究中心的产业引领作用,推动音乐剧产业向标准化、专业化、规范化、国际化方向发展。

文化广场积极举办音乐剧的推广和研究活动,打造国内最具影响力的产业孵化培育平台的区域文化品牌①。它围绕"艺术性、普及性、大众性"开展各类艺术推广工作,提倡生活的艺术化和艺术的生活化,开展音乐剧公益活动、音乐剧展览活动、剧院在线服务等,推动艺术与城市、艺术与市民的融合。

(三) 实施戏剧教育特色定价,加强文化艺术教育普及推广

文化广场实施戏剧教育特色定价,推出"学生票""会员剧惠日"和"春夏大礼包"等优惠,鼓励学生走进剧院,畅享城市文化福利,进一步探索内容表达力和艺术教育推广普及程度。文化广场通过集成艺教传播融媒体产品,提升服务力构建共生共荣的观演关系;通过加强信息平台建设,推进数字化转型;通过垂直深耕会员制度,增强会员的黏性,增强现有会员的辐射力。2020年6月中共上海市委提出建设"人民城市",让人人都能享有文化品质生活、人人都能切实感受文化氛围②。文化广场以此为契机,聚力推进文化艺术教育普及,将高品质的艺术教育、专业培训、文创衍生品、广场市集等连同剧目一同输出,扩大音乐剧的影响力,构建多层次的演艺生态系统,打造人民共享的精神家园。

---

① 《九年了,上汽·上海文化广场与城市"共生",首部原创音乐剧今晚亮相》,《文汇报》,2020年9月19日。
② 《中共上海市委关于深入贯彻落实"人民城市人民建,人民城市为人民"重要理念,谱写新时代人民城市新篇章的意见》,2020年6月24日。

文化广场致力打造开放专属区域,形成剧院在观演之外的艺术体验空间和人文交流空间,在培育文艺精品力作的基础上,扩大文化节展的影响力。它通过剧院品牌宣发,向社会传达剧场的公众性理念,开展一系列线上线下相结合的戏剧公益活动,在 2019 年举办公益活动 432 场,其中免费活动 142 场①,在 2020 年举办公益活动 293 场,其中免费活动 120 场②。它加强艺术普及工作,举办"音乐剧工作坊""戏剧讲堂""音乐剧赏析会""音乐剧后台导览""参与音乐剧演出""剧本朗读课"等丰富多彩的活动。

结 束 语

文化广场自 2011 年以来,连续实施三个"三年规划",在打造中国音乐剧标杆剧场的过程中取得了优异的创新成果,积累了丰富的实践经验。尽管它还在不断的探索和发展过程中,但是它所创造的新型剧场建设方式和形成的品牌效应,特别是在战略定位、产品经营、营销传播、技术发展、生态营造等五个方面,因地制宜地所进行的持续创新,为推动中国音乐剧产业的健康成长、促进中国更多剧场的升级提供了有益的经验。

---

① 上海文化广场:《上汽·上海文化广场 2019 年度运营年报》,2020 年。
② 上海文化广场:《上汽·上海文化广场 2020 年度运营年报》,2021 年。

新兴领域：促进跳变跃升

核心素养培育视域中的上海青少年
文化产业建设
——新型业态、主要资源与创新举措

宗利永①　王昱珺②

摘　要　随着"双减"等一系列国家教育政策的出台，对于青少年核心素养的培育将成为未来教育改革的重点。本研究依据核心素养培养及青少年文化产业的内涵，重点分析了青少年文化产业对于核心素养的赋能作用；结合产业基础与区域特征，分析了上海青少年文化产业的重点发展领域，包括开发重点和基于核心素养培养的场景建设等；探讨了上海青少年文化产业的主要资源类型，包括文博场馆资源、高校创意智力资源、行业企业资源以及文创产业政策等；提出了上海青少年文化产业的创新举措，即突出多业态跨界融合，创新发展路径；打通各主体参与瓶颈，寻求资源优化以及依托新技术对接

① 宗利永，上海出版印刷高等专科学校副教授，科研处副处长，上海理工大学硕士生导师，研究方向：文化产业新型业态研究。
② 王昱珺，上海理工大学出版印刷与艺术设计学院硕士研究生。

需求,促进产业升级。

关键词　核心素养培育　青少年文化产业　创新举措　跨界融合

一、核心素养培育视域中的青少年文化产业新业态

伴随"双减"等一系列国家教育政策的出台,传统的应试教育模式逐渐被纠正,培育青少年核心素养将成为教育改革的重点。具有教育属性的青少年文化产业作为文化产业的重要领域,能够为青少年核心素养培育持续赋能。青少年文化产业依托创新的产业发展理念和完善的产业体系,将形成文化产业在未来新的增长点。

(一)核心素养培养的内涵、背景、意义

所谓"核心素养"是指青少年应具备的适应终身发展和社会发展需要的必备品格和关键能力,包括人文底蕴、科学精神、学会学习、健康生活、责任担当、实践创新六个方面。它也可以概括为文化基础、自主发展、社会参与三个方面,是关于知识、技能、情感态度和价值观等多方面要求的综合表现;它让教育不仅仅关注青少年当前的学习成果,更注重对未来生活适应能力的培养;不是仅仅关注知识的积累,而是侧重思维能力和品质的培养;它着眼青少年的终身发展,是国家关于教育和人才培养的着眼点、出发点和落脚点。[①]

《全民科学素质行动规划纲要(2021—2035 年)》[②]中提到在"十四五"时期,要实施五项提升行动,其中就包括青少年科学素质的提升,强调要激发青少年好奇心和想象力,增强科学兴趣、创新意识和创新能力,培育一大批具备

[①]　闫洪德:《基于"中国学生发展核心素养"论我们的教育使命》[J],中国新通信,2020,22(11):187—188.

[②]　国务院:《国务院关于印发全民科学素质行动规划纲要(2021—2035年)的通知》[J],中华人民共和国国务院公报,2021(19):12—20.

科学家潜质的青少年群体，为加快建设科技强国夯实人才基础。

《中国教育现代化 2035》①中提到要增强综合素质，树立健康第一的教育理念，全面强化学校体育工作，全面加强和改进学校美育，弘扬劳动精神，强化实践动手能力、合作能力、创新能力的培养；同时要创新人才培养方式，推行启发式、探究式、参与式、合作式等教学方式，同时加大应用型、复合型、技术技能型人才培养的比重。

2021 年 7 月，中共中央办公厅、国务院办公厅在《关于进一步减轻义务教育阶段学生作业负担和校外培训负担的意见》②提出，要持续规范校外培训（包括线上培训和线下培训），有效减轻义务教育阶段学生过重作业负担和校外培训负担。目的在于减轻学生的课业压力，促进学生的全面健康发展。中央全面深化改革委员会第十九次会议指出，要深化教育教学改革，优化教学方式，鼓励支持学校开展各种课后育人活动，满足学生的多样化需求。

2021 年 8 月 24 日，上海发布了《关于进一步减轻义务教育阶段学生作业负担和校外培训负担的实施意见》，提出要全面压减作业总量和时长，提升学校课后服务水平，全面规范校外培训行为，大力提升教育教学质量，整合用好校内外资源，强化配套治理和支撑保障。目的在于提升教育教学质量，促进学生的全面发展、健康成长。

上海市人民政府办公厅印发《上海市青少年发展"十四五"规划》，提出要强化价值引领，培育青少年核心素质，教育引导青少年坚定理想信念、厚植爱国主义情怀、加强品德修养、增长知识见识、培养奋斗精神、增强综合素质。这些重要文件和政策的出台说明：伴随着教育改革的不断深化，青少年核心素质的培养已经成为了全国教育改革的重点。

（二）青少年文化产业的内涵与特点

文化产业的概念由来已久。根据国家统计局的文件，它是以文化为核心

---

① 新华社：《中共中央国务院印发〈中国教育现代化 2035〉》[J]，人民教育，2019(05)：7—10.
② 新华社：《中共中央办公厅、国务院办公厅印发〈关于进一步减轻义务教育阶段学生作业负担和校外培训负担的意见〉》[J]，中华人民共和国国务院公报，2021(22)：14—19.

内容,为直接满足人们的精神需要而进行的创作、制造、传播、展示等文化产品(包括货物和服务)的生产活动①。根据这一前提,青少年文化产业指的是以青少年为主要服务对象而提供的文化产品和文化相关产品的生产活动的集合,具有如下的鲜明特色:

首先,青少年文化产业的特点主要体现在针对青少年的教育性上。青少年文化产业的核心是"育人",为青少年提供的文化产品以及服务之目的都在于培养青少年的综合素质,促进青少年的健康发展。

其次,青少年文化产业具有鲜明的创新性。这与青少年群体的性格特点有关。青少年具有强烈的好奇心,倾向于追求新鲜有趣的事物。因此,针对青少年的文化产品和文化服务大多都强调内容和形式的新颖,而且创意程度较高。

再次,青少年文化产业具备广泛性和多样性的特点。这体现在该产业所开发的细分领域上,从内容的角度看,既包括开展科创与科普、营造人文内容和氛围,也包括开展实践活动、艺术鉴赏以及体育体能训练等方面。

最后,青少年文化产业既有一定的规范性,也具备广泛的包容性。对于学科类培训服务,倡导对其进行规范,相应的管理也更加严格;而对于其他偏向素质教育的产品与服务,则倡导"百花齐放",开放多元,鼓励创新。

(三) 青少年文化产业赋能核心素养的培育

青少年文化产业的诞生和发展,不仅丰富了文化产业的结构,更重要的是其赋能了青少年核心素养的培育,这也与前文提到的该产业的教育性有关。首先,青少年文化产业的培育,能够为青年一代提供更多喜闻乐见的文化产品和文化服务。随着物质生活水平的提高,青少年群体的文化需求层次和精神生活也随之提高。青少年对于新鲜事物具有强烈的兴趣,故面向该群体的文化产品也必然会及时捕捉新的需求点,更有针对性地生产相关文化产

---

① 《关于印发〈文化及相关产业分类(2018)〉的通知》,国家统计局官网,2018 年 4 月 23 日,
http://www.stats.gov.cn/tjgz/tzgb/201804/t20180423_1595390.html

品、提供文化服务。目前，面向青少年的文化产品种类十分丰富，涵盖文创用品、图书、演艺节目、课程、会展、训练营、游乐等多个方面，相关的配套服务也在逐渐完善，且更关注青少年的身心健康发展。未来，随着社会对素质教育的愈发重视，青少年文化产业也将会诞生更多的新品种和新形态。

青少年文化产业本身就是创新开发的成果。它要求市场主体能够根据当下需求，积极创造新的文化产品和服务。在扶持政策方面，行业主管部门也给予了青少年文化产业非常大的支持，如《上海市文教结合三年行动计划（2019—2021 年）》中提出要探索推进文化创意产教融合、校企合作，积极开展师生文化艺术对外展示。这在一定程度上激发了各个产业主体的创造性。在国家倡导文化与科技融合发展的大背景下，从事青少年文化产业开发的企业，积极将新技术如 AR、VR 等应用到产品和服务中去，创造了一些新的消费场景，如科幻体验馆、数字互动游戏馆等，赢得了青少年群体的青睐。伴随城市的数字化转型和科技的进步，将会有更多的市场主体开发和应用新技术赋能核心素养培育，为青少年文化产业注入活力。

通过青少年文化产业的引领，能够整合各类要素，优化相关产品服务的供应链和服务链。资源的整合利用为青少年文化产业创造了许多新机遇，带动了一些新的消费需求。现在深受青少年欢迎的博物馆研学类课程，充分利用博物馆或艺术馆资源，引进专业的师资力量，包括场馆内工作人员或高校专业教师，为青少年提供丰富的课余生活。同时，这类新需求的产生，也带动了相关课程内容的出版活动、文创产品的设计、制作与出售以及后续关联产品与服务的诞生。在青少年文化产业的引领下，各个主体可以找到自身新的发展机遇，同时能够互相整合各类资源要素，使得该产业既满足了消费需求，赋能了青少年核心素养的培育，又带动了更多相关产业和主体的进入与发展，最终也反哺青少年文化产业，使其焕发新的生机。

二、上海青少年文化产业的重点领域

上海青少年文化产业发展将基于现有的各类资源，开发重点包括针对青少年的文化内容、文化创意产品以及空间氛围营造。它将致力于针对青少年核心素养培养的场景建设,包括基于文博资源的研学旅行、针对课程资源的商业开发、针对青少年的出版物策划和特定场所的体验类活动。

(一) 青少年文化产业的开发重点

1. 针对青少年的文化内容开发

近年来,针对青少年的文化内容开发主要集中于图书、课程以及体验营等产品和服务。随着全社会越来越重视传承和开发中国文化遗产,以此为主要内容的青少年读物大量问世;与此同时,科创与科普类如 STEAM 教育类图书和交互游戏类的图书,也获得青少年青睐。

在青少年文化产业开发的教育资源方面,越来越多注重青少年综合素养培育的内容,如思维素养、科学素养、职业素养、艺术素养等获得了社会关注和市场青睐。其中的科技教育类课程,以学生主动探索为主要形式,旨在培养学生综合运用知识、科技解决问题的能力。这类课程通过引入生产、科研中广泛应用的软硬件及科技项目,如机器人、编程操作、无人机等,激发青少年对于科技的兴趣。创客类的产品围绕计算机编程,以设计开发机器人、电子电路和设计游戏、动画等作为探究型教学项目的输出成果,引领青少年进行创意表达和发明创造,激发青少年学习的动力和热情。

历史博物馆、红色景点、非遗传承等人文和自然科普类体验营,正在成为青少年文化内容开发的主要领域。与课堂教育不同,这类体验营让青少年亲身进入场馆与景点,与其中的物品、技艺或环境产生密切接触,提升了青少年的体验感与参与感。如上海纺织博物馆组织面向 10—16 岁在校中小学生的研学夏令营,分为半日营、一日营、两日营,主要活动包括参观宜川消防中队、上海纺织博物馆和上海儿童博物馆等;体验传统手工扎染、巧手编织中国结、爱心捐赠、探索纤维足迹;观看四史教育影片;消防逃生演习;红十字会应急救援讲座及学习心肺复苏急救实操等,让青少年在生动的体验中学到卫生和医疗知识。

2. 针对青少年的文化创意产品制造

文化创意产品指依靠创意人的智慧、技能和天赋,借助现代科技手段对文化资源、文化用品进行创造与提升，通过知识产权的开发和运用而产出的高附加值产品。青少年文创用品具有个性化和创新性特征。上海的博物馆、文化遗产、动漫游戏、影视作品等提供了开发青少年文创产品的丰富资源。

与青少年相关的 IP 开发成为文创产品研发的新机遇。如 MAGIC3 上海市青少年三对三超级篮球赛，通过打造自主动漫 IP 进一步拓展赛事衍生品，包括打造自主 IP 动漫形象，设计制作赛事动漫版海报，拍摄赛事动漫版 MV 宣传片，用更年轻的声音重新演绎赛事主题曲。它创新升级赛事积分系统——魔镜 3.0，开发多类 MAGIC3 衍生产品、文创产品，通过全景式的视、触、听觉交互体验，结合互联网和高科技技术的应用，打造沉浸式参赛、观赛体验。

以文创产品为内容的特色展会，也为青少年文化用品研发提供了交流创新的机会。每年举办的上海文创产品博览会展品包括工艺礼品类、文创产品类、文化创意设计类以及 IP 授权及衍生品类，吸引包括文化机构、文化产品进出口贸易机构、大型文化创意产业集团、投资银行、全国文化产业示范基地和园区、影视动漫游戏出版企业等的参与。

3. 针对青少年的空间氛围营造

针对青少年核心素养的空间氛围建设项目，主要包括人文氛围营造、实践活动体验与户外休闲运动等方面。人文氛围营造主要指有关博物馆、艺术馆的青少年教育项目。它们引导青少年走进艺术馆，感受优秀艺术，帮助青少年提高对艺术作品的欣赏、鉴别、判断等审美能力，成为提升青少年核心素养的重要内容。如位于上海浦东新区的翼树绘画营长期开设绘画课程，开展青少年创意绘画、艺术展览欣赏等活动。

针对青少年核心素养的实践活动体验项目，聚焦于青少年的职业体验、职业素养培育和劳动体验。如上海博物馆推出《乘风破浪的少年们——小小策展人!》夏令营，以"策展人"为体验的切入点，让青少年通过学习博物馆的文物艺术史、文化的源流、展览的设计思路、展览探索、展厅设计等，了解展览策划的全过程，并且从细节设计到统筹环节，独立完成一份有一定质量的策展指南。

随着全社会越来越重视青少年体育素质，针对青少年的户外休闲运动也形成了许多新的产品。如 2021 年上海市青少年体育夏令营推出运动项目培训营和户外活动体育营,开展田径、足球、篮球、排球、乒乓球、羽毛球等 30 个运动项目,以及丰富多彩的户外运动,如攀岩、自行车、路跑、定向越野、水上运动、亲子活动等。同时还推出线上课程,帮助家长了解夏令营体育项目、健康饮食、体育知识等,让家长与孩子同步学习,并将在后续陆续推出冬令营、周末营等丰富的活动,鼓励青少年提升体育素质。

(二)青少年核心素养培养的场景建设

1. 基于文博资源的研学旅行

中小学的研学旅行作为学校教育之外的一种教育活动,由教育部门和学校有计划地组织安排,通过集体旅行、集中食宿等方式,开展研究性学习和旅行体验相结合的校外教育活动。它已经成为学校教育和校外教育衔接的创新形式①。

上海拥有极为丰富的文博资源,包括各类博物馆、美术馆、艺术馆和科技馆等。围绕上海文博资源为青少年打造的一系列研学旅行,从内容到形式都富于新意。如上海博物馆推出的沉浸式博物馆五日营"穿越唐朝的游戏指南",以馆内各个场馆为线索,向 6—12 岁的青少年呈现唐代的陶瓷技艺、书画风格、服饰礼仪等文化知识,也穿插各类有趣的游戏,如将唐代"选彩格"与当今的"大富翁"游戏相结合,帮助青少年了解唐代的科举文化。上海自然博物馆的"小小造物者"研学活动,以仿生科技为主题,包含线上分组与教学、线下探索与汇报等,由导师引导青少年完成研学作品。

2. 针对课程资源的商业开发及出版物策划

针对青少年核心素养,依托课程资源的商业开发及出版物策划是大有可为的领域。它围绕探究型课程出版、STEAM 教育出版等领域展开,如上海STEM 云中心,借助上海市科协专业协会、学会、研究会等的支持,依托国内外高校、科技企业的资源,通过社会化合作和运作模式共同打造而成,是全国首家 STEM 教育平台。它旨在培养学生综合运用科学(Science)、技术

---

① 杨晓:《研学旅行的内涵、类型与实施策略》[J],课程.教材.教法,2018,38(04):131—135.

(Technology)、工程(Engineering)、数学(Mathematics)领域的知识,进行跨学科的创新实践,让学生能够运用系统性思维和科学方法解决实际问题。该平台上既有面向学生的课程及云课堂,又有面向教师的培训项目及拓展项目,为上海地区的 STEM 教育提供了一个综合性的体验和服务平台。

近年兴起的青少年 STEAM 教育图书,是体现 STEAM 教育理念、适合青少年进行探究性学习的相关图书。相比其他类型的 STEAM 书籍,这些图书以青少年作为主要服务对象,注重科普的基础性内容,其内容和形式更注重趣味性。它们针对青少年爱玩、富于好奇心等特点,通过丰富的辅助性动手活动,帮助青少年在实践的过程中吸收知识;通过有趣的故事情节,引导青少年完成方案讨论、模型设计、实体制作等任务;通过各个实践单元,让孩子们经历"分析问题——探索未知——解决问题"的学习过程。

3. 特定场所的体验类活动

针对青少年核心素养培养的特定场所体验类活动,指在自然类景点、农场、主题乐园、体育馆、会展场馆、艺术品拍卖行等实施的体验项目。从提高青少年核心素养的角度看,青少年学习不仅限于课堂内部,也应该在不同的社会场景体验中进行。这不仅能够使青少年获得新鲜的学习体验,也能带动有关场所的新产品开发。如上海迪士尼度假区推出"迪士尼分类再创奇妙行"青少年项目,融合迪士尼的沉浸式故事,提升了年轻一代的环保意识,激励青少年自觉行动,共同保护地球。学生们在梦幻世界的老藤树食栈参观度假区,体验餐厨垃圾分类,见证保洁、演职人员如何利用在乐园收集的树叶、花瓣等材料,制作具有纪念意义的艺术品;上海中心则推出了青少年职业体验营活动,通过做一日"小小消防员""小小厨师长""小小牙医"等,在寓教于乐的同时,培养青少年的生活自主能力。

三、发展上海青少年文化产业的要素资源分析

核心素养培育视域中的上海青少年文化产业建设,必须因地制宜地挖掘上海的各类资源,包括场馆、企业、高校、政策等,加强优化整合,把资源转化

成为可投资、可开发、可收益的产业资本,激发上海青少年文化产业发展的新动力。

(一) 文博场馆及展会展览资源

上海拥有丰富的文博场馆资源,包括各类博物馆、美术馆、艺术馆和科技馆等。据 2018 年的统计数据显示,上海市共有博物馆、纪念馆和陈列馆 126 座,以上海市常住人口 2 400 万计,每 19 万人拥有 1 座博物馆,大大高于全国每 40 万人拥有 1 座博物馆的平均水平①。上海的会展产业实力雄厚,成为全球会展之都。上海在场馆设施建设方面,形成了以国家会展中心和新国际博览中心领衔的"2 + 7"大型展馆布局,拥有室内展览面积近 100 万平方米,场馆面积位居世界第一。与此同时,上海的展会活动密集,行业资源高度集聚,为开发青少年文化产业提供了丰富的体验基础。上海一大批聚焦于文化遗产传承的文博场馆,蕴含丰富的历史人文信息,通过馆校融合的活动,为青少年人文素养的培养提供了实践情境。

上海诸多文化艺术博物馆和美术馆等,为青少年提供了了解艺术、感受艺术的生动课堂;上海一批行业博物馆展示了行业的历史、高新科技的成果、工商业文明的成就,为青少年进入行业的发展前沿提供了绝佳的体验环境。如上海博物馆设立了名为"Smart Muse"博物馆教育品牌,以"立足中国古代艺术,面向世界和未来,在博物馆中智慧学习"为特色。它既与上海博物馆的定位相契合,又体现了上海的城市精神和 21 世纪博物馆的发展方向。上海博物馆 Smart Muse Kids 平台推出针对 6—8 岁、9—12 岁孩子的夏令营,覆盖了青少年的整个假期。它吸引了大批青少年来到博物馆的课堂,上午学功夫、赏诗词,强身健体;下午进入游戏展厅,学书画、做手工,以及体验博物馆特色课程。这些项目获得了青少年的欢迎,也得到了社会的广泛好评。

---

① 《用活"红色文化"资源 上海将实现每 16 万人 1 座博物馆》,东方网,2019 年 12 月 1 日,http://shzw.eastday.com/shzw/G/20180517/u1ai11439524.html

（二）高校创意智力资源

上海目前拥有 64 所本专科院校，包括各类综合性高校和行业类高校，能够为青少年文化产业提供丰富的科研资源和人才支持。2021 年青少年高校科学营上海科学营（以下简称"上海科学营"）在中国科协、教育部指导下，由上海市科协、上海市教委联合复旦大学、上海交通大学、同济大学、华东师范大学、华东理工大学 5 所高校以及中船上海船舶工业有限公司共同组织实施。青少年高校科学营（以下简称"科学营"）旨在落实《全民科学素质行动计划纲要（2006—2010—2020 年）》，发挥高等院校在科学普及和提高公众尤其是青少年科学素质方面的重要作用，激发青少年对科学的兴趣，引导青少年热爱科学，鼓励青少年立志从事科学研究事业，培养科学精神、创新意识和实践能力，为科技创新后备人才培养打下坚实基础。

（三）行业企业资源

上海作为中国最大的经济中心城市，拥有一大批各行业的龙头企业和重点企业，为发展青少年文化产业提供了重要的资源。如哔哩哔哩联合上海科技教育出版社有限公司《全媒体青少年科技教育活动资源大全》团队、《中学科技》编辑部、《新发现》编辑部，倡导青少年积极加入科技创新实践，并将此过程制作成为视频作品。个人或学校把这些作品提交到哔哩哔哩或"上海学生体育艺术科技活动平台"，以吸引更多的青少年了解、参与科技创新活动。它激发了青少年探究科学领域的好奇心与想象力，从而增强他们的科学素养和文化自信，培养具有未来科学家潜质的优秀人才。"十四五"规划期间，上海将组织开展 100 家上海市学生（青少年）科创教育基地申报工作，以更好发挥优质科创教育资源效能，为更多学生搭建提高科创兴趣、培育科创素养、了解科创过程的共建共享共通平台，为教育综合改革服务、为上海科创中心战略服务。它鼓励有志于开展科创教育，有培训场地、师资力量、培训课程的企业、机构、展馆、博物馆、教育基地、中小学等广泛参与。

（四）文创产业政策及文教结合政策

《上海市文教结合三年行动计划(2019—2021年)》提出,要深入开展社会主义核心价值观和中华优秀传统文化传承弘扬,大力引进和培养高层次和紧缺文化艺术人才,探索推进文化创意产教融合、校企合作,积极开展师生文化艺术对外展示,加强阅读与期刊平台建设。

上海市委和市政府颁布的《关于加快本市文化创意产业创新发展的若干意见》指出,未来五年,本市文化创意产业增加值占全市生产总值比重达到15%左右,基本建成现代文化创意产业重镇;到2030年,占比达到18%左右,基本建成具有国际影响力的文化创意产业中心;到2035年,全面建成具有国际影响力的文化创意产业中心。包括提出建设全球影视创制中心,打造亚洲演艺之都,形成全球动漫游戏原创之都。从"十三五"规划时期以来,上海文化创意产业已经形成了"一轴一圈两带多区"空间布局。"一轴"指的是东西向文化创意产业发展轴,"一圈"指的是沿中外环经济圈,"两带"则指沿黄浦江、苏州河文化创意发展带,"多区"是指多个区域共同发展,包括张江文化产业园、环同济创意设计集聚区、上海江南智造文化创意产业集聚区、金沙江路互联网影视集聚带、上海虹桥时尚创意产业集聚区等具有规模化优势的文创产业集聚区。

四、培育上海青少年文化产业的创新举措

随着各级政府和全社会越来越重视青少年核心素养培育,上海青少年文化产业正在迎来新的发展机遇。上海应审时度势,聚焦重点,发挥优势,在培育青少年文化产业方面采取更多的创新举措。

（一）突出多业态跨界融合,创新发展路径

要根据培养青少年核心素养的需求,突出多业态跨界融合,开发更多元的产品与服务。如"节庆活动＋青少年研学文旅＋展会活动"等多业态的巧

妙组合,可以满足家庭亲子活动及 K12 阶段文化消费的需求,综合性的休闲、娱乐、体验、参与需求也得到了满足,在科创实践、人文体验、劳动教育、体育训练、艺术鉴赏等领域为消费者提供了高品质、多样性的消费体验。这类创新项目在上海应该是多多益善。

要以创新作为推动上海青少年文化产业的强大动力。2021 年 6 月 15 日,上海市政府印发《关于支持上海旅游业提质增能的若干措施》,提出要支持市、区教育部门指导中小学选择有资质且管理规范、社会声誉良好的旅行社开展市内研学实践教育服务,这为青少年的研学文旅提供了发展的新机遇。上海青少年文化产业要重视打造"文旅综合体",重视和实践多业态的跨界融合,以特色场所为空间,策划主题展览、研学旅行、节庆活动、展会等活动,融入相应的衍生品和服务,调动多个行业的资源,共同促进青少年文化产业发展。

(二)打通各主体参与瓶颈,优化资源配置

要加强高校、院所、艺术院团等的联合,推动各类建设主体的合作,为上海青少年文化产业提供源源不断的资源供给。在科创 STEAM 教育领域,要加强文教结合,通过引入高校师资和课程资源,利用"高阶思维"促进"低阶学习"。如 2020 年,上海市青少年创意设计院由上海市科技艺术教育中心联合同济大学设计创意学院共同组建成立。它紧密联合各区校外教育机构、行业内先进企业等单位以及各大高校专业学院、各大美术馆、展览馆等文化场馆,整合本市高校大学生艺术团、中小学校市级艺术团团员中具有艺术设计特长的在校学生资源,采用开放式的研学模式,开展各类启迪青少年创意灵感、实践设计的互动体验,开展课程教学、产品研发与创新、产品体验及展示。

要依托国家推动经济"双循环"的战略,推动上海青少年文化产业发挥中国超大规模的市场优势,从供给侧出发提升文化产业的优质内容供给,激发消费潜力,充分挖掘青少年消费群体的文化需求。通过财政补贴、专项基金、产业投资、文化扶助等多种形式的专项投入,促进高校、艺术院团、文博场馆等多主体的协同参与,打造科普活动、演艺演出、研学旅游等多种品牌项目。

（三）对接高新技术成果，促进文化产业升级

要加强上海青少年文化产业与高新技术的对接，推动产业的升级。在全球防控疫情的背景下，2020 年上海国际青少年科技博览会首次以云端的方式开展。它包括在线展会和网络峰会两大板块，首次设立直播间。它的在线展会以虚拟展馆的方式呈现，设"青少年科技创新成果展""青少年科学创新实践工作站展""青少年科技创新教育区级展""青少年科技创新教育企业机构展"4 个特色展区，展示国内外青少年科技创新教育的成果。网络峰会则采用网络直播方式在线开展，举办国内外知名校长峰会、科技教师沙龙，交流分享科技创新教育的新理念、新方法，探讨未来创新教育的新发展趋势。

2021 年 9 月，国家发改委会同上海市政府联合印发《上海市建设具有全球影响力的科技创新中心"十四五"规划》，明确上海将对接国家战略部署，以担当使命为导向展开布局，以强化科技创新策源功能、提升城市核心竞争力为主线，提升城市能级和核心竞争力。上海的青少年文化产业要把握这一重大机遇，充分利用 AI、5G、AR、VR、大数据等先进的科技成果，精准把握青少年的消费需求。针对青少年的文化消费需求，开发大批适销对路的文创产品和服务，把科学精神、科技成果、科创能力的内容融入到青少年文化教育成果中，为提高青少年的核心素养做出积极的贡献。

上海市博物馆社会影响力指数评估和研究报告（2021）

夏 雨①

摘 要 长期以来，对博物馆的评价评估主要来自政府和专家。随着经济和社会的发展，应该增加社会评估的视角。互联网科技的发展，使得从社会层面全方面、立体化、数字化对博物馆进行评价成为可能。这样做有利于形成政府、专家和社会三个维度的评估评价体系。本项研究以客观大数据为基础，通过自动化全网采集、数据库调用、指标权重确立、云计算等方法，形成了"2021年上海市博物馆社会影响力指数"评估报告，对上海市149家博物馆进行了具体评估，从知名度、传播度、参与度、融合度、服务度和转化度等六个方面，提出了进一步提升的建设性意见。

关键词 博物馆 社会影响力指数 评估体系 建设性意见

一、综 述

（一）评估背景

博物馆是体现一个城市文化底蕴和文明程度的重要窗口。上海是中国文博事业发展最早、业态最为丰富、引领全国风气之先的城市。19世纪下半叶，中国最早称为"博物馆"的机构就诞生在上海。作为英国在亚洲的重要学

---

① 夏雨，现任上海产业转型发展研究院首席研究员，曾历任上海市政府办公厅综合处副处级秘书、副处长，上海市经委综合规划室主任、副巡视员兼综合规划室主任，中共上海市宝山区委常委、区人民政府党组副书记、副区长等职。

术机构，亚洲文会的北中国支会从事亚洲尤其是中国的自然科学与文化研究。1874年，"亚洲文会"的博物馆即"上海博物院"在圆明园路5号成立，具备了现代博物馆收藏、研究、展示、教育等基本功能。截至2020年，上海市已备案博物馆149家，以常住人口2 400万计，达到每16万人拥有一座博物馆的水平。

上海在中国文博事业格局中谋事业之变，领风气之先。上海地区的文博展馆呈现多样化的特点，包括了传统的历史类、艺术类、纪念类博物馆与一批反映邮政、公安、民政、司法、金融等的行业性和专题类博物馆，也包括快速发展的民营博物馆。在新的时代背景下，上海市文博事业究竟呈现怎样的发展态势？是否出现了新的亮点与动向？这些新变化为中国的文博事业提供了哪些借鉴？基于上述问题，在上海市文旅局指导下，受上海市博物馆协会委托，上海产业转型发展研究院与上海云邑大数据科技中心合作，以客观大数据为基础，通过自动化采集、指标确立、权重计算等方法，更新了既往的指标体系，再度评估上海市149家博物馆的发展，形成了"2021年上海市博物馆社会影响力指数"评估报告。

（二）评估方法

1. 指标设计思路

本评估体系共由两级指标构成，其中一级指标为知名度、传播度、参与度、融合度、服务度与转化度，六大指标下共设31个二级指标。在进行指标选取时采用了"文化IP"思路。博物馆作为绵延数千年的文化符号，其关键在于挖掘自身的IP价值，打造具有个性化特色的文化标签，唤醒公众的文化记忆。这样做不仅丰富公众的精神文明生活，也能在文化市场中形成属于自己的核心竞争力。因此，从"文化IP"视角出发，本指标体系遵循了"3＋3"的一级指标设计逻辑。

首先，有影响力的IP之所以重要，在于它通过对自身文化资源的合理配置，实现了"为人所知、为人所传、为人所用"的最终效果。从传播学角度而言，以上三个层次构成了从认知到态度再到行为的体系，让公众通过各类渠道知晓某家博物馆,并在各项信息刺激下形成前往参观的意愿,最终付诸实践。在此思路下形成了本评估体系中的"知名度""传播度"与"参与度"三项一级指标。

其次,从记忆遗忘理论来看,单单借助外部传播环境的信息运作,打造属于自己的博物馆文化IP是远远不够的。基于此,本指标体系确立了另外三项一级指标,即"融合度""服务度"与"转化度"。

2. 数据来源

本评估体系的数据来源包括五类:第一类为自动化全网采集,如博物馆官方微博、微信数据、以大众点评为代表的旅行类社交点评平台上的评价内容、电商平台及相关服务设施的地图采集等;第二类为数据库调用,如外省市媒体报道量、国家级媒体报道量、本地媒体报道量等均来自慧科新闻数据库;第三类为博物馆上报,如硬件设施等;第四类为国家统计数据,如博物馆等级、旅游景区质量等级;第五类为海外媒体数据,对各博物馆在谷歌、Twitter、Youtube、Facebook等海外主要媒体平台上的报道数量、账号开设情况进行数据采集。

(三) 指标体系

指标体系包括四个部分,依次为测量指标、算法、权重、公式。

测量指标。本体系经由专家深度访谈及焦点小组讨论等方式,对已有博物馆运行评估报告、市场调查与市场全景评估报告、市场深度调研报告、规范化建设评价报告、发展报告等各种所涉及的评价指标进行详细讨论及分析后,取其评价指标的可参考部分,并在综合相关学术研究成果的基础上,明确具体的测量指标。

依照"文化IP"视角中"为人所知""为人所传""为人所用"的观点,前三项一级指标依次为"知名度""传播度"与"参与度"。依照"文化IP"视角中的IP价值理论,设"融合度""服务度"与"转化度"为另外三项一级指标。

综上所述,本指标体系的整体设计如图1所示。

算法。本指数的算法为,确定指标数据维度后,分类聚合成更高级的维

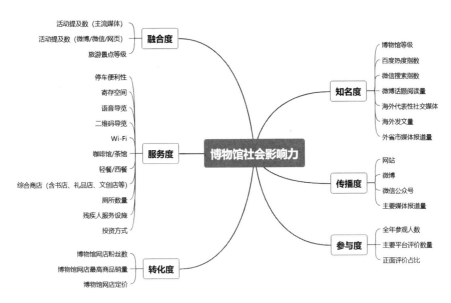

图 1　博物馆社会影响力指标

度,通过加权求和的方法得到分数。

权重计算。本项研究通过专家背靠背打分,确定各级维度中数据指标的相对权重,其后根据示例数据得到的标准化数据确定各个数据的尺度,最终确定每个数据指标的绝对权重。

获得公式。本项研究经过加权求和得到影响力计算公式,并将数据经过对数处理,使得数据更加平滑。

(四) 评估指数

经过指标确定、明确算法、权重计算后,经加权求和,获得博物馆社会影响力评估指数 MII(Shanghai Museum Impact Index):

$$MII = \sum_i W_i \sum_j \left[b_{ij} * \ln(X_{ij} + 1) \right]$$

W 是一级指标的权重,b 是二级指标的权重,二级指标的数值乘以对应权重和标准化后为每个一级权重的分数,最终分数为一级指标的分数乘以对应权重的和。其具体权重、系数和指标见下表:

表1 博物馆社会影响力指数公式具体构成

一级指标	权重	二级指标	权重
知名度	25.00%	博物馆等级	14.00%
		百度热度指数	18.00%
		微博话题指数	18.00%
		微信搜索指数	19.00%
		海外代表性社交媒体	10.00%
		海外发文量	10.00%
		外省市媒体报道量	11.00%
传播度	22.00%	网站	5.00%
		微博	25.00%
		微信公众号	35.00%
		主要媒体报道量	35.00%
参与度	18.00%	全年参观人数	15.00%
		主要平台评价数量	45.00%
		正面评价占比	40.00%
融合度	13.00%	活动提及数(微信/微博/网页)	35.00%
		活动提及数(主流媒体)	35.00%
		旅游景点等级	30.00%
服务度	12.00%	停车便利性	10.00%
		寄存空间	8.00%
		语音导览	8.00%
		二维码导览	8.00%
		Wi-Fi	8.00%
		咖啡馆:含茶馆	10.00%
		轻餐:含西餐	10.00%
		综合商店:含书店、礼品店、文创店等	10.00%
		厕所数量	10.00%
		残疾人服务设施	8.00%
		投资方式	10.00%

续表

一级指标	权重	二级指标	权重
转化度	10.00%	博物馆网店粉丝数	35.00%
		博物馆网店最高商品销量	46.00%
		博物馆网店定价	19.00%

二、上海市博物馆社会影响力评估排行榜

按照指标体系、权重和算法,我们对上海市149家博物馆评估得出以下结果:

(一)上海市博物馆社会影响力总榜

表2 博物馆社会影响力指数MII总榜

排名	博物馆名称	MII
1	上海博物馆	93.90
2	上海科技馆(含上海自然博物馆)	93.43
3	上海玻璃博物馆	92.94
4	中共一大会址纪念馆	92.92
5	上海中国航海博物馆	92.29
6	上海电影博物馆	92.12
7	上海汽车博物馆	91.93
8	上海市历史博物馆(上海革命历史博物馆)	91.82
9	上海犹太难民纪念馆	91.73
10	嘉定博物馆	91.69
11	上海震旦博物馆	91.67
12	上海宋庆龄故居纪念馆	91.53
13	上海儿童博物馆	91.41
14	上海纺织博物馆	91.40
15	陈云纪念馆	91.39
16	上海琉璃艺术博物馆	91.18

续表

排名	博物馆名称	MII
17	上海鲁迅纪念馆	91.11
18	上海世博会博物馆	91.09
19	上海工艺美术博物馆	90.97
20	上海市龙华烈士纪念馆	90.85
21	上海孙中山故居纪念馆	90.74
22	中国证券博物馆	90.62
23	上海交通大学钱学森图书馆	90.54
24	奉贤博物馆	90.43
25	上海四行仓库抗战纪念馆	90.39
26	上海(中医药大学)中医药博物馆	90.37
27	上海城市规划展示馆	90.34
28	上海气象博物馆	90.24
29	中共二大会址纪念馆	90.20
30	上海天文博物馆	90.18
31	上海公安博物馆	90.14
32	上海航宇科普中心	90.13
33	上海邮政博物馆	90.10
34	国歌展示馆	90.08
35	李白烈士故居	90.06
36	上海消防博物馆	90.05
37	上海淞沪抗战纪念馆	89.82
38	上海电信博物馆	89.82
39	中共代表团驻沪办事处纪念馆(周公馆)	89.71
40	上海艺术品博物馆	89.42
41	上海动漫博物馆	89.42
42	上海观复博物馆	89.42
43	闵行博物馆	89.41
44	上海市银行博物馆	89.35
45	上海吴昌硕纪念馆	89.27
46	上海大学博物馆	89.17

续表

排名	博物馆名称	MII
47	国际乒联博物馆(中国乒乓球博物馆)	89.07
48	同济大学博物馆	89.01
49	中国社会主义青年团中央机关旧址纪念馆	89.01
50	张闻天故居	88.90
51	上海豫园管理处	88.89
52	中共四大纪念馆	88.80
53	顾正红纪念馆	88.79
54	上海木文化博物馆	88.70
55	金山区博物馆	88.64
56	复旦大学博物馆	88.57
57	中国科学院上海昆虫博物馆	88.57
58	上海中国留学生博物馆	88.45
59	黄道婆纪念馆	88.34
60	青浦博物馆	88.30
61	左联会址纪念馆	88.30
62	黄炎培故居	88.16
63	上海中华印刷博物馆	88.14
64	上海(东华大学)纺织服饰博物馆	88.06
65	上海市陶行知纪念馆	88.04
66	上海铁路博物馆	88.02
67	上海地铁博物馆	87.99
68	上海南社纪念馆	87.97
69	上海海洋大学博物馆	87.97
70	上海凝聚力工程博物馆	87.91
71	中国劳动组合书记部旧址陈列馆	87.91
72	上海无线电博物馆	87.89
73	上海韬奋纪念馆	87.88
74	上海音乐学院东方乐器博物馆	87.87
75	上海东方地质科普馆	87.81
76	上海福寿园人文纪念馆	87.70

排名	博物馆名称	MII
77	上海隧道科技馆	87.66
78	上海毛泽东旧居陈列馆	87.62
79	徐光启纪念馆	87.54
80	上海元代水闸遗址博物馆	87.52
81	上海交通大学校史博物馆	87.51
82	上海有恒博物馆	87.48
83	松江博物馆	87.39
84	浦东新区南汇博物馆	87.36
85	棋牌文化博物馆	87.24
86	中共上海地下组织斗争史陈列馆暨刘长胜故居	87.03
87	上海周虎臣曹素功笔墨博物馆	86.96
88	上海三山会馆管理处	86.90
89	上海民政博物馆	86.84
90	苏州河工业文明展示馆	86.78
91	董其昌书画艺术博物馆	86.73
92	上海解放纪念馆	86.67
93	上海翥云艺术博物馆	86.55
94	上海蔡元培故居陈列馆	86.53
95	上海崧泽遗址博物馆	86.51
96	沈尹默故居	86.49
97	上海立信会计学院中国会计博物馆	86.33
98	上海院士风采馆	86.12
99	崇明博物馆	86.06
100	中共三大后中央局机关历史纪念馆	85.96
101	上海老照相机制造博物馆	85.91
102	上海土山湾博物馆	85.91
103	张充仁纪念馆	85.68
104	上海美特斯邦威服饰博物馆	85.58
105	上海体育学院中国武术博物馆	85.53
106	四海壶具博物馆	85.47

排名	博物馆名称	MII
107	元利当铺旧址博物馆	85.32
108	上海金刚博物馆	85.31
109	嘉定竹刻博物馆	85.30
110	上海眼镜博物馆	85.14
111	华东师范大学博物馆	84.95
112	上海市外滩历史纪念馆	84.93
113	上海市长宁区革命文物陈列馆	84.92
114	宋庆龄生平事迹陈列馆	84.66
115	大韩民国临时政府旧址管理处	84.63
116	上海交通大学董浩云航运博物馆	84.59
117	上海中国工业设计博物馆	84.57
118	上海知青博物馆	84.49
119	新场历史文化陈列馆	84.40
120	上海中国烟草博物馆	84.40
121	上海财经大学商学博物馆	84.33
122	顾维钧生平陈列馆	84.11
123	衡复风貌博物馆群	84.08
124	上海海派红木艺术博物馆	84.04
125	上海陈化成纪念馆	83.94
126	童涵春堂中药博物馆	83.85
127	上海崇明竖新抗日战争博物馆	83.83
128	交通银行博物馆	83.70
129	上海农垦博物馆	83.65
130	上海泰迪之家泰迪熊博物馆	83.62
131	高桥历史文化陈列馆	83.60
132	上海师范大学博物馆	83.56
133	上海崇明向化灶文化博物馆	83.52
134	上海电线电缆博物馆	83.45
135	上海理工大学印刷博物馆	83.40
136	上海观止矿晶博物馆	83.34

续表

排名	博物馆名称	MII
137	上海翰林匾额博物馆	83.27
138	中共淞浦特委机关旧址陈列馆	83.24
139	上海国际酒文化博物馆	82.17
140	上海外国语大学语言博物馆	80.13
141	上海真静传统木作博物馆	79.89
142	上海印刷字体展示馆	79.72
143	江南造船博物馆	79.54
144	南京路上好八连事迹陈列馆	77.28
145	杨浦法院博物馆	77.08
146	上海民族乐器博物馆	76.34
147	上海市青浦区任屯血防陈列馆	75.73
148	上海寰宇铃铛博物馆	74.74

在疫情冲击之下,上海市许多博物馆自 2020 年以来尝试"线上转型",在传播度数据方面有明显提升,通过积极开办社交媒体账号,与大众保持线上的联系和沟通,获得了转型发展、扩大在线影响力的良好机遇。

另外,2020 年 12 月,中国博物馆协会发布了第四批全国博物馆定级评估结果,上海 9 家博物馆获得这项"国家级认证"。上海中国航海博物馆和上海市龙华烈士纪念馆晋升为国家一级博物馆,上海世博会博物馆、上海交通大学钱学森图书馆、上海儿童博物馆、上海淞沪抗战纪念馆、上海大学博物馆、上海航空科普馆晋升为国家二级博物馆,上海土山湾博物馆晋升为国家三级博物馆。

从总榜数据来看,上海博物馆与上海科技馆(含上海自然博物馆)优势明显,两家博物馆综合排名分居前二,知名度、传播度、参与度、融合度等单项排名也都名列前茅;其他博物馆中也不乏出彩者,它们各有特色,也均有提升空间。

从博物馆等级来看,大型一级博物馆引领着行业的发展。大型一级博物馆总体表现优异,7 家一级博物馆——上海博物馆、上海科技馆、中共一大会址纪念馆、上海中国航海博物馆、陈云纪念馆、上海鲁迅纪念馆、上海市龙华烈士纪念馆分别位列第一位、第二位、第四位、第五位、第十五位、第十七位和第二十位。

从博物馆类型来看,一些主题类博物馆也位居榜单前列,如上海玻璃博物馆(第三位)、上海电影博物馆(第六位)、上海汽车博物馆(第七位)等,这些场馆特色鲜明,彰显着上海的多个侧面。同时,这些主题类博物馆代表了一种发展路径,它们凭借自身特色,打造"网红场馆",吸引着大众在微博、微信平台等对它们进行讨论和推荐,实现了口碑传播。

总榜前十名的博物馆,亮点和特点更加突出。我们对此的简要分析如下:

排名第一的上海博物馆综合实力强,是国家一级博物馆,成为上海的文化名片之一。上海博物馆无论是海外发文数(331则)还是国内媒体的报道量(3972则),及在国内外的搜索量都具有绝对优势。在知名度、传播度、融合度与转化度上均排名第一位,位居总榜第一。

上海科技馆(含上海自然博物馆)位列第二。上海科技馆作为国家一级博物馆,是上海市重大社会教育机构。它的各个单项分数都表现优秀,在参与度单项排名上得分最高。其丰富的互动和影像设备,为参观者带来了沉浸性、参与性强的体验。和总馆一样,上海自然博物馆(上海科技馆分馆)在参与度方面优势突出,馆内多元化的趣味科普项目、具有视觉冲击力的展品,都吸引着大量亲子游客和年轻人,进而转化为互联网平台上对该馆的热烈讨论。

上海玻璃博物馆在非国有博物馆中排名第一,从上年度的第六名跃升至第三名。它主打"玻璃"这一特色品牌,引发大众关注,并融入了许多互动性、参与度强的活动,打造"社区型、国际化"的互动体验型博物馆。上海玻璃博物馆知名度排名位列前茅,截至2020年底,其微博话题阅读数高达1483.5万。上海玻璃博物馆服务度排名第一,完备的服务和场馆设施为游客带来了舒适的参观体验。

中共一大会址纪念馆具有特殊的政治和历史内涵,是中央和地方主流媒体的重点报道对象。国内主流媒体关于该馆的宣发量达2530篇,这与"建党百年"这一热点关系紧密。该馆知名度、传播度、融合度单项排名均高居前五。

上海中国航海博物馆是中国首个经国务院批准设立的国家级航海博物馆，在第四批全国博物馆定级评估中，进入国家一级博物馆之列。它与上海博物馆和上海科技馆（含上海自然博物馆）在服务度上获得同样高分，在传播度上位于第五名。

上海电影博物馆也具有强烈的"网红"属性。该馆收藏了大量上海电影制片厂的真实历史资料和物品，满足游客对于上海电影的怀念与憧憬。该博物馆在大众点评、美团等主流社交点评平台上共有 27 000 余条的评价和推荐，正面评价比例很高。网店粉丝数超过 4 000 人，转化度排名第四，参与度单项排名第六。

上海汽车博物馆位于嘉定区安亭镇的汽车博览公园内，与当地的汽车产业和谐相融。馆内藏有具有特色和历史意义的经典古董车，使其在知名度和参与度上表现出色，其微博话题阅读数达到千万级别。在主流生活社交点评平台中，它获得超过 20 000 条评价，且正面评价比例很高，受到大众的广泛好评。

上海市历史博物馆（上海革命历史博物馆）是一座全面反映上海地区历史发展的博物馆，以历史文化和革命纪念的复合性作为定位。该馆是游客了解上海的一个窗口，知名度排名第三。而作为国家二级博物馆，它在各方面都具有优秀的品质。它在服务度上排名第七，拥有优质的配套设施和服务以及舒适的参观体验。

上海犹太难民纪念馆完成了历时 3 年的改扩建工程，在 2020 年重新与大众见面，获得了媒体与大众的关注。它具有跨文化、跨民族的独特属性，而犹太人在沪的历史对世界游客和国际舆论都有广泛的吸引力。2021 年它在传播度、知名度等单项上表现突出，跻身总榜前十位。

嘉定博物馆是排名最高的区级综合性博物馆。它在参与度上表现突出，进入单项前十位。2020 年它首次以上海、台北两地孔庙交流为载体，在上海设主会场，台北设分会场，向台北进行全程线上直播、实时互动。它以疫情防控大背景下的"儒行双城"为主题，推动孔子文化节的品牌活动焕发新的生命力。

(二) 单项排行榜

1. 知名度 Top10 排行榜

表3　知名度单项前十位

排名	博物馆名称	知名度得分
1	上海博物馆	100.00
2	上海科技馆(含上海自然博物馆)	97.39
3	上海市历史博物馆(上海革命历史博物馆)	96.29
4	中共一大会址纪念馆	94.45
5	上海玻璃博物馆	94.44
6	上海汽车博物馆	92.52
7	上海电影博物馆	90.79
8	上海邮政博物馆	90.14
9	中共代表团驻沪办事处纪念馆(周公馆)	89.64
10	上海犹太难民纪念馆	89.32

知名度是博物馆的被知晓程度。前三甲为上海博物馆、上海科技馆(含上海自然博物馆)、上海市历史博物馆(上海革命历史博物馆)。上海博物馆在知名度上的整体优势较为明显,但前十名内部差距并不大。上海博物馆在多项细分指标上都颇具优势,其百度热度指数、微信指数和微博话题阅读量均为前十名博物馆中最高。排名第二的上海科技馆在各项数据上的表现也较为出色,百度热度指数、海外发文数量等细分指标名列前茅,但在微信指数与微博话题阅读量上,它与上海博物馆的差距较为明显。上海自然博物馆作为上海科技馆的分馆,在社交媒体平台上的热度高居不下,特别是在年轻用户主导的微博平台上,它比主馆人气更甚。中共一大会址纪念馆在2021年建党百年的大背景下,得到大量来自兄弟省市的媒体报道,展现出红色记忆与红色纪念场馆在媒体议程中的重要位置。

2. 传播度 Top10 排行榜

表4 传播度单项前十位

排名	博物馆名称	传播度得分
1	上海博物馆	100.00
2	中共一大会址纪念馆	99.19
3	上海世博会博物馆	98.46
4	上海玻璃博物馆	97.91
5	上海中国航海博物馆	97.56
6	上海科技馆(含上海自然博物馆)	95.25
7	陈云纪念馆	94.29
8	上海犹太难民纪念馆	92.34
9	上海鲁迅纪念馆	92.14
10	上海宋庆龄故居纪念馆	91.87

　　传播度衡量了一家博物馆在媒体宣传方面的情况。上海博物馆在此单项排名中摘得桂冠,而中共一大会址纪念馆则紧随其后。上海博物馆自身拥有完善的媒体矩阵,在微信平台的优势较为明显,单篇推送的传播力辐射数万人群,是所有博物馆中微信影响力最突出的账号。在建党百年的历史时刻,一大会址纪念馆两端发力,既专注于提升自有媒体平台传播力,又备受主流媒体的关注和报道。

　　上海世博会博物馆在网站和微博端的表现突出,为其领先的排名奠定了基础。它在2020年升级为国家二级博物馆,令它获得颇多曝光与关注。此外,2020年恰逢上海世博会举办十周年,世博会博物馆依托自己旗下的媒体唤起了大众对于世博会的美好记忆,推动着它将媒体的曝光度转化为自身良好的传播度。

3. 参与度 Top10 排行榜

表5　参与度单项前十位

排名	博物馆名称	参与度得分
1	上海科技馆(含上海自然博物馆)	100.00
2	上海博物馆	98.62
3	上海豫园管理处	98.30
4	上海汽车博物馆	96.53
5	上海中国航海博物馆	96.41
6	上海电影博物馆	96.33
7	上海玻璃博物馆	96.29
8	嘉定博物馆	96.23
9	上海世博会博物馆	96.17
10	上海琉璃艺术博物馆	94.99

参与度的评估从线上、线下两个维度展开。线下采用了各博物馆参观人数,线上则采集了代表性互联网平台上公众对博物馆的评论数据。

上海科技馆(含上海自然博物馆)保持了上一年度的优势,在2021年蝉联了这一单项的冠军。上海科技馆在2019年为上海地区客流量最大的博物馆。在2020年的疫情冲击之下,科技馆的参观人数下滑,但仍然通过丰富的线上科普活动,汇聚公众的目光。作为科技馆的分馆,上海自然博物馆凭借其趣味性和科普性受到大众喜爱,以疫情下的线上科普实践补足了线下人流的缺口,获得了颇多"流量"。两馆的高人气在各类评价平台的评价数量上得到了体现,美团、大众点评、马蜂窝等全平台合计近二十万的评论量成为其单项最亮眼的成绩。

上海博物馆位列第二,相较于科技馆、自然馆,上海博物馆的历史与艺术底色更为厚重,使得它在年轻人的点评平台上获评数量相对较少。但上海博物馆沉淀的历史、丰厚的馆藏铸就了它的高分口碑,使得其整体排名保持在高位水准。

此外，本研究项目还形成了融合度 Top10 排行榜、服务度 Top10 排行榜、转化度 Top10 排行榜等。限于篇幅，这里不再一一展开。

在 2021 年排名上升最快的博物馆榜单中，一些博物馆取得较大进步，其中上海航宇科普中心、上海福寿园人文纪念馆、上海大学博物馆是排名提升最快的三家博物馆。综合上表各项评估数据，优秀博物馆排名上升的原因有以下五点：

第一，提升博物馆等级。博物馆原则上每 3 年接受一次等级评估，评估等级上升代表其规范管理和竞争力优势的提升，为博物馆带来更高的知名度和传播度。如上海航宇科普中心、上海大学博物馆在新一轮评估中一跃成为二级博物馆，上海土山湾博物馆被定级为三级博物馆，受到主流媒体和兄弟省市媒体广泛报道。

第二，积极利用新媒体传播。本次榜单中，上海民政博物馆、上海证券博物馆、顾正红纪念馆等开通或正式认证了一批自有渠道，如微博、微信公众号，而且保持稳定运营，积极与社会沟通，提升了传播度和新媒体影响力。

第三，新馆开办自带新闻和话题。如上海交通大学校史博物馆采取"一馆两址"的发展思路，徐汇老馆名声在外，近期正式运营的闵行新馆备受关注，两家场馆共促影响合力；同样还有 2020 年完成新馆拓建的上海犹太难民纪念馆，兼具有跨文化、跨国界的属性，受到海内外媒体的广泛关注。

第四，以特色主题吸引特定人群。一批以特定行业、事业为主题的博物馆，如民政、气象、天文、武术、电信、服饰等在社交媒体时代培育出了固定的分众群体。值得关注的是，上海美特斯邦威服饰博物馆通过品牌系列服饰发布，在社交媒体上获得一定话题度和讨论度，也引起了许多主流媒体的关注和报道。

第五，开展符合定位的特色活动。中国科学院上海昆虫博物馆，在疫情期间利用馆藏资源积极开展线上科普活动，全网活动提及量跃升；上海福寿园人文纪念馆，深耕人文纪念领域，不断优化馆藏设置，广纳社会的藏品捐赠，2020 年粟裕大将遗物捐赠和纪念铜像落成助推了大众和媒体对该馆的关注。

(三)博物馆各类型的分析

区一级博物馆之间的影响力水平有较大差异,各区博物馆从排名前二十至排名第九十九名不等。疫情对区一级博物馆的影响较大。疫情影响游客线下参观,8家区级博物馆中,有半数以上的排名同比都有所下降。嘉定博物馆、奉贤博物馆、闵行博物馆入围了总榜排名的前五十名,它们在传播度和参与度方面表现优异。

高校博物馆之间的影响力水平差异较大。疫情期间高校封校,但也不乏具备亮点的高校博物馆。排名第一位的上海交通大学钱学森图书馆有双重定位,既是博物馆又是图书馆,人流量优势较明显。它也是上海地区两家获得国家博物馆等级认证的高校博物馆之一。上海(中医药大学)中医药博物馆以上海市唯一获得旅游景区质量等级认证的高校博物馆,作为国家3A级景区,形成了明显的优势。

上海行业类博物馆是上海文博事业的重要组成部分。从本次评估结果来看,总榜排名前二十中有8所为行业类博物馆,证明了上海行业类博物馆实力强劲。排名前三的分别为上海科技馆(含上海自然博物馆)、上海玻璃博物馆、上海中国航海博物馆,这三家博物馆亦进入总榜前五名。上海玻璃博物馆近年来发展很快,2021年排名再上一个台阶,极有设计感和后现代风的场馆特色使其在微博、微信等社交媒体上收获一批拥趸,成为社交媒体时代的"网红博物馆"。

上海革命纪念类博物馆承担起了对公众进行红色教育的重要使命。随着建党百年纪念到来,以中共一大会址纪念馆为代表的5家博物馆进入前二十名。它以"迎接建党百年全国百场巡展"受到国内主流媒体包括上海和兄弟省市媒体的高度关注。在知名度、传播度、融合度上,中共一大会址纪念馆优势明显。排名第二至四位的分别为上海宋庆龄故居纪念馆、陈云纪念馆、上海鲁迅纪念馆,它们均与党和国家历史上的重要人物有关。

上海市历史文化类博物馆发展相对不均衡。进入总榜前五十行列的历史文化类博物馆共 9 家。上海博物馆是一座大型的中国古代艺术博物馆，是本次评估总榜的第一名。从本次评估数据结果来看，上海博物馆拥有全面优势，在知名度、传播度、参与度、融合度等方面均名列前茅，体现了上海作为全国文物博览重镇的地位。上海市历史博物馆与上海革命历史博物馆两馆合一，将上海城市发展历史与上海革命历史纳于一馆，是江南文化、海派文化和革命文化的集中展示窗口。

三、提升博物馆社会影响力的对策建议

我们综合上述研究，在知名度、传播度、参与度、融合度、服务度、转化度等六方面，借鉴国外知名博物馆成功案例提出以下建议：

（一）练好内功，扩大宣传，提升知名度

1. 练好内功，重视等级评估

2021 年上海市共有 9 家博物馆通过了博物馆定级评审。目前上海市获得一级、二级、三级认证的博物馆共计 30 家，其中一级 7 家、二级 13 家、三级 10 家。国家定级认证对博物馆的知名度有较大影响，新获定级评审认证的博物馆，如世博会博物馆、上海航宇科普中心等的排名都有了较大提升。对于博物馆而言，定级认证代表着国家对博物馆实力的认可，同时也会加深大众对博物馆文化内涵、基础建设、社会名誉的认可。这就要求博物馆的管理人员认真掌握评估标准与评分细则，在综合管理与基础设施、藏品管理与科学研究、陈列展览与社会服务等 3 个大项中精耕细作，筑基内核实力，助力博物馆等级提升。

2. 重视在线热度，优化搜索效果

一是要提高相关活动策划水准，积极配合媒体的传播。在 149 家博物馆中，仅有 29 家于 2020 年拥有百度热度指数，这意味着大量博物馆在媒体宣传方面表现不尽人意。二是要加强门户网站建设。博物馆门户网站是一家博物馆的线上"门面"。目前，本市博物馆的门户网站建设水平良莠不齐，149 家

博物馆中仅有 62 家开通了专门的门户网站，开通率不足一半。而已开设网站的博物馆，有的存在网页打开不畅、交互较差、导览信息模糊等问题，亟待优化。三是要完善社交媒体建设。一个运营有方的微信、微博官方账号对于提升搜索热度亦有正面作用。

3. 联系兄弟省市、国外渠道，打响国内外宣传度，让世界看到上海

媒体报道是增加博物馆单位曝光量、提升知名度的重要指标。本市信息的传递固然重要，但加强与外省市媒体与海外媒体的合作也不可或缺。各博物馆可考虑结合特殊时间节点、文化事件等要素，策划跨区域文化活动，例如巡展、联合办展、承办跨区域的文博研讨会议等，以形成跨区域的媒体联动。近年来，上海博物馆积极与荷兰、新加坡等地的文博机构加强联系，不仅让自己的展品走出国门，也能让国内民众一睹国外艺术精品的风采。上海博物馆 2020 年海外发文数居高不下，国内主要媒体对其的报道近千篇。

（二）打通平台，紧抓热点，提升传播度

1. 打通"两微"平台，提升博物馆话题热度

在网络化和智能化的时代，主流媒体与搜索引擎不再是主导公众获取信息的唯一来源，以微博和微信为代表的社交媒体已全面崛起。得益于新账号的开通和规范化运营，本市博物馆微信账号的开通率过半，较去年有明显进步，微博账号的开通率也接近半数，体现出以评促建的良好效果。但除了开发渠道，博物馆还要重视"内容为王"，推动优质流量的转化。此次知名度单项前十名的博物馆中，4 家博物馆在微博话题阅读量上突破千万，在微信指数上都有超过 5 000 的热度。从数据分析可知，博物馆在微博、微信平台上的表现决定着其排名的高低。各博物馆要加强运维和内容"两手抓"，让虚拟流量转化为实实在在的人流量。

2. 规范信息发布，提升专业化运营能力

博物馆打通信息渠道是触达公众的第一步，要想实现高转化度，就必须形成规范化、稳定化的信息发布机制。目前一些博物馆微博或微信账号存在"在网不在岗"的问题，难以传递信息或回应公众，亟待防止形象"掉链"。此

外,高质量内容的持续输出也需要专业人才的支撑。博物馆要大力培养熟悉新媒体传播和运营的专业人员,形成推文、微博传播的亮点。

3. 把握社会热点,提高主要媒体宣发量

一是对于全网关注的重大事件,积极地"蹭热点",通过策划与之有关的文博活动,并结合自身特色,获得流量的"红利"。例如上海世博会博物馆借助"世博 10 年"这一热点获得了颇多关注。二是加强与媒体的联系,主动与媒体建立友好关系,形成良好联动机制等。在"主要媒体报道数量"这一指标上,上海博物馆、中共一大会址纪念馆、上海科技馆在参评博物馆中排名前三,获报道次数均破千次。各博物馆可依据自身特色,借鉴它们的有益经验。

（三）融合发展,优化体验,提升参与度

1. 促进融合发展,开辟后疫情时代的互动空间

在疫情防控的背景下,大众原有的现场参观习惯被打破了,"云观展"受到热捧。博物馆要开发大量的云端活动,使得线上和线下的情境互通互补,一方面以丰富的短期线上活动为长期的"数字人文"奠定基础;另一方面,以线上观看的灵活性应对各种突发性状况,扩大用户基础。博物馆要通过先进设备,策划精良的云端活动,构筑数字文化宝藏。上海博物馆、上海科技馆(含上海自然博物馆)等率先示范。如截至 2021 年 4 月 30 日,上海博物馆举办的"上博邀您云看展"的微博阅读超 177 万,回应了公众对"云看展"的热烈需求。

2. 倾听多方声音,不断优化参与体验

综合 2020、2021 年的两次评估结果,一些博物馆的排名有所下降,其原因之一是公众参与平台的口碑下滑。面对参观者在公众参与平台上的负面评价,各博物馆要引起重视,对负面评价进行核实,尽快采取针对性措施,包括及时更新老旧设施,加强培训工作人员,精准改善软硬件等,为博物馆口碑加分。此外,对于一些平台取消博物馆评分的情况,各博物馆应展开沟通,尽可能恢复评分,加强对游客和观众的引导。

(四) 加强互动,补足短板,提升融合度

1. 积极举办分众化、垂直化活动,增加媒体报道量

上海市博物馆数量众多,类型各异,涉及科技类、历史类、行业类等诸多类型,各博物馆需要对游客进行分析,形成参观者画像,积极打造面向不同群体的活动。如以家庭为主要参观者的博物馆可以积极举办趣味亲子类活动;爱国教育基地的博物馆可与学校或其他社会组织展开合作,行业博物馆可多策划垂直类活动,将展览、科普、娱乐、教育等融为一体。

2. 有效利用新媒体平台,提升自身影响力

在新媒体成为公众参与信息化重要渠道的背景下,各博物馆应借新媒体之势,成就自己的影响力。这不仅需要博物馆积极利用新媒体平台发布信息,展现自身动态与特色,也要设计被大众所接受的话语体系,还应合理利用各新媒体平台的丰富功能,从信息上、功能上和内容情感上加强与社会的互动。

3. 抓住重要时间点,策划线上线下活动

各博物馆应把握关键时机和重要节点,结合重大事件及节日积极举办优质活动,以线上线下相结合的方式,多渠道加强与社会公众的互动,以活动促沟通,打通博物馆与社会、公众之间的桥梁,不断提升融合度。博物馆可以根据自身展品特色和场馆历史,将展品或场馆故事化,故事IP化,打造符合博物馆定位的典型IP,结合时事热点,适当采用借势营销思维,不断提高文博创意转化度。

(五) 完善设施,多元合作,提升服务度

1. 优化已有基础设施,提升游客的基本服务体验

从服务度相关数据可以看出,不少博物馆的基础设施均达到一定水准,已经基本摆脱了"有"和"无"的桎梏,下一步可就"质"和"量"做出进一步提升,不断优化游客对博物馆基础设施的感知和体验,提升服务水平。

2. 合理引入商业配套,提升品质服务能力

各博物馆在基础设施配备齐全的情况下,应结合场馆自身定位、特色和

空间布局,合理引入商业配套设施。在合理选址的同时,还应尽量使商业配套设施的装修风格与场馆风格保持一致,尽可能融为一体。这样既能满足游客休憩、餐饮需求,还能使博物馆内各功能单位风格统一,优化博物馆服务水平。

3. 有效吸收社会力量,提升服务活力

吸收社会力量是提升博物馆活力、提高博物馆服务意识的重要方式之一。上海市各博物馆可就自身背景和发展情况,考虑引入商业资本等社会力量,通过市场机制提升博物馆的竞争意识、服务意识,优化服务体系,革新服务理念。同时,各个博物馆还可考虑吸收志愿者等社会力量,以公益方式提升服务能力。

(六) 拓宽渠道,打造 IP,提升转化度

1. 加大开发线上文创,拓展文博文创第二战场

疫情之下,各博物馆的线下文创商店受到极大影响,向线上电商平台拓展已经成了各博物馆文创转化的重要策略与方向。各博物馆需要有的放矢,结合自身实际积极向线上拓展,开设文创商店,拓宽销售渠道,让线上文创商店成为后疫情时代博物馆文创转化的重要平台。

2. 把握消费者需求,合理定价

在对博物馆转化度相关数据进行分析后发现,部分博物馆商品定价过高,未充分考虑参观者和粉丝的消费能力。因此,各博物馆不仅要在创意设计的基础上推出受到消费者喜爱的文创产品,还要充分考量目标消费者的购买能力,合理定价。此外,在进行线上文创商店运营时,还应做好售后服务,避免因交易纠纷产生过多的负面评价,从而影响转化度。

上海民营美术馆的发展与运营研究
（2005—2021）

王纯杰①

摘 要 跨入 21 世纪以来,上海经过多个阶段的发展,形成了中国最大规模的民营美术馆群落。民营美术馆与国有美术馆相比,其展览主题更为丰富、形式更为活跃,对年轻观众更具有吸引力。上海民营美术馆的发展和运营特色包括:以美术馆植入文化地产的开发模式,引入著名建筑设计师以提升场馆品质,以灵活方式吸纳艺术管理人才,注重艺术策划以吸引众多观众等。与此同时,上海民营美术馆面对着发展中的问题,需要提出新的对策,包括转变以兴建硬件为主的发展模式,改善学术方向的同质化现象,集聚艺术学术的中坚力量等,以推动民营美术馆的可持续发展。

关键词 上海民营美术馆 发展与运营 特色和机制 前瞻的对策

跨入 21 世纪以来,在上海建设国际文化大都市的进程中,诞生了一个富有海派文化特色、充满生机与活力的民营美术馆群体。根据上海文化和旅游局发布的《2020 年度上海市美术馆名录》,上海有正式注册的美术馆 89 家,其中国有美术馆 26 家、非国有美术馆 63 家。非国有美术馆数量占全市总量的七成。当年本市美术馆全年共接待观众 406 万人次,国有美术馆接待观众 176 万人次,占全年总观众的 43.3%;非国有美术馆接待观众 230 万人,占比

---

① 王纯杰,资深艺术管理人员、策展人,曾担任宝龙美术馆总馆长,上海喜玛拉雅美术馆馆长,北京师范大学珠海分校国际传媒设计学院院长、教授。

56.7%,首次超过国有美术馆的观众接待量,从而显示出民营美术馆已经成为提供美术内容的重要主体。民营美术馆与国有美术馆相比,其展览主题更为丰富、形式更为活跃,对年轻观众更具有吸引力。我们有必要对上海民营美术馆的发展与运营进行深入研究,分析其内在的机理,指出前瞻的方向和路径。

一、上海民营美术馆的建设历程

在 19 世纪末和 20 世纪上半叶,上海成为中国最重要的艺术中心,诞生了与近现代大都市和工商业文化相适应的重要流派——海派艺术,集聚了任伯年、吴昌硕等一批影响中国现当代艺术史的著名艺术家。上海也是中国最早开展现代美术教育的城市,出现"上海美专"这样有影响力的现代艺术学校。海纳百川、多元开放的上海都市文化,为推动海派艺术的壮大提供了重要条件。

随着中国进入改革开放的新时期,上海的美术业历经十年浩劫之后,重新焕发起新的生机。20 世纪 70 年代末 80 年代初,上海的一些美术家表现出强烈的个性化追求和自由创作的热情。上海戏剧学院的美术家们大胆进行新艺术实验,产生了在全国美术界富有影响力的"上戏现象"。上海证大现代艺术馆在 2008 年举办《转向抽象 1976—1985 上海实验艺术回顾展》,对在历史转折时期中的上海美术的演变进行了初步的研究和梳理。20 世纪 90 年代上海的美术界逐步融入国际潮流,出现了不少具有影响力的当代美术家,更有一批优秀的艺术家进在海外进行发展,拓展了艺术创作的天地。这些历史性的转变和积累,为上海民营美术馆的大发展做了重要的铺垫。

(一) 民营美术馆建设的序幕(2005—2010)

改革开放和国际交往打开国人的视野,让人们更容易接触当代的国际艺术。2 000 年上海美术馆组织具有国际背景的策展人团队,策划大型的上海双年展,展出 18 个国家地区的 60 多位中外艺术家的当代艺术作品。这表明发展多年的中国当代艺术开始被体制所接纳。开放的国际艺术交流进一步推动了当代艺术的文化新潮,并在国内逐步产生了一大批关注当代艺术的青年观众。

上海虹口区多伦路文化名人街出现了国内第一家由政府推动的当代美术馆——上海多伦现代艺术馆,并且于 2003 年 12 月正式开馆。接着,浦东张江科技园在张江艺术公园内建立张江当代艺术馆,并且于 2006 年 12 月开馆。自从 2000 年上海双年展之后至 2011 年,上海仅有两家地区政府背景的当代美术馆,展馆规模不大,不能满足广大美术从业人员和爱好者对新艺术的需求。

这一时期,随着中国与国际间艺术交流的日益频繁,加上民间资本的累积和投入,第一批民营美术馆在上海出现。它们由金融、地产等背景的民营企业和有境外商业背景的机构创办。上海证大现代艺术馆在 2005 年 6 月 26 日开馆。开馆展由韩国策展人李园一先生策划"电子园林"国际新媒体艺术展,展出了 20 多位国内外知名艺术家的作品。2005 年 9 月 24 日,坐落在市中心人民公园的上海当代艺术馆开馆。这是出生在上海,从事翡翠珠宝业的香港企业家龚明光先生创办的民营美术馆。首展"皮尔和吉尔回顾展"(Pierreet Gilles Retrospective)展出两位法国艺术家的作品,成为法国文化年的国际合作项目。"跨界+"的设计与时尚成为上海当代艺术馆的艺术方向。

2009 年 8 月 18 日,由民生银行创办的上海民生现代美术馆举行开馆前的预热活动"热身"展,并于 2010 年 4 月 18 正式开馆。其开馆大展"中国当代艺术三十年历程·绘画篇(1979—2009)"展出 80 余位艺术家 100 余件作品。上海民生现代美术馆作为首家国内由金融机构开办的公益性美术馆,由老厂房改建而成,座落在浦西的红坊文创园。2010 年 5 月 3 日,上海洛克·外滩源地产项目(中外企业共同开发)创办的公益性文化机构——上海外滩美术馆开馆,首展为"蔡国强:农民达芬奇"。它座落在上海外滩历史建筑群中的原上海博物院旧址,由旧建筑修复改建而成。其建筑设计师是英国建筑师大卫·奇普菲尔德(David Chiperfeld)。其首任馆长是来自中国台湾、曾任台北当代艺术馆馆长的赖香伶女士。

上海首批开办的这四家民营美术馆,包括上海证大现代艺术馆、上海当代艺术馆、上海民生现代美术馆和上海外滩美术馆,都定位于当代艺术,注重推动中国当代艺术和加强国际交流,都具备一定场馆空间规模和设施条件来展示当代艺术。民营美术馆相比传统的公立美术馆,显现出更为高效灵活和能动性强的运作方式,并能够在较开放的范围吸纳国内和境外专业人士组成管理团队,策划一系列较高质量的国内外当代艺术展览。每次重要展览都举办盛大开幕活动,吸引众多的年青人、大学生和白领观众。新型的当代美术馆不断地推出新艺术、新的视觉体验,在有力度的推广渲染下,逐渐形成一种城市新文化时尚氛围。这四家民营美术馆的营运,都坚持遵循美术馆通行的规范,馆内展场一概不对外出租做展览。而当时公立的上海美术馆仍需要对外租场作展览来支持部分运营费用。

(二) 民营美术馆建设的高潮(2012—2015)

民营美术馆建设风生水起,鼓舞了社会各界和政府部门进一步推动当代美术馆的蓬勃发展。上海市政府推动建设了两座国营的大型美术馆——中华艺术宫和上海当代艺术博物馆,并于 2012 年 10 月 1 日开馆试展。2011年,徐汇区政府提出徐汇滨江整体开发的战略,在 11 公里的滨江岸线由各方合作打造"西岸文化走廊",形成中国最具规模的美术馆大道。在公立美术馆纷纷落成的同时,民营美术馆进入了多样化的建馆高潮。投资者和建设者越来越注重美术馆建筑的空间体验,纷纷邀请国际著名建筑师参与设计,大大提升了美术馆场馆的品质。

2012 年,位于浦东陆家嘴金融中心的震旦博物馆,邀请日本建筑师安藤忠雄(Tadao Ando)进行空间设计。它于 2 月 17 日试运营,举办馆藏"中国古代器物展"和"宝格丽 125 年意大利经典设计艺术"特展,并于 2013 年 10 月20 日正式开馆。它由震旦集团创办,其主要管理人员均为来自中国台湾的专业人士。馆内常设藏品展以佛教造像、玉器、陶器及青花瓷器为主,不定期举办各类当代艺术特展。2012 年 9 月 8 日,上海证大创办的上海喜玛拉雅美术馆在开馆筹备期间举办"托尼·克拉格雕塑绘画"展览。次年 6 月 10 日上海喜玛拉雅美术馆开馆大展"意象"开幕。它位于浦东喜玛拉雅中心,由日本建筑师矶崎新(Arata Isozaki)设计,是以美术馆、剧场置入商场酒店的新型文化与商业大型综合体。2012 年 9 月 29 日,由华侨城集团创建的 OCT 当代艺术中心上海馆(简称 OCAT 上海)开馆,首展"断章取义——杨福东作品展"。OCT 当代艺术中心上海馆位于苏州河北岸,目标在于推动影像艺术。

2012 年 12 月 18 日,龙美术馆(浦东馆)盛大开馆,开馆大展为"古往今来"。它的创办人为著名收藏家刘益谦、王薇夫妇。主要展览包括中国传统艺术、红色经典艺术、现当代艺术,其大量展品来自创办人的藏品。2013 年 5 月 24 日,在上海淮海路商业区的 K11 购物中心内,CHi K11 艺术空间(后改名为 Chi K11 美术馆)正式开馆。香港新世界集团在全国打造 K11 购物中心品牌系列,大力推动以艺术塑造新型商场的模式。开馆首展"真实、美、自由和金钱"新媒体艺术展由策展人李振华策划。

2014 年 3 月 28 日,由刘益谦、王薇夫妇创办的龙美术馆(西岸馆)在徐汇滨江开启。该美术馆建筑由中国建筑师柳亦春设计。开馆大展"开今·借古"展出古代书画以及当代艺术。自此,龙美术馆在上海形成一城两馆的大馆规模。同年 5 月 18 日,徐汇滨江的又一家大型美术馆——余德耀美术馆开馆,创办人是印尼华人企业家和当代艺术收藏家余德耀先生。美术馆建筑由日本建筑师藤本壮介(Sou Fujimoto)在原龙华机场飞机库的基础上改建设计。开馆展由巫鸿策展"天人之际:余德耀藏当代艺术展",展出中外艺术家的大型装置作品。

2014 年 11 月 21 日,由民生银行建立在上海的第二家美术馆——上海民生二十一世纪美术馆开馆,形成一城两馆的格局。开馆首展为"多重宇宙"国际艺术展。美术馆坐落在法国建筑师雅克·费里耶(Jacques Ferrier)设计的世博会法国馆原址,由中国建筑师朱锫进行改造设计①。位于徐汇滨江的上海摄影艺术中心由摄影家刘香成创办,由美国建筑师 Sharon Johnston 和

---

① 2017 年 1 月 1 日,红坊的上海民生现代美术馆迁至上海民生二十一世纪美术馆所在地,后二馆优化合并。

Mark Lee 设计展馆建筑。2015 年 5 月 22 日开馆首展为靳宏伟的收藏展"20世纪摄影经典作品收藏"。

从 2012 年到 2015 年,上海的民营美术馆紧贴时代发展,从了解观众需要到精心推出优质展览,掀起了一波又一波的参观人潮,同时也吸引了外地游客。自此,民营美术馆掀起了发展高潮,引发社会关注,改变了人们对美术馆曲高和寡的长久印象。另外,民营美术馆开始通过展览售票的方式,改变了以往贴钱作展览的运作。美术馆有观众、有效应、又有回报,这大大鼓舞了创办人和美术馆从业人员,推动了后继者不断地开设新馆。

(三) 民营美术馆的提升和拓展(2016—2017)

2016 年 9 月 18 日,明当代美术馆宣告开馆,以"为什么表演"艺术展正式启幕,展示国内外 50 多位艺术家们创作的、与"表演"密切相关的作品。明当代美术馆由明圆集团凌菲菲女士创办,以 20 世纪曾享有花园工厂美誉的上海造纸机械厂工作车间为基础改造而成,它保留了原有工业建筑的框架结构和简约特点,推广行为表演艺术及当代实验剧场展演活动。此外,早在 2004 年明圆集团就在徐汇区创建了明圆艺术中心(2013 年改名明圆美术馆),不定期地举办艺术特展。

2016 年 12 月 20 日,由复星及复星基金会发起并建立的复兴艺术中心正式开幕。首展名为"20"中国当代艺术群展。复星艺术中心坐落在外滩金融中心,展馆由英国福斯特建筑事务所(Foster + Partners)和海德威克设计工作室(Heatherwick Studio)联合设计,是一座具有特色的动感建筑。2016 年 12 月 28 日,位于浦江东岸的艺仓美术馆正式开馆,推出"神美·米开朗基罗大展""亚洲当代风景·西游志""蕴藏"展览。艺仓美术馆是上海翡翠滨江发展项目的核心部分,美术馆在原上海煤运码头旧址处的煤仓基础上重新改造而成。

2017 年 9 月 20 日,由企业家郑好先生创办的昊美术馆(上海)开馆,首展德国艺术家朱利安·罗斯菲德的"宣言"①。馆长尹在甲是来自韩国资深策展

---

① 昊美术馆(温州)已于 2013 年建立。

人,建筑由意大利建筑师欧德·邦德亚力(Guido Giacomo Bondielli)设计。郑好致力发展艺术、酒店、办公楼相结合的艺术商务体模式。2017年11月18日,位于虹桥国际枢纽区域的大型美术馆——上海宝龙美术馆举办开馆展"造山寻脉"。该美术馆由宝龙集团许健康先生创建,馆内常设陈列近现代传统艺术藏品展,并策划展出当代艺术①。2017年12月30日,由上海新华发行集团与红星美凯龙家居集团合作建立的上海明珠美术馆开馆,由日本著名建筑师安藤忠雄(Tadao Ando)设计其富有特色的建筑空间。它的开馆展即为"安藤忠雄展 TADAO LEADING"。

2005—2017年之间,上海崛起了蔚为壮观的民营美术馆群。本文列举的18个代表性民营美术馆中,有14家民营美术馆主要方向是推广当代艺术,其中包含4家民营美术馆定位于特指的艺术方向:上海当代艺术馆定位于"跨界+"设计与时尚,上海摄影艺术中心主推摄影,OCT当代艺术中心上海馆主推当代影像艺术,明当代美术馆主推表演性当代艺术;定位于中国传统艺术有1家:震旦博物馆(不定期的举办当代艺术特展);综合展示与推广中国传统艺术与当代艺术的有3家:龙美术馆(浦东馆),龙美术馆(西岸馆),上海宝龙美术馆。上海在民营美术馆发展的数量、速度、展馆规模上远远超过中国其他城市,形成中国最大规模的城市民营美术馆群。

(四) 可持续发展的盘整与韧性(2018—2021)

这一时期,上海民营美术馆建设进入到一个盘整阶段。位于徐汇滨江的油罐艺术中心等先后落成,与周边的西岸美术馆、乔空间等相互辉映,举办了Team Lab等重点展览,成为滨江美术馆大道上又一个令人瞩目的亮点。

在上海这座国际文化大都市,形成了三大美术馆集群:徐汇滨江美术馆大道;外滩沿线美术馆集群;虹桥地区美术馆区域。它们形成了上海民营美术馆的空间大布局,在整体规模和艺术实力上可以比肩纽约、伦敦、巴黎等世界城市。

---

① 宝龙集团于2014年已在山东省建立青岛宝龙美术馆。

2020 年初突如其来的新型冠状病毒肺炎疫情给民营美术馆建设带来了很大的冲击。根据《2017 年度上海市美术馆事业发展报告》,上海拥有 82 家美术馆;其中,国有美术馆 18 家、民营美术馆 64 家。而根据《2020 年度上海市美术馆运营情况报告》,上海美术馆的总数量从 2010 年的 20 家迅速发展到 2018 年的 89 家,八年时间增长 69 家。2019 年首次回落到 83 家,2020 又达到 89 家,其中国有美术馆 26 家、非国有美术馆 63 家。这意味着这三年来,国有美术馆从 2017 年的 18 家到 2020 年的 26 家,增加 8 家。而民营美术馆这三年在数量上大体持平。上海的民营美术馆在数量上的增长,开始趋向平缓。

2017 年上海美术馆参观总人数为 617 万人次,2019 年增长到 814 万人次。2020 年,由于疫情影响,参观总人数下调了一半,为 406 万人次,其中,国有美术馆接待观众 176 万人次,非国有美术馆接待观众 230 万人,首次超出国有美术馆观众人次。非国有的民营美术馆虽在数量没有增加,但其艺术活动更能吸引观众。由此可见,在近期上海美术馆发展中,民营美术馆依然具有活力,仍然是上海美术馆发展的主要力量。与此同时,上海美术界也围绕民营美术馆的建设,展开了研讨和反思。浦东新区政府支持的中国民营美术馆论坛,从 2013 年开始连续举办四届,多次涉及民营美术馆建设的话题。2021 年 4 月,上海多伦现代美术馆举办民营美术馆论坛,围绕"为谁的美术馆—民营美术馆发展的可能性探讨",聚焦于如下热点:抗疫中的美术馆与公众互动新方式;美术馆展览的观众效应与学术创新;社区美术馆的未来发展;民营美术馆的拓展与自我造血。

上海的美术馆在疫情防控下积极运用网站、微信微博、视频直播等在线平台,2020 年全年举办网上展览和公教等活动 2 000 余场,点击量超过 3 000 万人次。在线艺术活动的比重与往年相比强势增长。2020 年,上海 46 家美术馆有官网,68 家美术馆有微信公众号。在抗疫中美术馆积极发挥其艺术教育的职能。2020 年,上海的美术馆共有 109 万观众通过线上和线下平台参加了公共教育活动,参与人数多于没有疫情的 2019 年的 60 万观众参与人数。

二、上海民营美术馆的发展动因和特色

从历史的维度来看,上海具有开放的国际视野和海派文化的性格,较容易接受和包容新兴艺术。在现代工商业重镇和东西方文化的交汇中,上海形成了近现代文化艺术的繁荣局面,形成了具有较高审美要求的大批市民观众,也形成了在国内首屈一指的美术馆付费观展市场。社会需要和历史积淀是催生上海民营美术馆兴起的基础和条件,民营美术馆自我努力和创新发展,才是上海民营美术馆热潮形成的重要积极因素。

(一) 以美术馆植入文化地产的开发模式

随着上海的城市更新步伐,出现了"美术馆+地产"的开发模式。即在竞争激烈的城市地产领域,以美术馆建设提升地产的品质和价值,让地产商业推动美术馆得到良性的经济支持。这种"美术馆+地产开发"的开发模式,鼓励企业界的积极投入,也让美术馆的运作得到一定经济支撑。

上海证大受东京六本木森美术馆启示,发展以美术馆、剧场置入商场、酒店的商业地产模式,建立了以上海喜玛拉雅美术馆为品牌形象的大型艺术与商业结合的综合体。2009年,香港新世界集团以艺术置入商场的K11模式,引起了广泛的关注。该集团进一步在全国多个城市发展K11模式,吸引了大批年轻人群到商场体验文化、感受艺术。位于上海购物艺术中心的CHi K11美术馆成为"艺术+商场"的品牌,也成为上海的一个高端生活地标。上海明珠美术馆将书店与美术馆结合,而昊美术馆(上海)则比邻艺术酒店,发展出艺术、酒店、办公楼相融合的艺术商务地产。外滩美术馆、OCT当代艺术中心上海馆、复兴艺术中心、宝龙美术馆、艺仓美术馆纷纷以美术馆作为文化标志,结合片区开发而形成文化地产发展模式。

(二) 引入著名建筑设计师,提升场馆品质

上海的许多民营美术馆,打破了人们对于公立美术馆的传统感知。它们

的投资方和管理者邀请世界知名建筑师,设计具有个性的美术馆建筑,构建独特的艺术空间体验,让参观者在这里得获得独一无二的空间审美感受。它们以建筑的魅力提升美术馆的知名度和空间品质,成为吸引观众的重要因素。

外滩美术馆率先邀请国际著名建筑师设计美术馆。英国建筑师大卫·奇普菲尔德将上个世纪初的外滩西式老建筑,改造成为节奏有序、层次清晰的展示空间,与享誉中外的外滩景观相互辉映。日本建筑师矶崎新将上海喜玛拉雅美术馆设计在巨形洞穴造型的建筑体内,创造出具有震撼力的空间感。震旦博物馆由日本建筑师安藤忠雄设计,博物馆空间内部细致精练,并结合黄浦江的景观视野,让人们把参观博物馆作为一种对空间美的享受。安藤忠雄的另一杰作是在明珠美术馆,他设计出星空穹顶下卵形的光之空间,创造了奇妙想象的场域。龙美术馆(西岸馆)由中国建筑师柳亦春设计出旷阔高大、令人静穆的展厅空间。建筑师藤本壮介精心设计了余德耀美术馆,其玻璃幕墙的中庭错落有致、层次丰富。上海二十一世纪民生美术馆利用世博会法国馆进行改造,以欧化古典网格装饰外墙与旋转动线展示空间,为观众提供了独特的参观体验。上海当代艺术馆主馆由玻璃温室改建而成,以开放式360度观景露台餐厅,将美术馆融入公园的绿树林之中。复兴艺术中心建筑由福斯特建筑事务所(Foster + Partners)和海德威克设计工作室(Heatherwick Studio)设计成别开生面的不断流动的建筑。上海昊美术馆由欧德·邦德亚力设计,创造了极简至纯、富于幽静之美的都市艺术空间。

(三) 以灵活方式吸纳艺术管理人才

上海民营美术馆建设,得益于以灵活多样的方式吸引艺术管理人才,使得民营美术馆获得了把握方向、有效运营的艺术灵魂。大部分民营美术馆的创始人来自地界、金融界、企业界、商界、拍卖行业等,其中一部分是来自中国台湾、香港和海外的华人企业家。他们有多元的事业背景,也非常喜爱艺术,其中有些企业家本身就是重量级的收藏家。在海纳百川、开明大气的国际大都市背景下,他们获得了创办美术馆,开启事业高峰的良好机会。

在国内普遍缺少美术馆专业管理人员情况下,民营美术馆的运作体制有利于吸纳境内外专业人士组成管理团队。其馆长、总监或运营负责人邀请国内外专业人士担任，也吸引了一部分来自中国台湾、香港地区和法国、韩国等地的专业人士。这是不同于公立美术馆的人才新气象，后者的管理层是来自事业编制或者国有企业的干部。正是民营美术馆对海内外专业人才的吸引和包容，有利于开创富有创造力、生气勃勃的美术馆新局面。

（四）注重艺术策划以吸引众多观众

从宏观角度看，当代美术馆与经典美术馆的策展有很大的不同。后者以历史上有定评的著名艺术家为主，容易产生广泛的号召力，而前者往往品类众多，在观众心目中的辨识度不高。有鉴于此，民营美术馆立足于对当代艺术的深入研究，筛选出具有较高学术品味，又适合国际化大都市观众喜爱的展览主题。如 2013 年上海当代艺术馆年底举办"草间弥生——我的一个梦"展览，吸引观众纷至沓来，参展人数逼近 30 万人次。2014 年上海 CHi K11 艺术空间推出"印象派大师·莫奈大展"刷新观众人数，达到近 40 万的观展高峰。这个展览还带动 K11 商场的营销，提升了商场租金回报。而 2012 年初上海喜玛拉雅美术馆筹备原研哉"设计的设计：原研哉中国展·上海"展，展览设定以上海及周边城市的大学生为目标观众，并进行大力推广，吸引众多大学生排队参观，门票和售书收益超过展览的直接投入。2015 年底该馆举办传统与当代艺术对话"敦煌：生灵的歌"，观众达到 32 万，高峰时每天近万人参观，创造了近悦远来的展览氛围。从以上展览案例可以看出，筹划展览需要了解观众需要。都市大众性、生活时尚性、未来前瞻性这三大要素，成为这些展览吸引观众的成功因素。

上海的民营美术馆不断突破传统的美术范畴，拓展设计、时装、动漫、景观、建筑设计等视觉艺术领域，形成"大美术"的发展潮流。在上海民营美术馆的推动下，美术越来越融入当代生活和都市时尚之中。上海当代艺术馆率先明确以"跨界＋"作为艺术方向，开馆第一年即举办"今日瑞士设计之旅"特展，2007 年推出首届"从现代性到永恒——动漫美学双年展"，2011 年举办"文化香奈儿 CULTURE CHANEL"和 2013 年"奥迪精神"时装艺术大展。上海喜玛拉雅美术馆在 2012 年举办原研哉设计理念的"设计的设计——原研哉中国展·上海",2013 年推出建筑艺术展"隙间——限研吾 2013 中国展",2015 年推出爱犬的居舍和家具设计展"设计:为了爱犬"。这些与人们生活密切的"大美术"展览项目,引发大批市民的浓厚兴趣,也使得民营美术馆与大都市生活的关系更加紧密。

(五) 强化艺术推广,热心公益服务

从世界各国著名美术馆的经验看,立足于深厚的学术功底,不断推出受到大众欢迎的艺术展览,持续强化艺术推广,大力拓展观众群,是美术馆可持续发展的重要经验。上海大多数的民营美术馆经费有限,不能借鉴商业机构的做法进行铺天盖地的广告宣传,而需要集中资金针对目标观众,创造式运用艺术教育的方式加强推广展览。

近年来,上海的民营美术馆在强化艺术推广、热心公益服务方面做了大量的探索。如上海喜玛拉雅美术馆教育推广部,在"设计的设计——原研哉中国展·上海"35 天展期内,设定大学生为目标观众,在上海及长三角各城市25 个院校进行"高校路演"巡讲。该部门还针对小朋友和残障儿童策划"我们的美术馆"特展,从小培养少年儿童在艺术空间进行学习交流。他们的主题口号是"美术馆即剧场",培训美术馆观众学习表演编舞,并以美术馆观众组成现代舞团,在展馆内公开演出现代舞剧和默剧,形成跨界拓展。而昊美术馆成为上海首家夜间开放的美术馆,常规对外开放时间即为下午 1 点到夜间10 点,周末及节假日更是将开放时间向前延长为上午 10 点至夜间 10 点,以便于让更多观众在工作或课业之余前来美术馆观展,丰富了公众的文化生活选择。这富有创意、别开生面的艺术推广,大大增加了美术馆与大众的亲和力。

(六) 与世界艺术新潮流紧紧联系

在过去较长的一段时间内,美术馆热衷于展览美术史上有定论的艺术大师。而近年来,上海民营美术馆改变了这一模式,积极举办一系列在国际当

代艺术领域中富有影响力的艺术家的大型个人展,并组织在创作高峰期的当代艺术大家与中国艺术界进行现场交流。此举让民营美术馆与现在进行式的世界艺术潮流紧紧联系起来,吸引了新一代的观众。如上海当代艺术馆2014年举办草间弥生(Yayoi Kusama)个展;龙美术馆(西岸馆)2015年举办奥拉维尔·埃利亚松(Olafur Eliasson)个展,2017年举办詹姆斯·特瑞尔(James Turrell)个展,2017年举办安东尼·葛姆雷(Antony Gormley)个展;余德耀美术馆2017举办KAWS个展;上海喜玛拉雅美术馆从2012年开始举办雕塑大家托尼·克拉格(Tony Cragg)个展,2013年日本建筑师隈研吾(Kengo Kuma)个展,2014年举办当代抽象艺术家肖恩·斯库利(Sean Scully)个展,2015年英国艺术教父迈克尔·克雷格-马丁(Michael Craig-Martin)个展。通过这一系列国际当代艺术家的个展,上海民营美术馆建立了高层次的国际艺术合作网络,获得国际艺术界的认可。上海民营美术馆重视梳理艺术史的基本责任,特别是举办有重要意义的学术性美术史回顾展,对中国当代艺术发展进行梳理。这些学术性的美术史展,有助于进一步深化对中国当代艺术历史的研究工作,并得到业界的大力支持。

三、上海民营美术馆面临的问题和对策思考

(一) 转变以兴建硬件为主的发展模式

从社会发展的因素来看,中国经济发展和物质生活提高到一定水平,增加了人们对文化活动的需求。尤其是国际化大都市的知识阶层和市民,生活在一个高度国际化的环境,更需要满足人们文化生活和精神审美的内容。但是,由于包括现代艺术教育缺失在内的各种社会原因,新的艺术理念和新的艺术形式被大众所接受并不是能在短时间内完成的。有鉴于此,跨入21世纪初以来,上海许多民营美术馆采用了置入文化地产的开发模式,以提升地产项目的价值和竞争力。地产开发商成为民营美术馆重要投入者。在政府鼓励建立文化场所的政策推动下,兴起了美术馆结合酒店、商场、社区开发的城市文化地产新潮流。

但是,从中长期的发展角度来看,民营美术馆的建设不能仅仅倚重于大型场馆建设的模式。许多发达国家的优秀私营美术馆,如所罗门·古根海姆美术馆、惠特尼现代美术馆、丹佛美术馆、六本木森美术馆等,既拥有地标性的大型建筑,更注意主题展览的设计和开发,而且不断举办高品质的学术交流和研究活动。因此,上海的民营美术馆需要转变思路,注重吸纳和培养大量艺术人才,完善艺术生态系统,才能激发更大的艺术发展潜能。这就需要梳理城市的中长期文化发展思路,制定一系列鼓励社会各界积极支持艺术教育以及艺术项目的文化政策,鼓励全社会的力量支持当代艺术的蓬勃发展。

(二)改善学术方向的同质化现象

上海的大部分民营美术馆都主推当代艺术,其中部分民营美术馆的学术方向不够清晰,导致彼此之间的艺术展览存在同质化现象,也使得许多观众无所适从。而一个美术馆如果没有清晰学术方向,就容易造成展览设计的紊乱,缺乏鲜明特色,难以建立美术馆品牌。

一个优秀美术馆的学术方向,并非可以简单地划定,而是建立在深厚的专业修养基础上,通过对当代艺术发展趋势的宏观把握,识别艺术发展的主流,立足自己的藏品和资源优势,才能逐步提炼和确定。这应该是未来上海民营美术馆加大投入、持续研发的重点领域。在这个基础上,美术馆需要根据自身条件,开拓多元经营、多方财源,强化自己的造血机制,提升可持续性的发展能力。社会上仍有混淆美术馆与商业机构性质的现象,如一些画廊、商店自称是美术馆。这些情况需要从加强管理角度进行规范。

(三)集聚艺术学术的中坚力量

上海的许多民营美术馆偏重展览,忽略了艺术的学术研究,也缺乏专门研究人员。如果没有深入的研究作为基础,其举办的展览就缺少学术质量。而如果缺乏严谨而深入的艺术研究,美术馆就难以推出国内外艺术界认可的中国当代艺术新人群体。

近十年来,上海兴建了众多大型民营和国营美术馆,又有国内成立最早、最有影响力的国际艺术交流平台——上海双年展、ART021 上海廿一当代艺术博览会、西岸艺术博览会、影像上海艺术博览会、上海设计周。然而,上海美术的发展仍然存在短板,如缺少国内一流的美术院校,缺乏培养一流视觉艺术人才的基地。

有鉴于此,上海民营美术馆要积极支持美术院校和研究机构的建设,才能汇集重要的研究型艺术专家和学者。民营美术馆应该在政府、院校和机构的支持下,积极举办国际化、专业化的美术专业论坛,支持针对当代艺术的学术研讨,开展生动活泼的美术评论,在艺术理论、艺术史、艺术批评专家们的支持下,让上海的美术馆发展一呼百应,获得群策群力的支持,也获得可持续发展的长久动力。

国际视野：把握最新潮流

新博物馆学视域下的英国美术博物馆
发展经验及对上海的启示
——以伦敦泰特美术馆为研究重点

林　诺①

摘　要　美术博物馆是针对人类艺术文化资源的学术研究机构、公众教育机构、收藏与保护机构，也是文化产业高质量发展的重要组成部分。英国的文博业在规模和运营管理方面都获得了全球性的声誉。泰特美术馆(TATE)作为其中的重要代表，在知识生产、公众参与、社区营造等方面，提供了高质量发展的成功经验。它从"以物为本"到"以人为本"的转型，体现了具有新博物馆学意识的美术博物馆宗旨。它转型发展的主线，是从重视藏品到关注公众，呈现出专业化分工、设计赋能、公众导向、技术驱动相结合的特征。它以政策引领、社区共创、数字参与、辐射国际，形成了完整的美术博物馆管理

①　林诺，星海音乐学院艺术管理系讲师，英国伯明翰艺术学院艺术学博士，国家留学基金委艺术类人才培养特别项目获选者，研究方向：文创产业及非营利艺术机构运营管理。

运营体系。这些经验为上海的美术博物馆建设提供了有益的参照。

关键词　美术馆　新博物馆学　美术博物馆管理　公共文化服务　泰特美术馆

一、目标取向与观众取向：英国美术博物馆发展中的新博物馆学意识与馆建述略

（一）制度批判与权利反思：新博物馆学理念与英国美术博物馆的建设趋势

新博物馆学作为博物馆学研究中的一个重要分支，是 20 世纪 70 年代以来，博物馆学者在面对全球生态危机、社会与道德之双重危机的背景下，对博物馆的社会功能反思后提出的系统主张。它的重点是顺应社会的发展与变革，重新确立博物馆在人类社会进程中的目的和功能。将美术博物馆事业与人类社会进步发展相联结，成为建立新美术馆学理论的催化剂。1972 年，联合国教科文组织（United Nations Educational, Scientific and Cultural Organization，简称 UNESCO）与国际博物馆协会（International Council of Museums，简称 ICOM）在智利召开的圣地亚哥会议上首次提出新博物馆学概念，并且指出，博物馆机构不仅是历史文明见证物的保存者，更应该是社区发展的推进者；要倡导美术博物馆机构与其所在社区加强合作，充当社区的"问题解决者"。这成为世界博物馆发展史上的一次重大改革与转变。会议的宣言指出："当我们保存过去文明的遗存以及保护今日之渴望与科技的成就时，新博物馆学（包括生态博物馆学、社区博物馆学，以及其他形式活动的博物馆学），主要关注于社区发展，反映社会进步的旺盛力量，并且将其与未来计划相联接①。"根据这一理念，美术博物馆必须改变传统的博物馆学理念，不再只关注"物"（藏品）的收藏，要从以"物"为中心转变到以"人"（公众）为中心，贯

---

① 彼得·弗格：《新博物馆学》，王颖译，北京：北京师范大学出版社，2021 年。

彻关注公众、关注社会与社区问题的新博物馆学。美术博物馆要积极担当解决社会问题、重塑历史和社会记忆、提供社区居民教育等社会责任。

英国的博物馆行业发展历史悠久,孕育了博物馆发展史上一系列重大理念和模式。英国的泰特美术馆、大英博物馆、维多利亚与艾尔伯特博物馆等国家级美术博物馆已经成为英国文化产业的重要代表。根据英国的数字化、文化、媒体和体育部(Department For Digital,Culture,Media and Sport,简称 DCMS)公布的《政府资助博物馆年度绩效指标报告(2019)》统计数据显示,截至 2019 年 4 月,一年中有近 5 000 万人参观了由政府资助的博物馆和美术馆:"这些数字还表明,大约一半的游客来自海外,这证实了我们的博物馆和美术馆在吸引国际游客方面所起的重要作用①。"而在新冠疫情暴发前,作为英国三大旅游胜地之一的泰特美术馆,其 2019 年的访客数量达 610 万人次,为伦敦经济的发展贡献了约 1 亿英镑。英国的美术博物馆及相关行业获得了高度的国际认可,吸引了大批来自世界各地的游客,使得社会对此投入的公共资金产生了丰厚的回报,让英国成为公认的世界博物馆强国之一。

自 20 世纪以来,英国美术博物馆探索的重点,是如何为社会发展贡献力量、加强博物馆与社区的有效对话,吸引更广泛的社会群体。对此,英国美术博物馆的运营者们更为关注美术馆空间的公共性职能与公众参与活动。相对于传统博物馆学所奉为准则的典藏建档、保存修复、陈列展示功能,新博物馆学强调博物馆应为社会发展服务,利用博物馆资源进行收藏、保存、研究、修复、教育、创造等,重心在于社会中的人而不仅仅是博物馆中的藏品本身。这种理念在英国的美术博物馆运营中得以充分运用。2015 年,英国国家博物馆馆长委员会(National Museum Director's Council)发布的《博物馆很重要》(*Museums Matter*)报告指出,英国的美术博物馆在八个关键的公共政策领域做出了重要贡献:为整个国家创造了一种生机勃勃、充满活力和丰富多元的文化艺术生活;为区域的繁荣做出贡献;不断促进旅游业的发展——美术博

---

① DCMS-Sponsored Museums and Galleries Annual Performance Indicators 2019/2020,Department for Digital,Culture,Media & Sport,2021-01,https://www.gov.uk/government/statistics/dcms-sponsored-museums-and-galleries-annual-performance-indicators-201920

物馆是英国最受欢迎的游客到访地点；不断增强英国的软实力；通过创造安全友好的公共空间，促进社区的和谐与繁荣发展；推动健康与福利事业的发展；促进教育、终身学习、技能拓展训练与学徒训练制度的发展；推动英国在科技、技术与创意创新领域的世界领先地位[①]。

该报告阐述了美术博物馆对英国社会与公众的重要意义，说明了美术博物馆作为公共机构，通过自身的藏品资源、建筑空间与专业知识技术，为区域、国家与国际层面作出了贡献。它们是文化遗产保存推广的参与者，是经济和科技进步的推动者，是国家文化软实力的贡献者，也是维护公民社会繁荣和谐的守护者。正如《圣地亚哥宣言》所说："对我们来说，博物馆是，或应该是社会拥有的准备和完成社会改革的最佳工具。"

（二）公众参与与公共空间：新博物馆学语境下的美术博物馆功能与角色

英国的新博物馆学理论可追溯至 1989 年，博物馆学家彼得·弗格（Peter Vergo）在《新博物馆》（*New Museology*）一书中对新博物馆作出以下定义："新博物馆学是一种对'旧'（old）博物馆、博物馆内部与外部专业普遍而广泛的不满的陈述，……旧博物馆学的疏忽在于太过于重视博物馆的方法（Methods），而忽略了它的目的（Purposes）。博物馆学在过去很少被提及或受到重视……除非彻底地对博物馆在社会中所扮演的角色予以重新检验[②]。"

针对当时英国博物馆的发展现状，弗格所代表的新博物馆学对旧博物馆学提出了怀疑，对传统博物馆的精英体制与机构文化特权提出了反思。新博物馆学批判了英国传统博物馆学重收藏与展示，忽视博物馆作为公共机构的传统。新博物馆学从博物馆的定义、职能、结构、分工等方面重新思考博物馆的机构功能与社会角色。本文作者认为，新博物馆学的理论极大地促进了美术博物馆职能的转变，所涉及的核心问题和贡献包括：

第一，推动博物馆向以公众为中心的社会职能转变。传统博物馆学强调

---

① Museum Matters, National Museum Director's Council, 2015, https://www.nationalmuseums.org.uk/what-we-do/museums-matter/

② Peter Vergo：(ed.) *The New Museology*，London：Reaktin Books，1989.

以藏品为中心展开博物馆工作,新博物馆学学派则以公众为主体,强调美术博物馆的核心功能从藏品保存与展示转向公众参与与社会服务。从旧学派到新学派的转向过程中,英国美术博物馆的职能发生了重大转变。在新博物馆学语境下,美术馆、博物馆不仅是文化遗产的守护者,而且以推动者的角色主动参与社会与公众的直接对话。公众作为机构履职与服务的对象,是美术博物馆运营的核心。强调公众价值,实现社会角色与社会职能的转换是新博物馆学的工作重点。

第二,重视博物馆的空间"公共性"建设。"公共性"是美术博物馆的运营根本。"新博物馆学"视域中的空间是一个无墙的、开放的、多维度的公共空间,其"空间"的概念不仅仅包括建筑的物理空间,还包括馆外活动空间、线上虚拟空间、与公众产生联结的精神空间等,从而共同构成复合型的美术博物馆公共空间。这里有必要对美术博物馆的定义进行说明。目前被应用最广泛的是国际博物馆协会在1974年所作的定义:"不追求营利,为社会和社会发展服务,且向公众开放的永久性机构。它作为研究、教育和欣赏的目的,对人类和人类环境的物质见证进行了搜集、保护、研究、传播与展览[①]。"在现代博物馆转型的时期,美术博物馆不断拓展空间边界,突破建筑空间而向外拓展,联结公众与社区,将对话带入美术馆的公共领域,把建构一个符合典藏、展览、教育、研究等运营功能的公共空间作为首要任务。美术博物馆在致力于自身建设的同时,应主动参与和推进社区的和谐发展,营造辐射周边社区的物质空间和精神空间。它不仅是艺术的传播者,更是艺术生态的营造者与建设者。

第三,推动博物馆机构的公共化。在梳理新博物馆学理论中有关"公众"概念的变化时,公众的价值与对话的平等性引发了关于机构制度的深入讨论,空间与权利在美术博物馆中的关系被重新审视。这其中,对"大众文化"(Mass Culture)的研究与态度转向对博物馆学理论革新产生了重要影响。早期文化研究者包括马修·阿诺德、F.R.利维斯、阿多诺等,坚持精英主义范式,批判资产阶级的大众文化,将其看作是一次性的、通俗的、大批量生产的,并

[①]　Museum Definition, International Council of Museums, 2007, https://icom. museum/en/resources/standards-guidelines/museum-definition/

图1　英国的博物馆公共空间正在进行的行为艺术表演

资料来源：作者拍摄

不具有批判或者抗衡资本主义社会的力量。直到20世纪七八十年代，精英文化与大众文化之间二元对立的关系才得以逐渐消除，由此也赋予博物馆文化新的色彩和理论革新。彼得·弗格在批评旧博物馆学理论时指出：人们视博物馆为绝对权威的时代已经过去。在新博物馆学的视野中，美术博物馆机构应该加强自我反思与批判，建立"物"与"人"新的秩序，通过知识生产、艺术介入、创造对话等多种方式，形成可持续性的公共叙事环境与制度。

图2　英国博物馆内的公共教育项目开展现场

资料来源：作者拍摄

　　英国泰特美术馆群作为英国乃至国际上重要的艺术场所与城市地标,自1897 年首次向公众开放至今,在英国形成三城四馆的馆群模式(泰特英国美术馆、泰特现代美术馆、泰特利物浦美术馆和泰特圣埃夫斯美术馆),拥有藏品 78 000 件。除了其丰富的馆藏资源之外,泰特美术馆将公众放在核心位置,积极践行公共责任和社会责任,将公众教育上升到战略的高度上。泰特美术馆群提出:"泰特促进公众理解英国、现代及当代艺术,倡导每个人的艺术权利。我们的目标是吸引更广泛、更多元化的观众群体,并且致力于提升年轻人、家庭与本地社区的艺术体验①。"围绕此目标,泰特拓宽公众渠道,积极与社区、社会机构等建立合作,鼓励公众参与到美术馆的公共空间。根据泰特 2019—2020 年度年报统计数据显示,它年访客人数达 830 万人次②。位于伦敦的泰特现代美术馆更是被评为英国的三大旅游胜地,成为世界上参观者最多的现代艺术馆,每年为伦敦经济贡献约一亿英镑。本文以泰特美术馆为例,探讨在新博物馆学视域下英国美术博物馆的发展经验,及其对促进上海美术博物馆可持续发展的举措和建议。

图 3　英国泰特现代美术馆内一对父子驻足于当代艺术作品前许久

资料来源:作者拍摄

---

① Tate Aunnal Report 2019/2020,Tate,2019,https://www.tate.org.uk/about-us/tate-reports
② 同上。

二、多重驱动与中介协助：英国美术博物馆的制度环境

（一）自"下"而"上"：间接调控政策作为驱动组织运作的方式

"一臂之距"分权管理原则（the arm's length principle）是英国文化治理的一种重要方式，也是英国政府在文化管理中长期坚持的原则。英国政府通过对文化采取分权式的行政管理体制，以间接管理的方式，借助中介组织对文化机构分配拨款，避免过多行政干预，加强博物馆的独立性。政府部门在与接受拨款的美术博物馆之间，设置了一级作为中介的非政府公共机构，负责提供政策咨询及文化拨款的评估与资金发放；二是通过适度分权，将权力下放，保证政府高效运作的同时，利于检查监督，避免产生腐败。自 20 世纪 80 年代中期以来，英国大部分美术博物馆的日常运营与政策制度的制定直接交由理事会与馆长负责。如泰特美术馆作为非政府部门公共组织（Non-departmental Public Body）运营。该类型组织不属于政府部门，但执行公共事务，以理事会方式管理。理事会作为博物馆的咨询委员会，在博物馆的关键领域拥有决策权，例如人事任命、发展战略、运营计划、投资、收购、合作等。理事会成员则来自各行各业，理事会成员任命一般部分由政府任命，其余由理事会或机构自行任命。馆长由理事会任命，需向理事会作年度计划及定期工作汇报。

英国政府通过具体拨款方式对非政府部门公共组织在政策上加以调控，鼓励机构自创收入，争取社会赞助。政府拨款资金一般只占美术馆收入的30%左右，其余部分由机构自筹。政府资助资金也并非每年固定资助，依据年度评审、跟踪持续评审、五年评审等多种方式进行评估。为确保资助取得效果，英国政府通过第三方机构单位，如艺术委员会，根据具体指标对美术博物馆进行监督和评估。评估指标包括访客人数、展览数量、售票额、筹款数额等。

与此同时，为了保证美术博物馆的业务水准，提高美术博物馆的服务水平，英国政府通过博物馆、图书馆和档案馆委员会（Museums, Library and

Archives Council,简称 MLA)统筹美术博物馆的资源与经费运用,对博物馆机构的藏品管理、公共设施、观众服务等均有公认的基本标准,委员会依据基本标准监督评估博物馆的运营和管理情况。博物馆登记制度为博物馆的拨款机构与赞助机构提供了客观依据和参考,促进博物馆的进一步完善和提升。

(二)由"一"到"多":政府与非政府公共机构协同合作管理的方式

英国政府下放政策制定实施与监管监督的权利,更加依赖网络化的有效治理。英国通过建立从国家到地方的多级文化管理体制,建立跨政府部门的有效协同机制,无垂直行政领导关系。国家层面由数字、文化、媒体和体育部(DCMS)负责文化政策制定与文化经费拨款,对各类中介组织进行监督、指导。美术博物馆由所在的国家遗产部进行专门管理,如泰特美术馆隶属于英国文化、媒体和体育部,是该部门直接资助的二十个美术博物馆之一。第二层级管理机构为地方政府以及非政府公共文化机构,包括英格兰艺术委员会(Arts Council England)、博物馆协会(Museums Association)等由专家学者组成的机构,负责向政府提供政策咨询,协助政府制定并具体实施相关政策。另外,英国政府的文化资助主要通过政府委托非政府公共文化机构(或称准官方机构)来进行,他们负责对各文化艺术单位进行评估和拨款,并对第三层级管理机构提供专业咨询和服务。第三层级管理机构由基层管理机构组成,包括地方各类行业性联合组织、协会等,他们接受拨款,向美术博物馆提供资源网络,协助美术博物馆开展工作。

英国政府既不同于美国不设中央政府文化主管部门,也不同于法国拥有中央文化部门和直属艺术团体,而是通过大力发展专业性的公共文化非营利机构,建立文化事业管理的三级网络体系,以加强协同合作管理。这对中国建设公共文化服务体系,具有良好的借鉴意义。

(三)由"近"及"远":社会参与机制作为推动可持续发展的动力

在提升自身竞争力的同时,美术博物馆同样需要来自社会各界的支持与协助。英国美术博物馆在寻求社会支持以及馆际间的资源共享方面,形成了成熟的机制。以泰特美术馆为例,它的社会参与机制包括个人与非政府公共机构协助、馆际合作、建立机构联盟三个方面:

泰特美术馆获得个人、公共机构、基金会和英国及国际企业所提供的资金支持与资源支持。在非政府机构方面,泰特获得了诸如中东与北非收购委员会、亚太收购委员会等在艺术品收购方面的指导与支持。仅 2019—2020 年度,泰特的收购委员会就获得来自 48 个国家,189 个个人、机构赞助者的资助,共同完成了来自世界各地 121 件艺术作品的收藏工作①。在基金会合作方面,泰特美术馆拥有三个相关联的慈善机构,包括泰特基金会、泰特美洲基金会以及泰特加拿大基金会。这三个慈善机构是互相独立运营且不会影响泰特的运营政策。但它们与泰特美术馆密切合作,帮助泰特美术馆履行其公益使命。其中,泰特基金会于 2006 年作为顾问委员会和会员机构正式启动,以支持泰特美术馆在收购、展览、学习、研究项目方面的资金需求。

在国际层面,泰特美术馆与世界各地的机构建立广泛的国际合作,以共享艺术资源。2019—2020 年度,泰特美术馆发起 14 场国际间合作的馆藏展览项目。如大卫·霍克尼在北京 M Woods 美术馆与韩国首尔美术馆的巡展,吸引了 100 万人次的访客,成为首尔美术馆建馆以来访客最多的展览之一。除了国际间馆际的展览交流项目,泰特也与地区政府合作。2019 年,泰特美术馆与上海陆家嘴集团签署合作文件,推动与上海浦东美术馆的正式馆际合作,泰特美术馆将在三年内为浦东美术馆提供在游客服务、运营、艺术处理和展览管理、观众发展和学习等方面的管理运营经验。同时,泰特美术馆逐步建立自己在亚太区的文化品牌,输出其文化价值观。

在机构联盟方面,英国美术博物馆、画廊、档案馆、高校通过机构间建立长期的战略合作共享机制,借用合作伙伴的资源,优势互补以落实共享体系,有效促进了英国地区美术博物馆与艺术机构的繁荣发展。泰特美术馆与英国多个地区的机构组织建立广泛的合作。其馆际间的资源共享包括藏品资

---

① Tate Aunnal Report 2019/2020, Tate, 2019, https://www.tate.org.uk/about-us/tate-reports

源、人力资源、管理资源与模式等的共享。不仅泰特美术馆乐于建立艺术机构联盟，许多英国美术博物馆致力于建立社会参与的共享机制，使合作双方能够优势互补。

三、专业运作与多元业态：英国美术博物馆的运营特色

（一）独立与合作：以高度专业化分工搭建职能型组织结构

作为目前英国最大的美术博物馆群，泰特美术馆不仅要保持学术和研究的持续性与独立性，同时要通过机构收入实现可持续运营，还要确保分布全国三个城市的分馆馆群能够独立稳定运转。泰特美术馆建立了一个有效的发展机制，包括高度专业化分工的职能组织结构。

泰特美术馆群采取理事会—馆长办公室—部门的三级管理模式（参见图4），馆内下设馆长办公室、艺术品收藏部门、学习研究部门、展览项目部门、国内外事务合作部门、数字技术部门、人力资源部等多个部门。根据1992年英国《博物馆和画廊法》（Museums and Galleries Act 1992），泰特美术馆成立了理事会作为决策机构，美术馆各馆群受理事会统一管理。理事会将泰特的日常运营委托给馆长（见图4），总馆长在理事会要求下负责泰特美术馆各馆群的整体组织、日常运营管理与人员配备。泰特现任馆长由首相批准并由理事会任命。馆长作为泰特的首席会计官，对理事会负责，并全面行使理事会职能。馆长在管理团队（见图4）的协助下，为泰特美术馆群制定发展战略。理事会依据各分馆的定位方向，聘请专家学者作为各分馆执行馆长，另外设有由业内的权威专家、学者、艺术家等组成的学术委员会。每年通过学术委员会讨论和确定各馆展览、教育和研究项目，从而保障馆群的学术独立。

位于管理结构中第二层级的馆长办公室，为馆长、主席与理事会提供支持。其工作内容包括有效地制定、协调和实施其战略，协调治理过程以领导泰特美术馆发展。管理团队是泰特的高级决策小组，它协助馆长确定机构的战略方向。战略、运营和政策问题在提交给馆长负责人团队进行执行或向理事会提交之前，由管理团队先进行讨论考虑。除此之外，总馆泰特英国（Tate

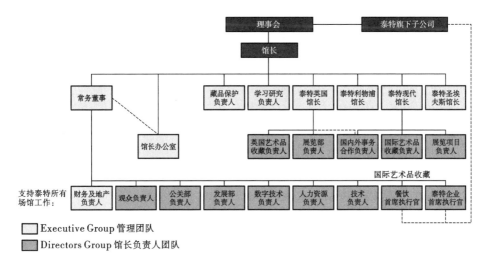

图 4　泰特美术馆内部组织结构

资料来源：作者根据泰特美术馆官网的资料绘制

Britain)与泰特现代美术馆(Tate Modern)负责所有馆群的收藏、展览、对外关系、公共事务等方面工作；泰特英国、泰特现代美术馆、泰特利物浦（Tate Liverpool)、泰特圣艾夫斯（Tate St. Ives)各分馆的财务、观众、公关、技术、餐厅等职能部门统一由常务董事（Managing Director）及馆长办公室（Head of Director's Office)负责监管。

　　总的来说,泰特美术馆的组织架构以高度专业化的分工和三级管理模式,在各职能部门之间形成既相互独立又协同合作的机制,部门职能划分十分明确,有利于保持各馆专业运营和学术独立,为具体项目的实施落地以及日常事务的协调工作,都提供了重要保障。

（二）开发与创新：以创新设计赋能艺术品IP

　　近年来,美术博物馆进入 IP 开发与运营的大发展时期。它们借助 IP 授权建立更宽广、开放的跨界合作,将艺术资源转化成艺术产品,也推动了美术博物馆品牌形象的推广。艺术品 IP 开发是指适应当下文化消费的市场需求,将艺术作品通过创新设计进行二次开发,链接文化艺术与当下生活方式,为艺术爱好者与文化消费者提供艺术、个性、时尚的授权商品和艺术体验。

中国政府自 2015 年颁布《博物馆条例》以来,出台了多个鼓励文博创意产业的政策。2020 年文化和旅游部制定的《关于推动数字文化产业高质量发展的意见》重点指出:培育和塑造一批具有鲜明中国文化特色的原创 IP,加强 IP 开发和转化,支持文化文物单位与融媒体平台、数字文化企业合作,运用数字技术开发馆藏资源,打造一批博物馆、美术馆的数字化展示示范项目①。英国美术博物馆在艺术 IP 开发经验方面提供了以下的经验:

1. 以藏品和展览为基础,以创新设计赋能 IP 开发

以泰特美术馆为例,其主打自主文创产品的开发,合理开展艺术资源授权使用工作,IP 开发为藏品展览开拓增值空间,激发博物馆创新活力。不仅盘活用好泰特馆藏艺术品资源,并且积极通过与艺术家、设计师合作开发符合英国人生活方式的文创周边。泰特美术馆 IP 衍生产品开发是对馆藏经典与展览作品进行"衣食住行"一条龙式的系统开发。从标志性艺术元素的直接提取与"符号直译",再到艺术作品的"意境诠释"与"价值转换",让文创周边产品不再只停留在马克杯、环保袋、笔记本的单一产品的设计售卖,升华消费者的生活品位。在泰特美术馆官网上,设置专门的展览商店(Shop The Exhibitions)板块,并且在每一个展览项目上都附有该展览主题 IP 相关的文创周边商品、图册,对每一件艺术品都可以提供个性化定制的印刷服务等。在线下,泰特现代美术馆不仅在各个楼层设有大型的艺术商店,而且在展览动线的组织上,为每一场展览的尾声部分设置了相应的文创产品展示售卖区域,其产品形式覆盖书籍、服饰、家居、日用品等。这些艺术周边产品纳入艺术家的创作系统,既有精巧的工艺,也有一定的艺术价值。除此之外,"跨界合作"也是泰特美术馆和众多英国博物馆近年来的新尝试。泰特不仅运用藏品经验和展览作品作为 IP 进行衍生开发,而且结合英国特色 IP 文化元素,与泰特馆藏 IP 相结合,打造具有英国文化特色的文创产品。例如正在售卖的

---

① 《文化和旅游部关于推动数字文化产业高质量发展的意见》,中华人民共和国中央人民政府官网,2020 年 11 月 18 日,http://www.gov.cn/zhengce/zhengceku/2020 - 11/27/content_5565316.htm

KANGAN ARORA×TATE 系列,由伦敦本土设计师 Kangan Arora 与泰特美术馆合作,推出联名合作系列,深受消费者喜爱。英国美术博物馆助力优质艺术 IP 开启新市场。通过开发明星藏品资源,与不同品牌、设计师跨界合作,结合各国公众的消费习惯,开发的产品涉及生活各个方面,广泛服务公众。

2. 在机构内设置 IP 开发部门或委托授权平台进行艺术 IP 开发

拥有四个连锁美术馆的泰特,其收入来源的 70% 是自营收入,主要来自展览门票和衍生品开发。该机构重视艺术 IP 的开发经营,设置了专门的泰特 IP 开发部门(Tate's Intellectual Property),负责泰特美术馆的 IP 开发与合作洽谈事宜。由于一些美术博物馆对文创开发较为陌生,或机构规模较小,在著作授权、整合设计、生产制作、营销传播方面往往力不从心。因此,它们选择与平台化的授权运营机构合作,构建更广泛的 IP 合作空间和更便捷的对外输出方式。委托授权平台逐渐成为一种美术博物馆开发 IP 的主流方式,如英国大英博物馆、国家美术馆、维多利亚和阿尔伯特博物馆授权中国的品源文华公司负责文化艺术 IP 授权和运营,授权品类涵盖文具、家居、健康与美容、快消品、时尚与 3C 数码等,取得了显著的成绩。如大英博物馆自 2016 年开始,正式授权品源文华公司作为独家授权与运营商,深耕博物馆零售、授权以及实景娱乐(LBE)等领域。该公司针对中国消费者习惯,在主流电商(包括天猫、淘宝、京东、网易严选等)平台上均开设博物馆线上商店,而且将博物馆丰富的内容带进线下商业空间,打造沉浸式的观览购物空间。如大英博物馆联手品源文华在深圳平安中心打造的云端体验馆,提供六大文明主题五十余件馆藏作品的复制品和丰富的文创商品以供选购,以沉浸式的展览购物空间吸引了大批观众前来"打卡"。这使得它可以通过创新设计使艺术之美回归大众生活。

(三)共生与共创:以公众为导向引领知识生产与视觉实践

早期的欧洲美术博物馆,将保存与展示精英文化与高雅艺术作为唯一性职能,尊崇"权威性教化"的教育形态,以便在智识、文化和政治上来建构公民对国家和民族的认同感。而新博物馆学的核心理念是"以人为本",强调从

"权威教化"到"学习体验"转变，从"单向、被动、灌输"逐步过渡到"互动、参与、探究"的共生与共创方式。新博物馆学思潮下的艺术，被重新定义为"教育大多数人"的途径，而不再是"满足少数人好奇心"的工具。

泰特现代美术馆高度重视以公众为导向的知识生产与视觉实践，鼓励公众参与美术馆空间和项目中。首先，它从观众角度构建展览模式，取代传统编年体式的线性陈列，和以各个艺术运动、流派为主的展览方式，以主题方式将馆藏资源分为四个类别进行展出。这四个类别包括：风景、物质、环境（Lnadscape/Matter/Environment）；静物、物体、现实生活（Still Life/Object/Real Life）；历史、记忆、社会（History/Memory/Society）；裸体、动作、身体（Nude/Action/Body）。泰特的线上数字展厅也将藏品数字资源进行主题性的艺术品分类展示（Art By Theme），包括动物与艺术（Animals and Art）；亚洲艺术（Asia and Art）；天气与艺术（Weather and Art）等多个主题。这种打破传统编年体式的分类方式，让观众可以选择自己感兴趣的主题进行体验，以此激发观众的自主性，增强展览体验的趣味性和娱乐性。泰特现代美术馆现任馆长弗朗西斯·莫里斯（Frances Morris）指出，"我们不仅要讲述故事，提供自己的答案，还要提出问题，无论是研究人员还是普通观众都是如此[1]。"泰特把运用"提问式引导"作为一种引导观众参与艺术的有效方式，在展厅入口处为观众提供精心设计的问题清单，引导观众在观展过程中进行主动思考。这些问题包括：

- 您对这件作品的第一印象是什么？
- 这件作品是什么材料做的？
- 艺术家为什么选择这类材料进行艺术创作？
- 您认为艺术家通过该件作品想要表达什么？

通过观展前的问题导入，引导观众对艺术家、时代、风格、色彩、线条、材料等多方面发问。这种提问引导可以引导观众从传统宏观叙事中解放出来，

---

[1] 《伦敦"泰特现代"馆长：泰特如何华丽变身，把所有权交给公众》，澎湃新闻，2018 年 5 月 12 日，https://www.thepaper.cn/newsDetail_forward_2124120

让观众从被动的灌输模式转换到主动探寻的学习模式,获得艺术参与和艺术教育的乐趣。除此之外,泰特谈话(Tate Talk)、工作坊、身着"问我"(Ask Me)工作服的志愿者等,共同形成美术馆知识传播的支持体系,帮助公众欣赏艺术,以满足公众的多元诉求。

其次,泰特现代美术馆充分发挥建筑空间"涡轮大厅"(Turbine Hall)的作用。该大厅既是泰特现代美术馆的入口,是集雕塑装置艺术展示、行为艺术表演、观众互动为一体的公共复合型空间,也是现当代艺术最著名的场所之一。这里是一年一度"涡轮计划"(Turbine Hall Commissions)的举办地。"涡轮计划"是泰特现代美术馆首创的超大型特展项目,美术馆每年委任一位当代艺术家或艺术团体,针对涡轮大厅的特质进行在地艺术表演和互动项目创作。它的每次展览时间持续半年以上,例如路易斯·布尔乔亚(Louise Bourgeois)的"我做、我取消、我重做"(I Do,I Undo,I Redo),奥拉维尔·埃利亚松(Olafur Eliasson)的"天气计划",瑞秋.维德烈(Rachel Whiteread)的"堤岸"(Embankment)大型雕塑装置都是为"涡轮计划"专门创作的,吸引了大量观众到访。这些装置互动艺术作品,将涡轮大厅的空间纳入了艺术作品之中,而观众也成为作品的一部分(见图5)。这个巨大的展厅不仅是艺术作品的展览陈列场所,也成

图5 泰特现代美术馆涡轮大厅展出的奥拉维尔·埃利亚松"天气计划"

资料来源:泰特美术馆官网

为作品的有机组成部分。可见艺术教育的"民主化"与"多元化"诉求并不意味着体验的"单一化"与"世俗化"。只有当美术博物馆真正成为公共性的空间,将开放的建筑环境与展览教育机制相结合,它的"公共性"才能得以实现。

图6 涡轮大厅作为行为艺术表演的空间

资料来源：泰特美术馆 2019—2020 年度报告

（四）艺术与科技：以数字技术驱动展览体验与虚拟空间营造

随着数字化时代的到来，英国美术博物馆依托数字技术和社交媒体平台，实现艺术与科技的深度融合。包括在新冠疫情大流行期间，持续拓展美术馆的物理空间，丰富各国观众参与美术博物馆的体验方式。仅泰特官方网站就有超过 2 000 万人的点击量，其社交媒体平台（Instagram，Facebook和 Twitter）浏览量超 5.5 亿。它在疫情期间的用户数据增长了百分之二十。仅在 Instagram 这一社交媒体上，泰特就获得 180 个国家 350 万用户的关注。

一方面，推动艺术与科技融合，以数字技术驱动展览体验。2017 年，泰特现代美术馆举办了意大利表现主义派艺术家莫迪利亚尼（Amedeo Modigliani）作品展览。该展览不仅展出莫迪利亚尼的肖像画及雕塑，而且通过 VR 技术实现的虚拟现实，让观众进入 20 世纪初期的巴黎城市空间，亲身体验艺术家身处的时代背景。这是它建馆以来首次使用沉浸式虚拟现实方式进行策展。尽管泰特拥有数字技术部，但泰特仍然与 Preloaded 和 HTC Vive 进行合作，获得强大的技术支持。策展人在展区设置了可容纳

9—10 人的空间,配置了 9 台 VR 设备。这种虚拟现实体验为观众提供了全新的视角,甚至还原了艺术家当时作画的场景、绘画材料、手稿等。透过 VR 互动技术能够移动虚拟画室中的每个物品,甚至能看到画室窗外的街景,而这些场景都在史料考证的基础上用数字技术精心还原,让观众更加真切地体会艺术家莫迪利亚尼在 20 世纪初巴黎的生活与创作,从而吸引了比传统实物艺术展更多的参观者。

图 7　泰特通过 VR 技术还原艺术家莫迪利亚尼画室的场景

资料来源：Preloaded 官网

另一方面,从 2012 年起,泰特现代美术馆发起行为艺术演播厅项目(Performance Room),创建线上的虚拟展厅。这也是首次由美术馆开创的委托艺术家专门为网络空间创作的行为艺术,并进行直播分享。截至目前,它与 40 位艺术家和 11 家艺术机构进行了合作。用户可通过视频平台观看行为艺术的网络直播。全世界超过 16 万观众实时观看泰特的艺术直播,覆盖全球 90 个国家。许多观众甚至在观看直播前从未到访过泰特美术馆。通过科技赋能艺术创作与艺术传播,泰特现代美术馆得以通过数字技术营造虚拟展览空间。在疫情防控的背景下,各国的文博机构正面临巨大的挑战。泰特现代美术馆的经验证明：美术博物馆通过互联网与社交媒体以增加沟通渠道,加强公众参与,扩大艺术的影响力,已经成为一种前景广阔的潮流。

四、促进上海美术博物馆可持续发展的举措建议

党的第十九届五中全会提出了我国到 2035 年建成文化强国的远景目标。文博机构作为公共文化服务和文创产业的重要组成部分，已成为提升城市软实力的重要内容。近十年来，上海的美术博物馆在数量和质量上获得了空前的增长，可以进一步借鉴和吸取新博物馆学视域下的英国美术博物馆发展经验，包括泰特美术博物馆的有益成果：

（一）政策引领：优化服务能力，推动"专业化"机构的合作协助

上海要借鉴国际经验，通过体制改革和政策引领，培育优良的艺术生态。这包括在政府主导下，设置多级管理体制，建立跨政府部门的公共机构协同机制，优化非政府公共机构的服务能力，完善文化艺术服务体系，为发展美术博物馆注入更大活力。在优化非政府公共机构的服务能力、鼓励社会广泛参与的同时，可以通过协同合作管理的方式，提升文化艺术资源的供应水平与整体质量。

（二）社区共创：增强社会福祉，打造"参与型"博物馆的公众共享

上海要全面提高美术博物馆的建设水平与服务质量，需要进一步扩大公众参与度，实现形式丰富多样的文化供给。正如前文所述，新博物馆学视域下的博物馆以公众为运营的核心目标，强调关注观众、关注社会与社区问题。2013 年英国博物馆协会明确将"参与"列入"博物馆改变生活"（Museums Change Lives）未来展望的十大行动之一[①]。2018 年，上海市文旅局发布《上海市博物馆品牌建设三年行动计划（2018—2020 年）》，明确提出以推进上海市现代博物馆体系建设为抓手，增强博物馆文化的辐射力、影响力，逐步建立

---

① Museums Change Lives, Museums Association, 2020 - 06, https://www.museumsassociation.org/app/uploads/2020/06/28032017-museums-change-lives-9.pdf

惠及全民的博物馆公共文化服务体系。而从实践层面看,以社区为单位的公共文化艺术设施和公共服务仍有很大的提升空间,美术博物馆与广大公众之间仍然存在着许多距离。一方面上海可以借鉴泰特等英国美术馆的经验,突出"以人为本",积极探索公众的兴趣和关注点,满足公众文化需求,在展览项目与公共教育项目中注重互动体验,寓教于乐,增进公众艺术参与;另一方面更加关注社区,在服务主题与形式上贴近群众的公共生活,鼓励公众参与艺术创作与艺术公教项目。同时,加强美术博物馆与院校、团体、机构的合作,更好地实现它们与公众的沟通交流。

(三) 数字参与:塑造多元体验,营造"沉浸式"展览的叙事哲学

上海要结合城市的数字化转型,鼓励美术博物馆开发数字化、多元化的体验场景。国家"十四五"规划针对文物工作两次提到"博物馆数字化"[①],包括在"提升公共文化服务水平"中明确提出"推进公共图书馆、文化馆、美术馆、博物馆等公共文化场馆免费开放和数字化发展";在"专栏9数字化应用场景"的重大工程项目中,明确提到"推动景区、博物馆等发展线上数字化体验产品,建设景区监测设施和大数据平台,发展沉浸式体验、虚拟展厅、高清直播等新型文旅服务。"2021年,上海市颁发了《上海市促进城市数字化转型的若干政策措施》,强调要实现"整体性转变、全方位赋能、革命性重塑"的更高转型要求[②]。上海的美术博物馆要依托这一有利条件,充分发挥地区竞争优势,利用数字化资源、智能化技术,探索包括展览项目、公共文化项目在内的数字化参与,拓展艺术传播的方式与质量。

所谓"沉浸式"(immersive)体验是指在由设计者所营造的目标情境中,观众产生愉悦感、满足感,而忘记了真实世界的具体情境与现实。泰特美术馆等许多国际著名美术馆博物馆所采用的沉浸式体验,是一种艺术化场景对观

---

① 《中华人民共和国国民经济和社会发展第十四个五年规划和2035年远景目标纲要》,中华人民共和国中央人民政府官网,2021年3月23日,http://www.gov.cn/xinwen/2021−03/13/content_5592681.htm?

② 《〈上海市促进城市数字化转型的若干政策措施〉正式生效》,《解放日报》,2021年9月2日。

众的深度浸染，也让观众成为场景中不可或缺的部分。它们致力于通过展览叙事的创新，增强或改变观众对现实世界和日常生活的感知，以创造观众的高峰体验。这些新型的数字化展览项目可充分利用全息投影、AR、VR 等科技手段，通过场景营造，结合听觉、嗅觉、触觉等调动观者的五感共鸣，实现设计思维和叙事哲学的创新，拓展艺术品的展示传播方式。上海的美术博物馆可以因地制宜，吸取借鉴这些有益的经验，不断提升数字化时代的策展和服务水平。

（四）辐射国际：布局全球战略，构建"走出去"开放共享的传播模式

上海可以积极探索建立海外馆群与展览输出，借鉴国际上大型美术博物馆普遍采用的方法，进一步推广美术博物馆的文化品牌。近年来，中英两国在美术博物馆和艺术机构领域也展开了一系列合作，如共同打造深圳 V & A 博物馆海外展馆、浦东美术馆等艺术合作平台。上海和英国的美术博物馆也积极开展了一系列馆际间合作项目，包括大英博物馆与上海博物馆开展人才交流培养计划；泰特美术馆与上海当代艺术博物馆、上海外滩美术馆以及华侨城当代艺术中心馆群举办博物馆对话沙龙等，都取得了良好的效果。上海在推动美术博物馆高质量建设的过程中，应该进一步加强与国外各大美术博物馆的合作，借鉴泰特美术博物馆等机构的有益经验，构建多样化的海外馆群模式。上海要贯彻长三角地区高质量一体化发展的国家战略，以长三角地区文博机构的合作为先导，建立与"一带一路"沿线国家博物馆合作交流的长效机制，也推动上海的精品展览项目走出国门，为建设人类命运共同体做出更大贡献。

澳大利亚创意经济与人才培养[①]

王 熠[②] 王 青[③]

摘 要 近年来,创意经济在世界范围内迅速发展,为许多发达国家和新兴经济体带来了经济增长的动力,推动了产业升级和就业,创造了转型发展的机遇。澳大利亚作为西方发达国家之一,最早提出把创意产业作为国家战略,并经历了多次文化政策的演变。经过多年的努力,澳大利亚注重产学研的紧密合作,逐渐形成了一套比较成熟的创意经济人才培养体系。本文旨在探讨澳大利亚在创意产业领域的高等教育现状,为我国文化创意产业的人才培养提供有益的启示与借鉴。

关键词 澳大利亚 创意经济 高等教育 人才培养

一、澳大利亚创意经济发展概况

(一)从文化政策到创意国度

在澳大利亚的历史发展进程中,这个"骑在羊背上的国家"先是拥有了发达的农业和养殖业、规模化的矿产业,以后又逐步形成了现代服务业。第二次世界大战后,千千万万的欧洲与中东等地移民来到澳大利亚,投身于战后兴盛起来的制造业,澳大利亚经济在20世纪50年代以后得到了飞速发展。从英国殖民领地发展为多元化的文化创意国家,澳大利亚政府的文化政策起

---

① 基金项目:中宣部文化名家暨"四个一批"人才课题"全球竞合背景下我国数字创意产业的战略与路径"。
② 王熠,昆士兰科技大学创意产业学院博士生,从事文化创意产业研究。
③ 王青,科廷大学及深圳大学联合培养博士生,从事文化创意产业研究。

着关键的推动作用。20 世纪 90 年代,澳大利亚联邦政府开始积极关注信息技术与文化媒体的融合发展潜力,成为第一个将文化产业政策列入经济发展战略的国家。1994 年澳大利亚联邦政府颁布了重要文件《创意国家》(Creative Nation),强调"文化创造财富、增加附加价值。文化为创新、市场营销和设计作出巨大贡献。……文化本身就是有价值的出口商品,也是其他出口商品的重要附加价值。文化可以吸引游客和学生,是澳大利亚的经济成功发展的重要因素"。[①] 该政策推动了澳大利亚创意经济发展,促进了经济结构转型和产业变革升级。

进入 21 世纪之后,澳大利亚联邦政府积极采取措施,不断深化一系列文化政策,于 2005 年发布了第一个数字内容产业的报告《解锁潜力:数字内容产业行动纲领》(Unlocking the Potential:Digital Content Industry Action Agenda),旨在发展具有国际竞争力的数字内容产业。随后,该联邦政府相继发布了《构建创意创新经济》(Building a Creative Innovation Economy)《进取的澳大利亚:建设创新实力》(Venturous Australia-Building Strength in Innovation),以及《赋能创意:21 世纪创新发展日程》(Powering Ideas:An Innovation Agenda For the 21st Century),对国家创新体制和发展战略政策进行了进一步的评估与规划。2011 年该联邦政府发布了《21 世纪澳大利亚创意产业发展战略》(Creative Industries,A Strategy for 21st Century),明确了创意经济和数字内容在未来全球市场中的发展潜力。2013 年,澳大利亚工党执政政府发布了《创意澳大利亚》(Creative Australia),总结并肯定了过去创意产业对经济发展的积极作用;同时联邦政府提出将文化政策、科技变革与高等教育紧密结合,鼓励相关文化艺术领域的卓越创新,得到了学界、业界以及各州政府的支持。[②]

过去的二十多年里,澳洲政府一直在不断调整政策框架,这些文化政策

---

① Department of Communication and the Arts, *Creative Nation*:*Commonwealth Cultural Policy*. *Canberra*:*Ausinfo*,(1994):7.

② 参见澳大利亚国会官网:https://www.aph.gov.au/About _ Parliament/Parliamentary _ Departments/Parliamentary _ Library/FlagPost/2013/April/Creative _ Australia _ _ National _ Cultural_Policy_2013(访问日期:2021 年 8 月 23 日)

的制定将创意产业纳入了广泛的社会发展之中。和大多发达经济体一样，澳大利亚的第三产业在国民经济发展中的主导地位日益增强，但是澳大利亚仍然依赖自然资源来创造大部分的出口收入。[1] 创意经济的主张比文化政策所能容纳的范围更广泛，促进了数字经济的发展和新兴技术的变革。近年来，数字内容、设计服务和信息技术蓬勃发展，越来越多的澳洲大学设置了创意产业相关的课程与专业，并与产业紧密结合。州政府也积极响应澳洲联邦政府的创意经济政策，将更多的资源投入到创意产业的发展过程中。

(二) 澳大利亚创意经济发展现状

澳大利亚拥有丰富多元的创意艺术和产业，从世界一流的电影、视觉和表演艺术到出版和游戏产业。根据澳大利亚和新西兰标准产业分类代码，文化创意产业包含了设计、时尚、音乐制作、博物馆、图书馆、艺术教育、文化遗产、表演艺术、视觉艺术、文学出版、数字媒体、电影电视和其他文化产品等 12 个领域。在 2016—2017 年，文化创意产业的 12 个领域一共贡献了 910 亿美元，如图 1 所示，设计产业（占比 49.8%）达到 GDP 总量的 2.5%，是对澳大利亚经济贡献最大的文化创意领域；其次是时尚（占比 16.6%，为 GDP 的 0.8%），数字媒体和广播电影（占比 11.3%，为 GDP 的 0.6%）[2]。从 2008 年到现在，几乎所有文化产业相关领域的 GVA（Gross Value Added 的缩写，即毛附加价值）都呈上升趋势，只有文学和印刷媒体随着时间的推移出现了下降。

据《澳大利亚的文化创意经济：21 世纪指南》报告显示，2016 年创意经济从业人员（包括涉及创意行业领域的其他行业创意人员）总数为 868 098 人，占澳大利亚劳动力总数的 8.1%。其中，文化创意产业从业人员 645 303 人，

---

[1] Creative Industries Innovation Centre，*Valuing Australia's Creative Industries*，2013.

[2] Australian Academy of the Humanities，*Australia's cultural and creative economy：A 21st Century Guide*，2020.

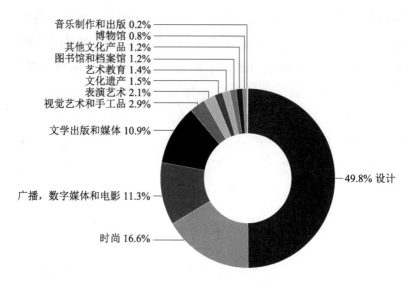

音乐制作和出版 0.2%
博物馆 0.8%
其他文化产品 1.2%
图书馆和档案馆 1.2%
艺术教育 1.4%
文化遗产 1.5%
表演艺术 2.1%
视觉艺术和手工品 2.9%
文学出版和媒体 10.9%
广播，数字媒体和电影 11.3%
时尚 16.6%
49.8% 设计

图 1　文化创意领域的 GVA 比重①

占劳动力总数的 6%。在这些行业中,艺术和娱乐产业的劳动力为193 600人(占劳动力总数的 1.8%)。其中,创意和表演艺术的劳动力为33 035 人(占劳动力总数的 0.3%)。② 与其他产业相比,文化创意产业在总产值、增加值和就业率等方面相比其他产业的溢出效应更高。澳大利亚通过对艺术、文化、技术、创意和不同类型资本的政策支持,对区域经济发展产生了广泛的影响。

二、澳大利亚创意产业的人才培养

澳大利亚在确立发展创意产业之基本国策的前提下,把人才培养作为发展创意产业的核心要素。经过多年的发展,澳大利亚建立了包括职业教育(VET)和高等教育(higher education)在内的创意产业人才培养体系。在具体介绍澳大利亚创意产业人才培养之前,有必要介绍澳大利亚的教育体系,即

---

① Australian Academy of the Humanities,*Australia's cultural and creative economy*:*A 21st Century Guide*,(2020):37.

② 同上,8.

澳大利亚学历资格框架(Australian Qualifications Framework，AQF)，以便我们能更好地理解澳大利亚培养创意产业人才的途径。澳大利亚学历资格框架是澳大利亚全国性的学习途径系统，分成 3 大领域：Schools——中小学，Vocational Education and Training(VET)——职业教育，Higher Education——高等教育(中澳教育体系对照理解，见表 1)。AQF 共有 10 个等级(见表 2)，学生在 AQF 认证的学校或课程中就读，完成学业任务并通过考核后，获得的学历即被澳大利亚各州或领地认可。

表 1　中澳学历体制对照

等级	澳洲		中国	
Pre-school	Pre-school		学前班	
School	Primary；Year 1—6		小学 1—6 年级	
	Junior；Year 7—10		初中 7—9 年级	
	Senior；Year 11 & 12		高中 10—12 年级	
Certificate	证书 1 级 证书 2 级 证书 3 级 证书 4 级		专科	
Diploma（分技能类-TAFE 和高等教育类-国际大一文凭）	Diploma 文凭			
	Advanced Diploma 高级文凭			
Bachelor	Associate Degree 副学士学位		本科	
	Bachelor Degree 本科学位			
	Honor Degree 荣誉本科学位			
Master	Graduate Certificate 研究生证书		专业型硕士	学术型硕士
	Graduate Diploma 研究生文凭			
	Master Degree by Coursework 授课型硕士学位	Master Degree by Research 研究型硕士学位		
Doctor	Doctor 博士		博士	

表 2 澳大利亚学历资格框架 Australian Qualifications Framework①

AQF 等级	资质类型	资质描述
Level 10	博士学位 Doctoral Degree	博士学位的主要目的是培养在一个或多个调查、学术或专业实践领域内,应用大量知识进行研究、调查和开发新知识的个人。
Level 9	硕士学位 Master Degree	硕士学位(研究)的目的,是使个人有资格应用先进的知识体系进行研究,并作为进一步学习的途径。
Level 8	荣誉学士学位 Bachelor Honours Degree 毕业课程 Graduate Certificate 毕业文凭课程 Graduate Diploma	获得学士学位之后,可以进一步地取得毕业生证书或文凭,这将使人进一步获得某一领域的专业知识。
Level 7	学士学位 Bachelor Degree	学士学位培养拥有广泛的技术和理论知识的人,并有能力将这些知识应用到不同的环境中。
Level 6	高级文凭课程 Advanced Diploma 副学士学位 Associate Degree	高级文凭和副学士学位培养具有专业知识的高技能工人。
Level 5	文凭课程 Diploma	文凭使人对某一特定领域的知识有更深入的了解,从而能在一定条件下工作。
Level 4	四级证书课程 Certificate IV	四级证书的内容主要是事实和技术,较少强调理论知识。它旨在培养具有更广泛专业知识的熟练工人。
Level 3	三级证书课程 Certificate III	三级证书所教授的知识不像四级证书那么深入,毕业生将具备一定的理论、实践知识和技能。他们将有能力完成日常任务、程序和偶尔不可预测的问题。
Level 2	二级证书课程 Certificate II	二级证书提供了完成大部分日常工作的知识和技能。毕业生将拥有特定主题的明确知识。
Level 1	一级证书课程 Certificate I	一级证书是给个人正式的资格证书,毕业生具有基本的功能知识(和技能),能从事工作、进一步学习或社区参与。

---

① 参见：https://www.aqf.edu.au/(访问日期：2021 年 8 月 23 日)

（一）澳大利亚创意产业人才培养：职业教育

重视学生"实践性"和"操作性"的职业教育为澳大利亚创意产业输送了大批产业实践人才。TAFE(Technical and Further Education)泛指职业教育的培训和办学单位，是澳大利亚一种独特的职业教育培训体系，其历史超过100 年。它是澳大利亚国家职业教育与培训（Vocational Education and Training，VET)的主要提供者，相当于中国高等职业教育层次。TAFE 由澳大利亚联邦政府和各个州政府共同投资兴建并进行管理，其中州政府承担75%的办学费用，联邦政府承担 25%的办学费用。学生毕业后实现 100%就业，是 TAFE 学院的教育理念和最终目标。① TAFE 课程面向不同年龄、不同行业的人群，入学门槛比较低。其以 1—2 年的证书和文凭课程为主，也有几周、几个月到半年不等的短期培训课程，学制短，学费也相对低廉（2020 年的标准为国际学生每学期6 240 澳币）。其所提供的课程主要根据当地的就业需求开设，因此大部分课程都是紧缺职业，学校的课程将理论与实践相结合，特别强调实践性和操作性，教学可通过现场课堂和网络授课等多种方式进行。

依托 TAFE 提供创意产业课程，是澳大利亚培养创意人才的途径之一。本文以西澳州为例，介绍澳大利亚 TAFE 院校提供的创意产业课程的发展情况。进入西澳州培训及劳动力发展部（Government of Western Australia Department of Training and Workforce Development)的官方网站，即可看到西澳州五所 TAFE 院校的详细信息。② 五所 TAFE 院校提供的创意产业的课程包括：时尚、花艺、平面设计、媒体、音乐、摄影、产品设计和视觉艺术。以时尚专业为例，西澳州的 TAFE 共提供 4 类与时尚有关的课程（见表3）。其中包括两学期制的"应用时尚设计和销售"四级证书课程（Certificate Ⅳ in

---

① 叶冠群、陈利权：《澳大利亚 TAFE 人才培养模式的经验与体会》[J]，课程教育研究，2014（19）：2.

② 参见西澳州培训及劳动力发展部官网：https://www.fulltimecourses.tafe.wa.edu.au/ 其中，5 所 TAFE 院校按照区域划分：包括中区 TAFE、北区 TAFE、南区 TAFE、北部都会区 TAFE 以及南部都会区 TAFE。（访问日期：2021 年 8 月 8 日）

Applied Fashion Design and Merchandising)。入读本专业的学生,将学习以下课程:时尚设计和色彩原理;时尚预测;技术时尚制图;纤维和纺织品调查和采购;可持续发展和道德生产;时尚设计的数字化技术;制版和分级以及专业服装制作,如定制衬衫和牛仔夹克。TAFE 也提供了学生未来就业方向的信息。例如,本专业学生毕业后,可寻求设计工作室助理、贸易制图技师、初级 CAD 操作员、面料及采购师、助理制版师和分级师、成衣整理师、生产机械师、规格技术师、调度员和质量控制员等工作。

表3　西澳大利亚州 TAFE 时尚课程一览表

序号	课程名称	资质类型	课程时长
1	应用时尚设计和销售	四级证书课程	2 学期
2	应用时尚设计和销售	文凭课程	2 学期
3	应用时尚设计和销售(时尚产业方向)	文凭课程	2 学期
4	设计原理(时尚和纺织品设计方向)	三级证书课程	1 学期

(二)澳大利亚创意人才培养:高等教育

在澳大利亚创意产业人才培养体系中,高等教育占有重要地位。澳大利亚艺术创意产业的高等教育享誉国际。它传承了英国创意产业高等教育课程的内容,又适应了澳大利亚发展创意产业的基本国策,突出了专业化、国际化和跨学科的特点。创意产业的高等教育起源于英国伦敦的大学机构,伦敦大学、金史密斯学院和伦敦国王学院等机构在 2000 年率先开设了创意产业相关课程。随后,格拉斯哥大学和利兹大学等机构也开设了大量相关课程。在加拿大,瑞尔森大学于 2013 年在其传播与信息学院设立了一个创意产业学院。创意产业学科设置上显示了跨学科的特点,涉及商科管理、艺术人文,社会科学、文化研究、环境科学、城市研究、地理学等领域。其次,创意产业课程及相关研究领域广泛,如艺术管理、文化产业、文化政策、文化经济学等。

澳大利亚联邦政府在 1994 年发布了"创意国家"文化政策后,创意产业作为一种文化政策和学术话语在澳大利亚已经确立。^① 在澳大利亚,创意产业课程由昆士兰科技大学率先开设,是世界上第一个成立创意产业学院的高校。与此同时,昆士兰科技大学创意产业和创新卓越研究中心(The ARC Centre of Excellence for Creative Industries and Innovation)是澳大利亚研究理事会在艺术和人文领域创建的第一个研究中心,在 2005 年到 2013 年得到了资助(Cunningham,2015)。^② 悉尼科技大学于 2009 年在"企业连接"计划下创建了创意产业创新中心,该中心一直运营到 2013 年澳大利亚政府换届。

自 2015 年以来,澳大利亚提供创意产业高等教育的学校越来越多。现在有 6 所澳大利亚大学提供本科水平的创意产业学位(查尔斯特大学、格里菲斯大学、纽卡斯尔大学、昆士兰科技大学、阳光海岸大学和西悉尼大学),还有 4 所大学提供研究生水平的课程(麦考瑞大学、莫纳什大学、昆士兰科技大学和西悉尼大学)。悉尼科技大学提供创意创新学士学位课程,卧龙岗大学、南澳大利亚大学、纽卡斯尔大学、阳光海岸大学和查尔斯特大学也相继设置了创意产业学院。塔斯马尼亚大学将创意产业置于其研究的核心,以创造力、文化和社会作为其 5 个核心研究主题之一,旨在发展一个促进跨学科研究合作的创意交流研究所。与此同时,塔斯马尼亚大学在霍巴特市中心建立了一个新的创意产业和表演艺术学院。如表 4 所示,澳大利亚 40 所公立大学中现在有十多所高校提供本科或研究生创意产业课程。

表 4　澳大利亚创意产业课程设置^③

学校	课程设置	相关专业设置(部分)	创建时间
查尔斯特大学	创意产业本科	视觉传达;材料与空间实践;创意写作;制作和表演;土著人文化、历史和当代现实;创意创新;创意产业伦理与法律等。	2019

① Bakhshi H., Flew T. "Nesta and the evolving creative industries policy agenda in the UK and Australia". *Journal of Creative Industries and Cultural Studies-JOCIS*,(2018):84—103.

② Cunningham S. "You're hot, then you're cold: Creative industries policy making in Australia." Creative Business in Australia: Learnings from the Creative Industries Innovation Centre, 2009 to 2015,159—174.

③ Bakhshi H., Flew T. "Nesta and the evolving creative industries policy agenda in the UK and Australia". *Journal of Creative Industries and Cultural Studies-JOCIS*,(2018):84—103.

续表

学校	课程设置	相关专业设置(部分)	创建时间
格里菲斯大学	创意产业本科	创意实践与艺术商业;创意艺术和企业家思维;创意经济;市场营销;创意艺术的领导力和伦理道德等。	2016
麦考瑞大学	创意产业硕士	创意企业家精神;数字媒体战略;创意产业等。	2016
莫纳什大学	文化创意产业硕士	文化和创意产业;文化经济;创意城市;文化经济和可持续发展等。	2016
昆士兰科技大学	创意产业本科,创意产业硕士,创意产业博士	创意未来;创意企业工作室;创意企业和企业家精神等。	2004
纽卡斯尔大学	创意产业本科	创意产业入门;什么是创意;创意协作;创意产业管理等。	2018
南澳大利亚大学	文学本科(创意产业系)	数字媒体;现代艺术;电影电视;表演;游戏设计制作;动漫和视觉特效等。	2019
阳光海岸大学	创意产业本科	创意广告;创意写作;戏剧;平面设计;3D设计;数字媒体;市场营销;音乐;游戏设计等。	2019
悉尼科技大学	创意智能和创新本科	与以下领域相结合：商科;通信;设计;法律;管理;工程等。	2016
西悉尼大学	创意产业本科,创意产业硕士	融合媒体研究;媒体艺术和制作;移动媒体;创新和企业家精神。	2016

在新型冠状病毒肺炎疫情出现之前,高等教育是澳大利亚最大的服务出口产业之一。大批来自世界各地的留学生进入澳大利亚,显示了国际学生来澳洲进行文化艺术和创意产业等领域深造的需求稳步增长。有数据显示,澳大利亚高等教育系统中20.5%的国际学生学习文化创意相关课程,对澳大利亚每年的经济贡献约为57.4亿澳元。如图2所示,文化创意从业者中约11.57%拥有传播和媒体研究的学位,其次是建筑、平面设计、信息技术、市场影响、计算机科学等方向,1.11%的从业人员在创意艺术大类的职业中拥有学位。2018年,在澳大利亚学习创意课程的国际学生自2013年以来几乎翻了一番,年平均增长率为11.9%。相比之下,国内学生的增长率仅为2.2%。这

表明越来越多的国际学生选择在澳大利亚学习创意课程。①

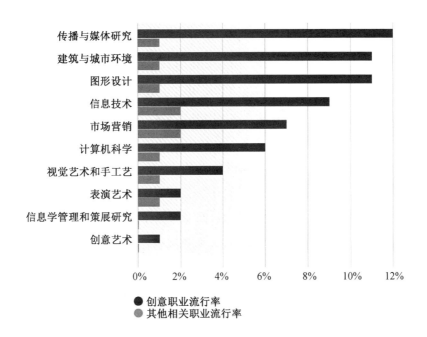

图 2　澳大利亚文化创意专业从业人员所学专业占比②

三、澳大利亚创意产业高等教育与产业的合作

澳大利亚在创意产业建立起了相对完整的从本科到博士的专业课程设置和人才培养体系。高等教育注重于产学研合作，提升了高等教育在实施创意产业政策中的地位和作用，有助于提高高校师生的产业实践能力。本节重点分析南澳大利亚大学、莫纳什大学、昆士兰科技大学开展创意产业教育及与产业合作情况。

①　Australian Academy of the Humanities，*Australia's cultural and creative economy*：*A* 21*st Century Guide*，（2020）：100.

②　Australian Academy of the Humanities，*Australia's cultural and creative economy*：*A* 21*st Century Guide*，（2020）：100.

(一)南澳大利亚大学

南澳大利亚大学创意产业学士是澳大利亚与产业联系最紧密的学位之一,其与产业建立了密切的合作关系。学校与企业一起完成 12 门产业课程的教学和实习任务,让学生从入学之初起便可以了解到创意产业动态,通过"第一产业主修和第二产业主修"或者"一主修 + 两辅修"的方式完成三年的本科学习,从而顺利地进入创意产业工作或者是建立创意产业初创企业。① 第一产业主修课程详见表 5。第二产业主修课程包括:文化研究、设计研究、英语文学、活动管理、创新与创业、新闻学、市场营销、体育管理和旅游管理。辅修课程包括:土著研究、动画和视觉特效、商业与法律、传播与媒体、当代艺术研究、文化研究、数字媒体、电影与电视、人力资源管理、创新与创业、新闻学、法律、管理学和社交媒体。

表 5 南澳大利亚大学 12 门产业课程与相关合作企业概览

序号	产业课程名称	合作企业	课程主要内容
1	动画与视觉特效	Rising Sun Picture	3D 建模、动画、角色设计、故事叙事等
2	漫画书创作	Writers SA	口头、文本和视觉形式的叙事技巧
3	传播与媒介	政府创新和技能部	社交媒体、公共关系与专业写作等
4	现代艺术研究	Guildhouse	了解陶瓷、玻璃、珠宝、新媒体等艺术
5	创意写作与文学	Writers SA	小说、诗歌、非虚构、自传等写作形式
6	数字媒体	Solstice Media	图形和网页设计、视频和音频制作等
7	节庆	Festivals Adelaide	节庆预算设计、节目编排、管理软件等
8	电影电视	Channel 44	纪录片、实验作品等从概念化到后期制作

① 详见:https://study.unisa.edu.au/degrees/bachelor-of-creative-industries(访问日期:2021 年 8 月 23 日)

序号	产业课程名称	合作企业	课程主要内容
9	游戏设计与生产	Mighty Kingdom	游戏开发、界面设计、用户体验等内容
10	表演艺术		用最新的数字技术,制作现场音乐和戏剧等
11	荧屏研究	Adelaide Film Festival	全球电影和媒体的不同创作环境
12	社交媒体	KOJO	管理社交媒体数据,优化相关指标等

南澳大利亚大学创意产业学士学位课程多由学校和产业部门合作完成教学任务。以"游戏设计与生产"课程为例,Mighty Kingdom 这家公司由一群热爱游戏并且想要改变游戏制作方式的梦想家于 2011 年创建,目前位于阿德莱德。通过为乐高、迪士尼等娱乐巨头开发游戏,Mighty Kingdom 逐渐走向了国际市场,其产品的每月活跃玩家数达到 700 万。它们在技术和产品创新方面表现出色,并于 2019 年获得澳大利亚游戏开发工作室奖。南澳大利亚大学与 Mighty Kingdom 合作,提供南澳首个前端游戏设计和开发课程。其课程侧重于游戏的设计和艺术方面,安排学生学习和开发电脑生成图像、编写故事、开发角色以及制作和管理游戏产品等。这一理论和实践结合的课程将为学生开启充满活力的职业生涯。

(二)莫纳什大学

莫纳什大学文化创意产业硕士课程主要针对如下学生群体:独立艺术人,从事文化政策、治理和社区发展的工作人员,以及致力于将文化经济置于历史背景中,并分析其当代实践影响的人。学生可根据自身的条件,选择 1 年(48 学分)、1.5 年(72 学分)或者是 2 年(96 学分)的课程学习,学费为每标准学年 48 学分收费 2.42 万澳币。与此同时,学校提供多种奖学金,符合条件的学生可以自由申请。该课程的学习包括四大模块:原理学习(principle study)、应用学习(applied study)、专业提高(professional enhancement)和专业学习(specialist study),具体课程信息见表 6。在原理学习模块学生将学习基础知识和技能;在应用学习模块中,学生将分流学习实践知识和科研知识;莫纳什大学与产业企业一同开发企业提高课程,提升学生的就业竞争力;在专业学习模块中,学生有多样的课程选择,不仅可以选择前三大模块中的课程,还有诸如城市文化之类的课程可供选择。①

表 6　莫纳什大学文化创意产业硕士课程学习模块

模块	内容
原理学习 (48 学分)	核心课程:创意城市(12 学分)、文化创意产业(12 学分)
	可选课程:文化政策(6 学分)、文化活动、展览和节庆(6 学分)、可持续文化发展(6 学分)、文化经济实践(6 学分)
应用学习 (12 学分)	以下课程任选其一即可获得 12 学分: 专业实习、上海城市实验室、文化产业创意创业、研究发展组合、研究项目、高级模拟
专业提高 (12 学分)	以下课程任选一至两门,其中除专业提高 B 为 12 学分,其余均为 6 学分: 设计研究、多元文化团队管理、跨文化环境领导力、学术和专业讲演技能、专业提高 A、专业提高 B
专业学习 (30 学分)	以下课程须选五门,可选原理学习、应用学习、专业提高等模块的其他课程 无学分:城市文化、数字文化、文化市场和受众、传媒和艺术实践、公共政策和文化变革 24 学分:可从原理学习或专业学习模块中选择 研究通路:研究论文 A(6 学分)、研究论文 B(12 学分)

其中值得一提的是,莫纳什大学期望学生通过本课程的学习,可以将理论与实践相结合,同时形成良好的国际视野,因而在课程设计的过程中,建立了多样的合作网络。如莫纳什大学与 Renew Newcastle and Renew Australia、墨尔本文化政策代表、深耕土著群体的文化顾问等澳大利亚本土机构和个人建立了合作关系。如 2013 年,莫纳什大学举办了"重新思考文化经济"的学术

① 详见莫纳什大学官网:https://www.monash.edu/study/courses/find-a-course/2022/cultural-and-creative-industries-a6004♯overview-1(访问日期:2021 年 8 月 23 日)

研讨会,不仅邀请了著名的文化产业教授 David Hesmondhalgh 做主题演讲,也邀请了来自 Renew Australia 的 Marcus Westbury 做主题发言,分享该机构以文化产业促进城市更新的实践。① 同时,莫纳什大学也与上海同济大学等机构合作,让学生通过应用学习模块中的"上海城市实验室"单元到上海市进行专业考察,了解上海城市文化和创意产业实践。

(三)昆士兰科技大学

作为第一家开设创意产业学院的高校,昆士兰科技大学(QUT)在文化产业研究领域具有举足轻重的地位。它成立了 ARC 创新产业和创新卓越中心,引领着澳大利亚创意产业高等教育的发展,并在这个领域成为全国性的领导者。② 该创意产业学院位于布里斯班 Kelvin Grove 校区,该社区与昆士兰州政府汇集了住宅、教育、零售、健康、娱乐等商业机会,创造了一个充满活力以及富有创造力的创意社区,旨在连接业界发展、教育研究、创新创业以及文化展览等活动。该社区为教师、学生以及创意产业从业者提供了最先进的配套设施,如广播新闻编辑室、在线印刷制作技术、互动展览空间、生产布景搭建,也为道具制作、绘图制图、时尚设计、动漫动画、虚拟现实、交互设计、影视后期制作等专业提供了配套的工作室和相关设备。

2002 年创意产业学院推出了一系列本科和硕士的创意产业课程,美术学士学位主要是为艺术从业者设计的,其特点是密集的工作室和基于项目的产业实践;创意产业学士学位为跨学科专业提供了紧密结合的灵活性,研究多达四个不同的创意产业领域:如新闻学学士、音乐学学士、设计学学士、戏剧学学士等。学院推出了包括艺术、商业、教育、健康、人文、信息技术和法律等

---

① Rethinking the cultural economy, Monash University, 2013 年 11 月 20 日, https://www.monash.edu/news/articles/rethinking-the-cultural-economy

② Hartley J., Keane M., Cunningham S. *The Queensland Model: Connecting Business Enterprise, Education, R & D, Cultural Production, Education, R & D and Exhibition in a Creative Precinct. In H. Huilin, Z. Xiaoming, & Z. Jiangang* (Eds.), Blue Book of China's Culture: Report on Development of China's Cultural Industry, Social Sciences Academic Press, (2007):358—368.

专业的双学位课程设置（表7）。本科课程主要包含了创意实践、设计、传播等三个领域的分类，如表8所示。研究生课程项目包括研究生证书和研究生文凭课程，鼓励与业界协作和跨学科研究，在学生、学者、行业专家和赞助商之间建立创新的伙伴关系。与此同时，实践主导的硕士或者博士研究，旨在促进艺术实践研究人员做出原创性的作品。

表7 昆士兰科技大学创意产业双学位设置①

创意产业双学位专业课程
新闻学学士/商学学士（广告、国际商务、公共关系）
新闻学学士/法学学士
创意产业学士（媒体与传播）/商业学士（广告、国际商务、公共关系）
创意产业学士（媒体与传播）/法学学士
创意产业学士（舞蹈）/教育学士（中学）
创意产业学士（戏剧）/教育学士（中学）
音乐学士/教育学士（中学）
创意产业学士（视觉艺术）/教育学士（中学）
创意产业学士（传播设计）/信息技术学士
创意产业学士（创意写作）/法学学士
创意产业学士（舞蹈）/教育学士（中学）
创意产业学士（戏剧）/教育学士（中学）
音乐学士/教育学士（中学）
创意产业学士（视觉艺术）/教育学士（中学）
创意产业学士（舞蹈）/教育学士（中学）
创意产业学士（戏剧）/教育学士（中学）
创意产业学士（视觉艺术）/教育学士（中学）
创意产业学士/信息技术学士
商业学士/创意产业学士
商业学士/美术学士（时装）
商业学士/新闻学学士文学学士/创意产业学士
创意产业学士/人类服务学士 2007
创意产业学士（媒体与传播）/健康科学学士（营养）
创意产业学士（媒体与传播）/健康科学学士（公共健康）

---

① 资料来源：QUT Creative Industries Undergraduate Guide 2021，p.1，参见：https://cms.qut. edu.au/__data/assets/pdf_file/0010/257752/24503-CREATIVE-INDUSTRIES-UG-2021-F3-Web-Spreads.pdf

表8 昆士兰科技大学创意产业本科课程设置①

创意产业	创意实践	传媒	设计
创意和专业写作	表演	广告和公共关系	建筑设计
戏剧和演出	创意写作	数字媒体	时尚设计
娱乐产业	舞蹈	娱乐产业	工业设计
时尚管理	戏剧	新闻传播	交互设计
视觉交互设计	电影和新媒体	商业传播	室内设计
媒体和传播	音乐		景观设计
音乐制作	后期制作		
影视制作	视觉艺术		
	动漫		

除此之外,昆士兰科技大学也提供了创意产业的博士课程,学生通过3—4年的时间,在老师的指导下学习高级信息检索技巧并完成博士论文。昆士兰科技大学注重培养富有自信心、能够进行原创性知识开发、开展高质量创新研究的优秀毕业生。学校鼓励博士生积极参与研讨会、工作坊和学术会议,激发大胆的创新概念和实践。除此之外,昆士兰科技大学创意产业学院的研究员积极参与跨界研究,与校内来自卫生、科学与工程、教育、商业和信息技术领域的同事合作,并与校外社区、产业界、教育界和政府的机构人员建立了良好的合作伙伴关系。就博士课程而言,其优势研究方向集中于以下几方面:数字媒体、传播与文化,表演艺术与数字艺术创新,以及可持续设计与创新设计。该课程近期毕业的博士生论文内容涉及"减少家庭食物浪费的移动交互设计方法""理解当代肢体喜剧中的性别""从 Twitter 中识别自然灾害应急服务的相关信息""建立一种新的戏剧发展形式的概念和实践基础""中国合拍电影和软实力竞争"等,可见其博士生研究内容具有实践性、跨界性、国际性等特点。

自昆士兰科技大学成立该校区以来,激发了教职工、学生和创意从业者的产学研合作兴趣。创意产业学院和澳大利亚及国际知名企业和政府合作,每年为学生提供超过 750 个实习岗位,实习单位包括享誉全球的宝马公司、W

① 资料来源:QUT Creative Industries Undergraduate Guide 2021,p.1,参见:https://cms.qut.edu.au/__data/assets/pdf_file/0010/257752/24503-CREATIVE-INDUSTRIES-UG-2021-f3-Web-Spreads.pdf

酒店、昆士兰艺术馆等。通过专业实习,学生提前获得了宝贵的实践经验,成为有竞争力的职场佼佼者。以昆士兰科技大学 Creative Enterprise Australia 为例,这是澳大利亚第一个针对创意产业领域的商业发展孵化机构,促进学校与企业的深入交流与合作,学生也可以更方便地进行实战经验积累并参与到企业的运行和管理。该孵化器定期举办创业讲座以及创业比赛,邀请学校老师、业界有经验的从业者为孵化器的初创项目进行评估,并对学生创业过程进行辅导。除此之外,学校设置了专门与业界对接的产业合作办公室,为老师和学生提供咨询服务,对有商业化价值的研究项目进行评估,并与当地企业紧密联系与合作。

四、对我国创意产业人才培养的启发

(一) 促进职业教育发展,多层次培养创意产业人才

2000 年 10 月,“文化产业”概念正式在我国官方文件中出现。2001 年 10 月,我国文化部制定并颁布了《文化产业发展第十个五年计划纲要》,全面总结和分析了我国文化产业发展的总体发展状况。2019 年,全国文化及相关产业增加值为 44 363 亿元,占 GDP 的比重为 4.5%。[1] 随着文化产业的发展,我国对文化产业人才的需求量增大。我国文化产业领域需要的人才可以划分为:政府部门和行使政府职能的文化产业规划和管理人才;从事文化产业项目开发、项目经营、资本运作、内部管理方面的文化产业经营人才;从事各类文化产业经纪活动的代理公司从业人员和自由职业的文化产业中介人才;从事会展、旅游、体育、演艺、娱乐、印刷、出版等方面的内容创意人才;以及从事面向社区、面向基层、面向群众开展文化普及、宣传、组织活动群众性文化活动人才。[2]

---

[1] 受新型冠状病毒肺炎疫情影响,本文选取 2019 年文化及相关产业发展数据,参见:《2019 年全国文化及相关产业增加值占 GDP 比重为 4.5%》,国家统计局官网,2021 年 1 月 5 日,http://www.stats.gov.cn/tjsj/zxfb/202101/t20210105_1812052.html

[2] 黄春平:《中国文化产业人才发展报告》[J],中国传媒报告,2008(3):87—99.

通过上述对澳大利亚创意产业人才培养体系的分析,我们可以看出,职业教育和高等教育在创意产业人才培养之中承担了不同的角色,向社会输送了不同层次的人才。我国由于历史原因,在 20 世纪 90 年代后期,率先允许一部分高等教育学校开设与文化产业相关的课程,拉开了我国文化产业专业学科建设的大幕。根据中国经济网的数据,截至 2019 年,我国开设文化产业管理专业的本科院校已达 199 所,我国高校文化产业人才培养已从最初的本科教育逐步转向"高职高专——本科——研究生"的人才培养结构。[①] 但是,我国文化产业职业教育起步晚,且因各级政府的决策和教育投入往往偏向于高等教育,对文化产业职业教育的投入稍显不足。

各地的职业院校因地制宜地发展特色文化产业学科。如深圳职业技术学院,紧密结合市场需求和人才培养规律,于 2003 年建立了动画系,2005 年组建动画学院,2015 年更名为"数字创意与动画学院"。它下设影视动画、数字媒体艺术设计、影视制作和游戏设计与制作四个专业。在未来文创产业的发展进程中,我国应更为重视高职高专院校培养文化产业人才的途径,多层次地培养文化产业实践人才。

(二) 与业界保持紧密合作,注重实践教学

教育部公布的《2019 年度普通高等学校本科专业备案和审批结果的通知》中,文化及相关产业专业被列入了教育部"就业率较低本科专业名单"。[②] 这或许与文化产业范围太广、时效性强、学科建设仍在进行中等原因有关。在学科建设发展的过程之中,高校要加强与企业合作,破解高校和企业由于信息不对称造成的人才供给不平衡问题,以人才培养引领产业发展,以产业发展推动学科建设。这或许可以为我国高校提供文化产业人才培养问题的解决方案。

---

① 《文化产业人才培养的"披荆斩棘"》,搜狐网中国经济网文化产业频道,2020 年 7 月 10 日,https://www.sohu.com/a/406834217_160257
② 《教育部关于公布 2019 年度普通高等学校本科专业备案和审批结果的通知》,中华人民共和国教育部官网,2020 年 2 月 25 日,http://www.moe.gov.cn/srcsite/A08/moe_1034/s4930/202003/t20200303_426853.html

从上述澳大利亚高等教育的经验来看,高校与产业界加强合作,存在如下几种路径:部分师资力量具有文化产业从业背景,具备相关技术运用和动手实践能力;高校和企业合作共建专业学科,企业专业人士以授课、讲座等形式定期到高校交流,或者以共同完成科研项目的形式巩固合作;企业为高校学生提供实习岗位。基于笔者2019年对南方某市创意产业小微企业的调研,发现高校与小微企业的合作存在阻碍。一小微企业的负责人表示"我研究的这个问题是很接地气的问题,不一定是能够在学界发得出论文的。"这就容易造成高校与企业的合作流产。这一现象,与我国高校对教师业绩考核评价指标有关。高校中一些不合理的考核制度使教师重科研、轻教学,重学术、轻应用。而这恰恰不符合日新月异的文化产业发展实践。我国应当在高校产学研用方面多摸索,打通高校与产业界密切合作的渠道。

(三)开拓文化产业海内外合作,逐渐形成人才培养新模式

文化和旅游部发布的《"十四五"文化产业发展规划》中明确,要立足国内大循环,发挥比较优势,协同推进国内文化产业发展和国际合作,以国内大循环吸引全球文化资源要素,充分利用国内国际两个市场两种资源,以讲好中国故事为着力点,坚持经贸往来和人文交流协同推进、高水平"走出去"和高质量"引进来"并重,构筑互利共赢的文化产业合作体系,培育新形势下文化产业参与国际合作竞争的新优势。随着我国出现了一批具有国际竞争力的企业和一批海外用户喜爱的产品,在文化产业人才培养当中,也应当重视国际合作、多渠道开拓人才培养的模式。

针对青年学者的U40培训项目是我国文化产业人才培养模式"引进来"和"走出去"结合的典范。澳大利亚昆士兰大学首创了针对文化和传播领域40岁以下的青年学者的培训项目U40。在中国社会科学院文化研究中心与云南大学文化发展研究院的联合发起之下,第一届U40于2013年在云南大学举办,并逐步在文化研究界形成了高知名度的学术交流品牌。自2017年开始,U40扬帆出海,在澳洲举办暑期U40。暑期U40由澳大利亚科廷大学和腾讯社会研究中心联合举办,科廷大学文化与科技中心(Centre for Culture and Technology，CCAT)和科廷大学媒介、创意艺术与社会研究学院(School of Media，Creative Arts and Social Inquiry，MCASI)支持的数字中国实验室(Digital China Lab)承办。与云南大学 U40 相同的是，每一届科廷大学 U40 工作坊的主题(详见表9)，都站在了实践和理论的交叉处，努力为研究文化产业规律做出贡献，为海内外文化产业的学者提供了交流的舞台。中国高校在培养文化产业人才的过程中，可以借鉴上述 U40 等项目合作经验，整合国内外的高品质教育和产业资源，开展更有效的国际合作模式。

表 9　历年澳大利亚暑期 U40 主题

年份	主题
2017 年	主题是"知识的文化：创意经济与中国"，包含四个子主题："社会技术""用户群体""文化知识"和"数字创意"
2018 年	"社会技术、用户群体、文化知识"
2019 年	主题是"数字化生存"，包含四个子主题："青少年与游戏""数字化设计""智慧社区与城市"以及"数字化与弱势群体(老年人、残障人士)"
2020 年 (因疫情取消)	主题是"代表过去，展望未来"，包含四个子主题："文化旅游""创意技术与创新""数字文化遗产"以及"高科技企业案例"

本文通过分析澳大利亚创意产业人才培养体系和创意产业领域高等教育发展情况，指出我国可以借鉴国际经验，注重产学研合作，多层次地培养文化创意产业人才，同时加强海内外合作，以提高我国文创人才的素养，丰富文创人才的供给，激发文创产业的活力。

全球视野下的文化管理课程类型概观

郑　洁①

摘　要　文化管理课程为当下之热门专业,本文探索该学科在西方的起源,并勾勒出从"艺术推广"到"艺术管理/行政",再到"文化管理"的学科建立以及嬗变的历程。其中,20世纪60年代艺术管理课程的出现,乃因应当时公共及非牟利文化组织对专门人才的需求,标志了艺术管理学科的成立,以及艺术管理专业的正式形成。从"艺术管理/行政"向"文化管理"的转变出现在90年代:随着文化及创意产业的兴起,以及对城市文化政策的关注,"艺术"的范畴扩大到"文化","管理"包容了"行政"。这一学科演变历程令世界各国在文化管理课程的设计中,出现不同的侧重点及课程结构。本文基于搜集到的全球发达国家及地区760个文化管理课程的资讯,将其归纳为7种类型,并对四大洲以及9个发达国家的课程类型做了统计及分析。本研究显示,传统的"艺术管理/行政"课程仍为文化管理教育的主流,美国艺术管理教育者协会建立了严谨的课程标准,形成针对艺术组织管理的系统性教学。欧洲及亚洲多国近年来则积极回应创意产业发展的趋势,以创意产业课程占据较大比重。

关键词　艺术管理　文化管理　课程和教育　创意产业　全球发达国家

近二十年来,文化一词备受推崇,"文化经济""文化产业""文化设施""文化城市"等词时常见诸报端,凭文化以强国,因文化而自信,为一时风尚。在

---

①　郑洁,美国芝加哥文化城市研究所执行主任,香港中文大学亚太研究所荣誉研究员。本文得到花建研究员的修改意见,谨表谢忱。

以文化为本,带动发展的呼声中,文化管理课程悄然进入人们的视野,如雨后春笋,次第成立,负笈学子,则趋之若鹜。然而,何谓"文化管理"? 文化管理的学科渊源及发展历程如何? 放眼全球,文化管理课程有哪些类型? 各主要发达国家的课程可有差异? 本文基于一个历时 3 年,致力于研究全球发达国家及地区文化管理课程的项目,及此后出版的著作《世界文化管理与教育》(上下卷)(郑洁,2019),撰写而成,以期为读者展示文化管理学科发展及类型构成的全球宏观画面。

一、文化管理学科及其课程类型概述

追溯文化管理学科的渊源与发展历程,有助于我们理解课程分类。本节追踪溯源,结合文化管理学科的历史,探索该学科的构成。

(一) 文化管理的学科缘起及基本范畴

文化管理学科经历了一个从"艺术推广"到"艺术管理",再到"文化管理"的学科形成及发展的过程。人类的任何工作都离不开管理,艺术活动亦然,辅助艺术创作和宣传的管理工作,古已有之,例如,组织歌唱比赛、小型展览、联欢会等,其中涉及的规划、统筹、联系、宣传、筹款等活动,便是艺术活动的管理工作。这类管理工作可分成两个部分:一是通过获取经济、场地及其他物质条件,支持艺术家的活动;二是协助艺术家沟通观众,借此实现艺术作品的社会及经济价值。这些活跃于民间市场以及协助官方行政的非系统的艺术管理活动,其实由来已久。

进入 20 世纪,被视作政治、社会变革结果的艺术机构(art institution)的出现,成为一个重要的转折点。所谓机构,是指组织和确立人类活动以及服务人类需求的社会组织。机构通常规模庞大、组织结构复杂,分工细致,管理专业,且由社会成员的关系及具体的地点决定其存在。不同的机构往往具有特定的行为模式特征、价值观、信仰以及物资设备。艺术机构的目的是向艺术家提供持续的支持和认可,以支持艺术事业的传承和发展。其中,表演艺术往往是国家资助艺术系统中的一个重要组成部分，而驻场经理及其他艺术行政人员管理的工作成为经营表演艺术机构的必需。这一肇端长期影响了专业领域对于"艺术管理"或"艺术行政"学科的理解，即"艺术管理"是一项政府意志主导的国家文化工程，管理公共及非牟利的艺术（文化）组织，以达到艺术政策所指向的目的，而不是简单地培养为艺术家服务、周旋于艺术家与市场之间的中介人士或组织。所谓非牟利艺术（文化）组织的一般形式是非牟利团体、协会或基金会，它们以推动和发展多种视觉和表演艺术类别为组织目标，如电影、雕塑、舞蹈、绘画、多媒体创作、诗歌与表演艺术等。20 世纪 70 年代公共及非牟利的艺术组织和艺术机构的数量剧增，著名的公立博物馆及剧院更是成为国家及城市的文化地标，导致对文化组织专业管理的要求也同步提升。20 世纪 70 年代后期，公共非牟利文化组织对管理人才有了新的需求。美国权威组织艺术行政教育者协会（Association of Arts Administration Educators，简称 AAAE）指出艺术管理/艺术行政关注的最根本的问题是"创造、生产、传播和管理创意表达。尽管艺术组织的日常经营活动看起来只属于管理学的范畴，如系统控制、资源配置和引导，但组织运营背后有着更宏大的目标，即鼓励艺术表达，来繁荣公共及私人组织。无论是牟利还是非牟利的艺术组织，艺术管理者必须将艺术放在工作的核心。"（2012，p.25）

艺术管理进入高等教育层面，率先出现于 20 世纪 60 年代的美国。根据 Sherburne Laughlin 2017 年的考证，1965 年加州大学洛杉矶分校（UCLA）的艺术行政硕士课程（工商管理学位）是第一个艺术管理课程。根据 Derrick Chong 2000 年和 2002 年的研究，哈佛大学（Harvard University）于 1966 年在商学院设立了艺术管理研究中心，该中心与畅销期刊《哈佛商业评论》在将管理学确立为艺术管理的学科基础方面，发挥了重要作用。该校暑期学校艺术管理课程创立于 20 世纪 70 年代，持续运营到 80 年代初。同在 1966 年，耶鲁大学（Yale University）和佛罗里达州大学（Florida State University）设立研究生艺术管理教育课程（Dubois，2016；Paquette & Redaelli，2015）。由于 UCLA 的课程数年后夭折，耶鲁大学一般被认为是第一所正式开设艺术管理专业的大学,该课程设于艺术系,授艺术硕士学位。① 20 世纪 60 年代末,类似课程也出现在其他国家的大学中,比如 1967 年英国伦敦大学城市学院(City, University of London,当时的名称是伦敦城市大学),1968 年俄罗斯圣彼得堡戏剧艺术学院(St. Petersburg Theatre Arts Academy in Russia),1969 年加拿大约克大学(York University in Canada)、威斯康星大学麦迪逊分校(University of Wisconsin-Madison),1971 年纽约大学(New York University)、印第安纳大学(Indiana University)、卓克索大学(Drexel University),1973 年伊利诺伊大学斯普林菲尔德分校(University of Illinois at Springfield)与 1974 年美国大学(American University),先后设立艺术管理或其相关课程(Evrard & Colbert,2000;Dewey,2005)。根据 Martin,Dan J. 和 J. Dennis Rich 1988 年的研究,进入 1970 年代,美国娱乐事业的明显增长以及老一辈非学院派艺人的退出,令艺术管理人才的正规训练供不应求。及后,对艺术人才的要求更不止于爱好音乐、舞蹈或电影,而是通过优质的培训,使之成为有经验的行政人员,在不同文化机构担当重要的管理职务。

1966 至 1980 年,艺术管理课程发展缓慢。但在随后的三十多年中,即 1980 年至今,却发展迅速。1980 年,大学层次的艺术管理教育项目多达 30 个(绝大多数在北美和欧洲)。1983 年,加拿大艺术教育协会(CAAAE)成立,并在班夫文化中心举办了一次会议,该会议由加拿大议会赞助,共有 33 个可提供或有意提供艺术管理课程的机构参与(Paquette & Redaelli,2015)。1990 年,这一数量迅速增加到 100 个左右。90 年代末,在美国及加拿大,研究院学位课程有些聚焦于艺术娱乐管理,有些则偏重于舞台、视觉艺术或国家及社区艺术组织管理。1999 年,全球总共约有 400 个艺术管理项目(Evrard & Colbert,2000;Dewey,2004),其中包括为在职管理人员开设的短期职业培训,以及本科及研究生层次的学位课程(Dewey,2005)。本研究项目统计截止到 2018 年 3 月,共录得发达国家及地区文化管理课程 760 个。

20 世纪 90 年代出现了从"艺术管理(行政)"向"文化管理"的转变(图 1),

---

① Sherburne Laughlin 指出：耶鲁大学所设立的课程为剧院和表演艺术管理。

图1 从"艺术管理"到"文化管理"的内涵拓展

资料来源：作者根据 Dewey(2005)整合而成

其初露端倪在 20 世纪 80 年代。Matarasso 和 Landry 质疑文化管理作为一门学科或专业,应当狭窄地仅限于艺术范畴,还是应当包括 Raymond Williams 所说的文化乃生活的全部。Dewey(2004a,2005)提出艺术管理教育面对外部环境变化,出现了艺术系统的扩大、全球化的趋势、文化政策的兴起、筹资模式的改变等趋势,并建议教育系统顺应这一趋势,应建立系统能力培养体系。这些分析与主张与另外一股学术潮流,即对文化及创意产业,以及文化政策的提倡和研究暗合,从而促使"艺术管理"向"文化管理"转型。因"创意产业"与"文化政策及发展"议题的加入,"艺术管理"学科的版图扩大,学科的性质也相应地发生了变化,形成了今天中国(包括中国香港、中国澳门和中国台湾地区)所认识的"文化管理"学科。Constance Devereaux 认为"文化管理"指一系列与文化组织的管理有关的实践及活动,以期完成各种目的,包括生产、传播、展示、教育等。笔者认为,AAAE(2012)对"艺术管理"的定义,基本上适用于"文化管理",因为该定义已将学科范畴从艺术扩大到文化及创意生产,并且囊括了牟利及非牟利文化组织。基于该组织的定义,"文化管理"的本质是关注创造、生产、传播和管理创意作品或创意表达,即文化管理者始终将创意作品的创作和生产放在他们工作的核心。尽管日常的艺术组织活动聚焦于管理,以实现支持创意生产的目的,但组织更宏大的目标是鼓励艺术表达和体验(无论哪一种艺术形式),以繁荣私人和公共界别(包括商业、非牟利和志愿)的利益。然而,这一定义亦有欠缺之处:未将文化空间纳入学科范畴。此外,学术界关于文化管理是否已成为一门正式的学科,也尚有争议。Constance Devereaux 认为文化管理是一个存疑的领域,而非独立的学科。也有部分学者认为文化管理尚未形成或达到以研究论文界定的学科(Paquette & Redaelli,2015)。与之相反,Varela(2013)则认为虽然文化管理与其他学科有不少相似之处,但差异仍然存在,并认为文化管理已经成为一门正式学科。

(二) 文化管理课程的主要类型

对于文化管理课程的分类,现有的英文文献中有以下两个尝试。其一,Brkić(2009)对文化管理课程的类型,做了四个划分,包括:

(1) 直接从商业管理课程拷贝而来的艺术管理教育;

(2) 聚焦于技术过程的艺术作品创作;

(3) 联系文化管理和文化政策的教育;

(4) 聚焦于创业的文化管理教育。

其二,美国艺术管理教育工作者协会(AAAE)注意到美国艺术管理课程多元:从牟利和非牟利组织的角度看,部分聚焦于牟利的文化及创意产业,部分为非牟利的艺术组织,部分为公共服务和公共政策;而另一些则综合上述之全部。从学科的综合度的角度看,不少课程聚焦于特定的界别,例如表演艺术管理或者视觉艺术管理;而另一些则是综合视觉艺术管理与表演艺术管理两个界别,或者折中取法。

笔者从自身的教育经验出发,研究全球文化管理课程的课程焦点、结构和教学方法,将本文所录课程分成七类。其中,Brkić(2009)所提的第一类是笔者框架中的第五类"人文与商业管理";Brkić(2009)的第二类是笔者的第四类"艺术实践与创意";Brkić(2009)的第三类是本章框架中的第七类"文化政策以及文化空间";Brkić(2009)的第四类是笔者框架中的第六类"创意产业管理"。第六类"创意产业管理"所教授的内容应反映创意产业的特点,如培育创业、创意管理、新技术的应用、创意团队的组建等能力。同时,笔者注意到不少课程其实并不成体系,以文科为主,并松散地和商科组合。第五类

"人文与商业管理"将人文学科与商科训练并列,艺术管理的学科焦点和学科之间的融合有欠明晰。修读的最终效果类似于文科双学位。第一类亦是组织松散的文化管理课程,选择文科数门,再围绕文化管理议题开设社会学科目数门,同时配以管理科目数门,便形成了课程。这七种类型的具体描述如表1。

表1　文化管理课程类型设计及其描述

类型序列	文化管理教育课程类型	描述
第一类	泛文化议题与管理	较为松散的文化管理课程设计,多见于人文学系,或是人文学系和商系或管理学系的联合教学模式中。文科的科目可广泛涉及艺术、历史、中文、英文、人类学、文化研究等,由学生自由选科。泛文化议题的科目讲述文化政策形成的历史、社会及政治过程及其影响、艺术推广以及艺术市场、社区为基础的文化发展,以及创意产业。另外,课程还提供少数工商管理学科的基本训练,如管理学基础论、市场营销等。课程设计未能围绕艺术/文化管理(或创意产业),展开能力培训。
第二类	艺术管理(行政)	围绕艺术管理的核心能力设计的训练课程,核心课程通常包括"领导力""商业管理能力""筹资能力""广告写作""市场营销"。核心能力培训以外的选修课大都针对艺术的专门领域,或者创意产业的特定行业,培养学生的职业专长,并开阔其眼界。
第三类	创意产业影响下的艺术管理	课程将创意产业的影响纳入艺术管理课程设计中,课程设计体现艺术系统扩大、全球化、筹款方式改变、文化政策兴起等因素的影响。此外,科技、市场经济、全球化等议题亦出现在此类艺术管理课程中,体现构建系统性能力培训体系的意图。
第四类	艺术实践与创意	注重艺术或创意产业实践及创作/生产训练的课程,例如,艺术创作及实践训练,教会学生如何表演、演奏、设计及制作艺术或媒体作品。
第五类	人文与商业管理	课程设计将人文学科和商业管理的训练并列,以双视角或双学位的形式出现,以期学生获得文化和商科双重视野,并通过自我消化,将两者融合。

类型序列	文化管理教育课程类型	描述
第六类	创意产业管理	聚焦于创意产业的文化管理课程,包括创意组织核心管理能力培训、分类别的创意培训、偏重实践的训练课程等。
第七类	文化政策以及文化空间	以文化政策为主的培训课程,部分内容涉及文化规划、创意城市或创意地方/空间营造等。

这里试举数例,补充说明以上分类中的第一类和第二类。伦敦大学城市学院(City, University of London)的文化及创意产业本科课程属于第一种类型:结合传统泛文化议题与管理学科。其中,"文化政策的环境""文化及创意产业""艺术和大众文化""文化生产与创意技术""全球化与文化创意产业"等皆为文科科目,学生可获得关于文化管理的历史及社会背景的较为宽广的知识面,但真正塑造培养文化管理能力的课程,则较为缺乏。鹿特丹伊拉斯姆斯大学(Erasmus University)的文化经济与创业硕士课程亦属此类,但有其特殊性。该课程展示了一个独特的文化经济的视野,而文化管理(诠释为管理非牟利文化组织)只是这个视野中的一部分。在文化经济的主题下,管理的核心能力或专业的操作能力,不再是重点;课程通过理论棱镜,帮助学生去解读文化经济,或者透过文化经济去诠释文化组织;课程的方向是文化经济研究,旨在为学生构建扎实的学科背景知识。教学的方法则是阅读和讨论文化经济的文献,并采用批判性的眼光去审视经济学在这个领域中的应用。文化经济研究亦是课程的组成部分。通过该课程,学生可掌握研究的标准,设计并执行自己的研究项目。具体科目有:"文化经济理论""文化组织""创新和文化产业""文化经济的应用"①"文化创业""文化经济和创业的研究工作坊""创意和经济"②"设计、时装和建筑的经济",以及"艺术市

---

① "文化经济的应用"一科将文化经济视角延伸到文化和创意产业。议题范围广泛,涉及艺术市场和艺术品价格、表演艺术的需求、艺术家的劳动力市场、文化经济和城市发展、文化产业集聚区,以及创意经济等内容。

② "创意和经济"一科讲述创意在创意学科中未来的角色,特别指出艺术融资是一个主要的挑战。

场的理论与实践"①等。课程内容涉及文化经济的方方面面,讨论具深度。

亚洲部分地区的课程,比较倾向于将学生拉入泛文科的学习中,体现出注重文科学养和通识教育的思维,而围绕艺术管理或者文化管理核心能力的设计,则相对较弱,例如,台湾南华大学文化管理创意管理学系的通识课程所占比重较高,相关科目有:"生命涵养课""通识基础课""通识核心课""通识跨领域课"等。

当然,也有学者认为这种松散的、以文科为主的课程设计,有其合理之处。Dragićević Šešić指出专业化的文化管理虽然专业针对性明确,然而不少毕业生实际上在泛商业或文化界别就业,因此,泛文科背景能够令学生适应各种企业或机构的文职。

第二类充分体现美国文化管理课程(绝大部分为传统的艺术管理课程)设计的主导思路,其典型特征是课程紧紧围绕艺术管理所需要的核心能力,系统教授如何管理非牟利及公共艺术组织和机构。如前文所议,或许受益于 AAAE 的课程标准,以及典范效应,传统艺术管理类型数量最多的是美国,而艺术管理课程设计轮廓最清晰和成熟的亦是美国,即此处所提的第二类。这种紧凑型课程设计模式将管理学科框架及知识充分应用于艺术组织的管理。这类课程的核心管理科目,如市场营销、法律和财务管理等,乃明确针对艺术组织的管理培训,而非简单地在艺术范畴传授商业管理理论(Varela, 2013)。②

相对而言,欧洲的同类课程中,人文学科占比重较大,从管理学科教学的角度层面上看,课程设计并非围绕组织管理的议题展开,显得较为松散,多数不在此列。例如,英国东英吉利大学(University of East Anglia)创意创

---

① "艺术市场的理论与实践"则关注艺术贸易在艺术家和观众之间的桥梁作用。生产和传播不同艺术形式的重要性,以及价格设定的机制、艺术市场的细分、艺术贸易的全球化,以及画廊、艺术投资的中介作用。

② 例如,缅因大学法明顿分校(University of Maine-Farmington)的核心课程教授"会计原理""筹资申请写作""市场营销原则""社会市场营销""人力资源管理"。与管理有关的还有"管理与组织行为",该科讨论的内容是个人差异与组织动态如何影响工作动力、生产力、组织结构和设计等。此外,设有几门与艺术管理技巧有关的科目,如"表演的语言""声音的艺术"等。再次,为项目和实习。

业硕士课程的师资由 20 位专家访客组成,授课形式以讲座为主,内容则根据讲者自身的职业经验拟定,讲座之间的关联性较低。该课程主要教员教授文科,另设管理科目数门,包括财务、沟通、法律和数码技术。根据 Dubois (2016) 的研究,在法国,有一类文化管理课程完全由文学、艺术、人文、社科科目构成。其背后的逻辑是具有文科功底的学生可自动向文化机构管理职业延伸,无须专门学习管理,比如:艺术科中的表演艺术和视觉艺术可延伸成为剧院和音乐产业管理,以及博物馆管理;文学毕业生可走向出版部门;历史系的毕业生从事文物保护、档案管理;人类学毕业生从事民俗博物馆的策展。另有一些跨学科的项目,将文化与国际贸易和旅游相联系。需要补充的是,课程分类方法有多种,本篇因袭文化管理学科发展的角度提出课程分类的框架。

二、全球主要大洲文化管理课程的类型分析

(一) 全球主要大洲文化管理课程的基本结构

应用上述课程分类框架,对文化管理课程进行分类。图 2 将本研究在全球范围内搜集的各类文化管理课程分类,形成类型百分比例饼状圆形图。其中,一项重要发现是传统艺术管理仍为当今世界文化管理课程的主流,在文化管理课程中占绝大多数达 43%。研讨型的课程 (第一类) 占 16%,数量亦不少。受创意产业影响的艺术管理 (即为顺应创意产业环境的艺术管理) 课程占 15%。创意产业管理课程占 16%。传统泛文化议题与管理占 16%,其课程与传统艺术管理课程一同构成文化管理教育的类型的主流。此外,还出现了艺术实践与创意 (4%) 和人文与商业管理 (3%) 课程,有关实例将在下文中展开讨论。文化政策相关课程数量最少 (3%)。(见图 2)

(二) 全球主要大洲文化管理课程的地区特色

全球主要的发达国家及地区集中在四大洲,分别是欧洲、北美洲、亚洲,以及大洋洲。文化管理课程的各种类型在这四大洲的比例构成如下:

全球文化管理课程类型

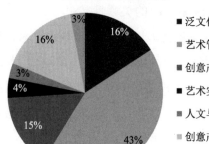

- 泛文化议题与管理
- 艺术管理
- 创意产业影响下的艺术管理
- 艺术实践与创意
- 人文与商业管理
- 创意产业管理
- 文化政策以及文化空间

图2 全球各类文化管理课程所占总量的比重(%)

表2 四洲主要发达国家及地区文化管理课程占总量的比重(%)

	泛文化议题与管理	艺术管理	创意产业影响下的艺术管理	艺术实践与创意	人文与商业管理	创意产业管理	文化政策以及文化空间	总量
欧洲发达国家	14	25	15	10	4	23	9	100
北美洲发达国家	16	55	12	2	2	12	1	100
亚洲发达国家及地区	12	42	5	1	1	31	7	100
大洋洲发达国家	5	41	13	3	5	28	5	100

1. 欧洲发达国家

在欧洲发达国家文化管理课程中,传统的艺术管理课程占最大份额,达25%,然而,其数量与其他类型的文化管理课程差距不大,如创意产业管理课程数量达23%。创意产业内容所占比重,相对于其他洲尤其是北美洲明显偏高。这反映欧洲对创意产业及其教育的重视。创意产业影响下的艺术管理课程占15%,显示欧洲艺术管理教育颇为重视对产业化发展全球趋势的适应。紧随其后的是"泛文化议题与管理"(表1,第一类),占比达14%,表明欧洲文化管理教育较为重视传统人文学科基础，即通过历史、收藏史、文化研究、艺术史、文化遗产保护或文化研究等学科的熏陶，帮助学生认识文化界别的社会政治议题，从而了解如何从事文化管理。其相应的授课形式多为研讨会（seminar），这与美国 AAAE 侧重组织管理，强调艺术管理系统性的专业训练，有着较为明显的区别。再次则是"艺术实践与创意"，其比重达 10%，亦高于其他洲的同类课程，这表明欧洲文化管理教育对艺术管理类学生参与文化生产或艺术制作的动手能力，例如媒体制作、工艺制作、表演等，较为重视。另一比重明显高于其他三洲的课程类别乃是文化政策、文化规划，以及文化旅游课程（后二者统称为"文化政策以及文化空间"），占比达 9%。欧洲有不少传统艺术管理的课程设置了政策科目，部分课程内容以文化政策为主，涉及文化旅游及创意空间营造等，此类（尤其是文化政策课程）课程的教育程度多为博士学位。[1] 欧洲自 20 世纪 70 年代重工业衰落之后，致力于结合服务业和其他新兴产业复兴内城，并促进文化旅游的发展。文化管理课程中，文化政策及文化空间类型占比较高，即是对这一处于经济转型期的社会背景的反映。（见表 2）

2. 北美洲发达国家

在北美，超过半数的文化管理课程乃传统的艺术管理（行政）课程，占总数的 55%，显示传统艺术管理教育思维的主导地位。然而，如前所述，不少课程设计精良，有效地培养了学生的艺术行政和艺术管理能力。"泛文化议题与管理""创意产业影响下的艺术管理"，以及"创意产业管理"三种课程类型，数量接近。此外，只有少数学校的课程完全属于"艺术实践与创意"课程类型（2%），或为"人文与商业管理"类型（2%）。以"文化政策"为主的课程，数量亦较有限，仅占 1%。（见表 2）

3. 亚洲发达国家及地区

亚洲的文化管理教育，出现艺术管理和创意产业两大主题并驾主导的局

---

[1] 需要补充说明的是出于统计的需要，部分信息不得不被简单化，例如文化节庆组织类课程通常与表演艺术、文化政策、文化产业、文化旅游等都有联系，本研究统计分析具体课程的教学侧重点，然后将之归入与之关系最为密切的一类或两类。因此，这里的"文化政策以及文化空间"类别未能完全包括文化节庆活动组织与管理。

面。其中,由于亚洲历史悠久,且有注重文史和艺术教育的传统,因此,文化遗产保护、历史、艺术史、博物馆等科目颇受重视。这反映在课程类型表中,传统的艺术管理课程占比最高,达到42%。与此同时,亚洲也是最近40年来世界经济最活跃、增长迅速的地区,"文化产业"和"创意产业"的概念在亚洲受到追捧,文化产业和创意产业的课程在韩国、中国台湾、新加坡、中国香港和中国澳门等国家和地区皆有开设。此外,亚洲关于文化政策和文化发展的课程数量亦明显较多,与欧洲相仿。值得一提的是,亚洲部分地区,其教育模式及方法追随欧美,但在实行中却也变调不少。这反映在两个方面:首先,尽管"文化管理""创意产业""艺术管理"等名称被移植到亚洲,但其概念的把握和诠释,却甚为含糊——所谓"创意产业"在一定程度上与传统艺术管理混为一谈。在亚洲诸国及地区中,"创意产业"教育最有建树的当数韩国。该国不少创意产业课程在概念构建、课程设计,以及教学方法等方面,皆居领先地位。其次,亚洲部分文化管理的课程设计,并没有完全学到欧美的精髓。例如,艺术管理教育围绕艺术机构及文化组织管理能力而制定的精良设计,即符合美国AAAE课程标准的设计,为数不多;而基于传统人文学科组合而成的课程(第一类)占比较高,达到8%;与此同时,亚洲文化管理课程的设计也缺少欧洲重视艺术创作及新媒体实践的洞见。另一个层面上,在中国香港等地,对艺术管理教育的国际形势不甚了解,因此,能够积极调整课程的结构,融入新技术、融合艺术与产业,而且致力于全球化系统能力培养的艺术管理课程,在亚洲屈指可数。(见表2)

4. 大洋洲发达国家

大洋洲的文化管理课程类型主要由三个部分组成,传统艺术管理课程占比最高,达41%。其次,澳洲政府近年来对文化及创意产业的重视,促进了创意产业教育的发展,此类课程在文化管理课程中占比达28%。昆士兰科技大学、悉尼科技大学等在创意产业的研究及教学,皆独树一帜。再次,根据文化及创意产业大环境,调整焦点的艺术管理课程,亦占一定比例,达13%。澳洲艺术管理积极推进数码技术的应用、注重文化政策融合的趋势,亦较为明显。另一方面,以艺术实践和文化政策为主的课程,则数量和比重相对较少。(见表2)

三、主要发达国家文化管理课程的类型分析

本文除了对各洲文化管理课程进行整体统计,还将在本节进一步分析主要发达国家文化管理课程的类型。文化管理课程的各种类型在几个主要发达国家的比例构成如下:

表3　主要发达国家文化管理课程占总量的比重(%)

	泛文化议题与管理	艺术管理	创意产业影响下的艺术管理	艺术实践与创意	人文与商业管理	创意产业管理	文化政策以及文化空间	总量
美国	16	55	12	2	2	12	1	100
英国	13	22	10	18	2	27	8	100
法国	17	25	8	8	6	33	3	100
德国	16	16	16	6	3	31	12	100
澳大利亚	4	50	18	0	5	23	0	100
加拿大	11	56	22	0	0	5	6	100
日本	12	50	0	0	0	13	25	100
韩国	8	23	15	0	8	38	8	100
新加坡	10	30	20	0	10	30	0	100

(一) 美国

北美洲的文化管理教育以美国为主体,美国课程类型的百分比构成与北美洲完全一致。美国文化管理教育明显侧重于传统艺术管理教育,此类课程超过总数的一半,占55%。泛文化议题课程数量为16%。另外,涉及创意产业的课程占12%,比重相对其他主要发达国家较小,课程多数聚焦于创意产业的管理。另有12%的艺术管理课程,反映出顺应产业环境的倾向。艺术实践与创意占2%,人文与商业管理占2%。文化政策课程比重相对较小,仅占1%。可见美国的文化管理教育以传统为主流,具有鲜明的特征。(见表3)

（二）英国

英国的艺术管理教育始于20世纪60年代,与美国同步,但其发展趋势却与美国不同。这一方面可能是英国的专业组织协会未如美国这般设立艺术管理的课程标准,这使得课程设计模式、主题,以及焦点趋于多元化发展。另一方面,英国自20世纪80年代开始,政府对公共及非牟利艺术机构/文化组织财政赞助日趋缩减,其艺术政策升级为文化政策,更多面向文化产业。英国又在20世纪90年代末,大力提倡创意产业。这在文化管理课程类型比例上,有较为明显的反映,即以文化及创意产业为焦点的课程比重,明显高于美国和其他发达国家,居全球领先水平。一些曾经以非牟利文化组织管理为核心的传统艺术管理课程,在这一政策转型中,转而从事创意产业教育。

如伦敦大学城市学院(旧称伦敦城市大学),为全球最早成立艺术管理课程的高校之一,其艺术管理课程设立于1968年。该校在1974年开设文化政策专业,如今的定位完全以创意产业教育为主。一斑窥豹,可见趋势。根据表3显示,英国的传统艺术管理课程比重相对较小,仅为22%。创意产业课程占比最高,达27%,受创意产业影响的艺术管理课程占10%。另两个特征是较为重视艺术创作实践(18%)和文化政策、文化规划和文化旅游(8%)。英国这两类课程的比重高过其他国家,与欧洲整体重视文化政策的教育方针相一致。(见表3)

（三）法国

法国与英国类似,创意产业课程占比最高(33%),超过传统艺术管理课程(25%)。其原因是法国以时装设计、奢侈品设计等闻名,这些在今天都归入了创意产业的范畴。当然,法国的艺术管理,基于深厚的文学、艺术传统,亦极具特色,有关课程,如收藏历史、鉴定、艺术品市场的历史与商业等,皆有独到之处。另一方面,法国的教育亦颇注重人文学科的通识教育,鼓励学生探究文化活动的社会人文背景,因此其人文社科研讨性的课程,占比亦不小。(见表3)

（四）德国

德国的文化管理教育体现"德国模式"的精髓,平衡了以人文、学术和管理价值为基础的教育,在奥地利、瑞士和克罗地亚等地受追捧（Sternal,2007）。其课程具有两大特征：其一,创意产业教育占比最高,其比重明显多于其他类型的课程,究其原因乃是德国十分注重新技术,如数码技术、新媒体等应用于艺术管理,其中部分脱离了艺术机构,进入了创意产业的范畴；再者,德国电影业发达,如慕尼黑电影及其制作亦在创意产业范畴。因此,创意产业课程之数量,独占鳌头。其二,德国十分注重社科人文的功底,不少学科涉及哲理探讨、批判性地观察社会,训练学生认识文化发展的历史、政治及社会背景。部分课程名称虽为"文化管理",其实更偏重于文化研究。以路德维希堡师范学院为例,其文化科学管理硕士课程的学科视角是文化社会学,培养学生批判性反思和认知的能力。它在文化组织运营实务之外,亦强调评价文化内容并反思审美标准,如李斯特魏玛音乐大学名为"艺术管理"的课程,亦是如此,其宗旨是帮助学生深入理解政治议题,以及其他文化研究的议题。（见表3）

（五）澳大利亚

澳大利亚文化管理教育在传统艺术管理教育之外,比较注重创意产业教育。其中,具创意产业倾向性的艺术管理课程占18%,创意产业管理占23%。两者相加为41%,与传统的艺术管理课程数量相仿。明显以文化政策为焦点的澳大利亚大学课程,未有录得。（见图3）

（六）加拿大

加拿大的文化管理课程类型比例与美国相似,传统艺术管理教育占比达56%；具创意产业倾向性的艺术管理课程次之,为22%。其余内容不占主要比重。如创意产业影响下的艺术管理课程仅占5%,所占份额较少。真正意义上注重实践的艺术与创意课程,并未在加拿大的大学中出现。（见表3）

（七）日本

根据本项目对日本文化管理教育资料的整理和收录,日本的传统艺术管理教育课程占 50%;文化政策与文化空间类型课程占 25%;创意产业管理占 13%;传统泛文化议题与管理课程占 12%。值得一提的是昭和大学(Showa University)的音乐与艺术管理系(Department of Music and Arts Management)创建于 1994 年,具有悠久的历史,是日本第一个有关艺术管理学位课程。(见表 3)

（八）韩国

韩国文化管理教育独树一帜,十分重视培养创意产业方面的专才。其有关创意产业管理的课程比重高达 38%,远远超过该国传统艺术管理类课程的比例,后者仅为 23%,亦居亚洲各发达国家和地区之首。近年来,韩国的电影、电视剧,以及游戏等风靡亚洲,直接挑战日本在这些领域中的传统优势地位,更有不少学者认为文化崛起乃韩国崛起的重要标志之一,这与韩国重视创意产业教育的政策,或许互为因果。此外,韩国受创意产业影响的艺术管理课程占 15%。对创意产业的高度重视,构成了韩国文化管理教育的显著特征。(见表 3)

（九）新加坡

新加坡文化管理教育凸显了创意产业教育与艺术管理并重的特征,双方占比相仿,各为 30%;受创意产业影响的艺术管理课程占 20%。其余两种较为松散的课程结构则各占 10%。文化政策的相关课程则并未在新加坡文化管理教育的版图中出现。(见表 3)

四、结　　语

文化管理的基本工作是协调组织宣传文化艺术活动,古已有之,谓之"文化推广"。文化管理形成正式学科，登堂入室，步入大学殿堂，发生在20世纪60年代，乃是适应公共非牟利文化组织的涌现，及其对专业人才的需求所致。其正式的学科名称为"艺术管理"。最近三十年，该学科的发展经历了从"艺术管理"到"文化管理"的转折，反映出学科版图的扩大，即接纳新兴文化及创意产业，以及文化规划等方向，同时亦折射出艺术管理学科结合数字技术、商业运营、全球化趋势，以及文化组织筹款模式改变的大方向。

从这一学科形成历程的视角出发，不难理解文化管理学科难以形成统一的课程设计。更因全球不同地域教育宗旨及传统的差异，各地的文化管理课程具有明显不同的偏重，以及课程构成。例如，欧洲国家偏重人文艺术训练，英联邦国家秉持艺术管理的学科传统，美国则偏重实用，发展出一套将管理学应用于艺术管理的课程标准，影响了全国大部分的艺术管理课程，其课程明显注重艺术管理能力的培养。亚洲发达国家和地区，如新加坡、韩国、中国台湾等，则较快地跟上文化及创意产业的趋势，偏重创意产业教育。本文基于760个课程的数据，对各大洲及发达国家的文化管理课程结构进行分析，希冀对文化管理教育的研究人员，以及寻求海外文化管理教育的莘莘学子有所助益。

主要参考资料

[1] Association of Arts Administration Educators（AAAE）. Standards for arts administration undergraduate program curricula: A living document.（2012）Retrieved from http://new. artsadministration.org/uploads/files/AAAE%20Undergrad%20Standards%20v3-12.pdf

[2] Brkić, Aleksandar. "Teaching arts management: Where did we lose the core ideas?." *The Journal of Arts Management*, *Law*, *and Society* 38, no. 4（2009）: 270—280.

[3] Dewey, Patricia. "Systemic capacity building in cultural administration." *International Journal of Arts Management*（2005）: 8—20.

[4] Dewey, Patricia, and Margaret J. Wyszomirski. "International issues in cultural policy and administration: A conceptual framework for higher education." In *International Conference on Cultural Policy Research*（*ICCPR*）,（2004）: 25—28.

［5］Dubois，Vincent. *Culture as a vocation*：*Sociology of career choices in cultural management*. (J.-Y. Bart，Trans.)（Abingdon：Routledge，2015）.

［6］Paquette，Jonathan，and Eleonora Redaelli. *Arts management and cultural policy research*. (Springer，2015).

［7］Sternal，Malgorzata. "Cultural policy and cultural management related training：Challenges for higher education in Europe." *The Journal of Arts Management*，*Law*，*and Society* 37，no. 1（2007）：65—78.

［8］Varela，Ximena. "Core consensus，strategic variations：Mapping arts management graduate education in the United States." *The Journal of Arts Management*，*Law*，*and Society* 43，no. 2（2013）：74—87.

［9］郑洁:《世界文化管理与教育》(上下卷),香港：中华书局,2019 年。

2021 年上海文化产业大事记

（2020 年 12 月到 2021 年 11 月）

上海文化产业大事记课题组①

■ **2020 年 12 月：上海数字出版继续保持全国领先**

2020 年上海市文创资金共资助 16 个传统出版转型项目,资助资金超 500 万元,6 个出版类项目入选 2019—2020 年中宣部数字出版精品遴选计划。上海出版《辞海》网络版,融合多媒体资源成为数字化新型"知识管家",为工具书的融合发展提供了上海样本。首届国际网络文学周在上海举办,邀请海外网络文学作家、编辑、翻译人员与国内作家、读者开展文化交流,发布网络文学出海白皮书、颁发最受欢迎的海外原创作品、翻译作品等奖项,深入探讨如何以网络文学为载体,促进世界文化交流和产业发展,努力开创全球原创网络文学新格局。

■ **2020 年 12 月：上海文广尚世影业坚持现实主义创作**

2020 年以来,上海文广集团旗下尚世影业高度关注新时代的发展主流,推出一批重点剧集,如突出改革开放主题的《大江大河》《大时代》(上海广播电视台出品),聚焦快递行业的励志大剧《在远方》,表现中国排球群英的《青春抛物线》,显示当代大学生风采的《你好,对方辩友》,新型职场情感剧《商业调查师》,反映时尚媒体发展的《在不安的世界安静的活》等;以及表现"新上海人"奋斗故事的《两个人的上海》,献礼建党百年的《战上海》,中美合作的人物传奇剧《迎风展翅》,以及《幸福里的春天》《温暖的味道》等。

■ **2020 年 12 月：上海成立国内首家音乐剧文化研究中心**

2020 年起上海的原创华语音乐剧数量及品质逐年上升。"演艺大世

---

① 本课题组由花建研究员为负责人,课题组成员包括傅晓红、刘安、忠焕等。

界——2020 年上海国际音乐剧节"于 2020 年 12 月在上汽·上海文化广场开幕。本次国际音乐剧节除延续了原创华语音乐剧展演、原创华语音乐剧孵化计划、音乐剧发展论坛、音乐剧歌曲大赛等节展活动外,国内的首家音乐剧文化研究中心也宣告成立。该研究中心探索产学研一体化模式,以推动中国音乐剧文化不断迈向更高的水平。

■ **2021 年 1 月:疫情冲击下上海会展业韧性强劲**

2020 年上海各类展览活动举办数量及规模同比下降:全年共举办展览活动 550 个,同比减少 47%;举办展览总面积 1 108 万平方米,同比减少 43%。全年举办规模超过 10 万平方米的展会 25 个(其中 30 万平方米以上展会 2 个:进博会、bauma CHINA),较上年减少 20 个。为应对新型冠状病毒肺炎疫情挑战,上海市出台全国首部会展业地方立法——《上海市会展业条例》,推出抗疫专项扶持资金。上海会展业在疫情下表现出强劲的韧性:2020 年上海举办国际展 181 个,展览面积 874 万平方米,表现稳定,同比上升 1.5%。下半年举办展览总面积恢复上年同期 90%,达 1 067 万平方米。上海市 14 个展会入榜 2020 年《进出口经理人》杂志发布的世界百强商展名单(全球第一),举办面积达到 324 万平方米(全球第一)。第三届中国国际进口博览会展览面积近 36 万平方米,比第二届扩大近 3 万平方米;参展的世界 500 强和行业龙头企业 274 家;累计意向成交 726.2 亿美元,比第二届增长 2.1%。

■ **2021 年 1 月:上海国际设计之都建设再开新局**

上海的设计产业在 2020 年为建设国际设计之都做出新贡献。第九届上海设计周首次走出上海展览中心,携手全球新设计、新产品、新技术、新应用,把展览展示、艺术装置、生活方式和功能再造融入城市公共区域和商业空间,将艺术与设计融入生活场景,重新定义城市、空间、商业和人文,开启一场别开生面的城市与设计对话。以"设计重构相融共生"为主题打造的"城市设计共同体"项目,作为首届"上海设计之都大会"的预热活动,触发链接城市艺术共同体的始发键。

■ 2021 年 1 月：上海网络出版业迈向高质量发展

疫情未能阻挡上海网络出版业锐意进取的步伐。中国游戏产业年会上，上海获奖的游戏产品和企业数量占比超过 45%；阅文集团 54 部网络文学作品获得中国作协等部门的推荐和扶持。《原神》《万国觉醒》《江南百景图》等"爆款"网游作品引起业界关注。在全球游戏电竞领域，上海已经成为公认的行业领袖城市。在德国科隆游戏展、美国 E3 游戏展等数字娱乐展会因疫情均未能举办，全球体育赛事陷入停赛和延期的情况下，上海率先启动线上赛事。英雄联盟、王者荣耀等电竞品牌在上海开启线上赛，并在上海制播所有线上职业联赛。

■ 2021 年 1 月：上海国际新文创电竞中心开工

上海市 2021 年重大项目之一"上海国际新文创电竞中心"正式开工。"上海国际新文创电竞中心"由 EDG 电子竞技俱乐部的母集团——超竞集团牵头，落户于上海市闵行区。该中心首期投资超 50 亿元，后续预计新增投入超过 100 亿元。该项目将为超竞集团以及上海电竞产业带来更多发展机遇，成为扩大上海的电竞产业生态圈，优化上海打造电竞之都的重要布局。

■ 2021 年 2 月：市区联动助力文化领域数字化转型

上海市杨浦区人民政府、上海报业集团、上海文化产业发展投资基金管理有限公司签署全面战略合作框架协议，通过整合优势资源，加强产融结合，聚焦杨浦滨江区域文化地标建设。它包括在音乐、演艺、数字文化、文化消费、时尚设计、艺术教育等产业领域，展开全面战略合作，助力杨浦滨江打造具有全球影响力的"城市秀带"和"生活秀带"。美团、哔哩哔哩明确了落户杨浦滨江意愿，成为市区联动机制推动文化产业发展方面的一次全新尝试。

■ 2021 年 2 月：SMG 打造新型媒体融合平台

SMG 打造新型媒体融合平台百视 TV（BesTV＋），这是 SMG 和旗下上市公司东方明珠新媒体股份有限公司的一次战略协同举措。它覆盖了线上线下的多元业务,以一个账号对接多个终端,形成集内容、服务于一体的多元产品矩阵,包括有线电视、IPTV、OTT 以及 APP 等大小屏多渠道多终端;以"内容＋服务"双核驱动打造 5G 时代应用平台,视听文娱服务是其核心,对接"B＋商城""B＋教育"等服务,未来将接入"B＋财经""B＋体育"等业务,实现会员付费、版权运营、数字广告、内容电商等,以生态圈思维引领新时代媒体融合转型。

■ 2021 年 2 月：第四届进博会首次进行香港地区的云招展

中国国际进口博览局、香港中联办经济部贸易处、香港贸易发展局、中国银行(香港)共同举办第四届进博会香港地区"云招展"线上推介会,这是进博会"云招展"活动首次进入香港地区。香港地区一直是进博会参展企业主要来源地,2020 年有 242 家港企参加第三届进博会,参展面积 3.6 万平方米,参展面积和企业数量都有明显增长。第四届进博会进一步发挥平台作用,为香港企业进入内地市场提供支持,创造更多商机,收获更多成果,共享内地经济发展机遇。

■ 2021 年 3 月：上海举办庆祝建党百年红色经典剧目展演季

中国上海国际艺术节中心主办的"庆祝中国共产党成立 100 周年红色经典剧目展演季"盛大举办。上海作为中国共产党的诞生地,也是中国近现代音乐起源地,孕育了大批经久不衰的红色经典。从贺绿汀的《游击队歌》、吕其明的《红旗颂》、瞿维的《人民英雄纪念碑》,到《唱支山歌给党听》《长征交响曲》,一部部被历史铭记的扛鼎之作,记录了党的百年发展光辉历程,也呈现了上海近现代音乐创作中的"高原"和"高峰"。这次展演季涵盖了舞蹈、音乐、戏剧、戏曲等多种艺术形式,汇集了沪上一批艺术名家,带领观众共忆峥嵘岁月。

■ 2021 年 4 月：上海数字文创产业发展强劲

2020 年上海文化创意产业部分行业受疫情影响收入大幅下滑,但总体发展平稳,实现总产出 20 404.48 亿元。其中,互联网和相关服务业、软件和信息技术服务业分别逆势增长18%和12.5%,占文创产业总收入的28.4%;网络文学销售收入115亿元,同比增长37.7%。美团点评、喜马拉雅、小红书、哔哩哔哩等头部企业拉动互联网生活服务平台实现总产出1 435.90亿元;今日头条、玄霆娱乐、七猫文娱等企业营业收入增速均超过一倍。"五五购物节·品质生活直播周"举行重点活动338场,带动线上线下消费交易达50亿元。上海举办全球顶级赛事英雄联盟总决赛S10,以及ChinaJoy全球电竞大会、电竞上海大师赛、电竞上海全民锦标赛等一系列重大线下电竞赛事。

■ 2021年4月:"设计+"推动环同济知识经济圈迈向千亿级产业

杨浦区环同济知识经济圈成为一个承接大学优势学科外溢、推动师生创业创新、国内规模最大的现代设计产业集聚区,在2.6平方千米集聚了3 000余家知识创新型企业,2020年总产出近500亿元。杨浦区将在政策上支持环同济的科技成果加速转化,形成全生命周期的产业链。双方新一轮战略合作的重点除了设计产业以外,还包括"设计+人工智能""设计+区块链""设计+新能源"等领域,促进设计与产业深度融合,构建多样化生态结构,催生出一批优秀的企业和品牌,突破2.6平方千米的知识经济圈。

■ 2021年4月:打造具有全球影响力的直播电商高地

为打造具有全球影响力的直播电商高地,市商务委、市经济信息化委、市文旅局、市场监管局、市网信办联合编制了《上海市推进直播电商高质量发展三年行动计划(2021—2023年)》。该计划提出:建设品质直播第一城,打造10个引领全球行业发展的专业化、多元化直播电商平台,形成30家具有行业特色和国内外影响力的直播电商园区和基地,集聚一批具有影响力的直播电商上下游企业。打造一批具有全球影响力的直播活动,推出一批体现上海商业特色和世界级商圈商街的潮流直播地标,涌现一批吃住行、游购娱一体的多元化直播应用场景。到2023年,带动上海网络购物交易额超过2 000亿元,培育100个具有影响力的网络新消费品牌,有效提升上海"四大品牌"影响力,推动上海成为国内领先、具有全球影响力的直播电商高地。

■ **2021 年 4 月：多业态的实体书店提升市民阅读率**

2021 年以来,上海实体书店以"用户思维＋场景消费"展现了新的风貌,推动了阅读消费市场,也提升了城市的人文品质。直播互动、文化公益活动、新书发布、文化讲座、优惠展销、读者分享、主题日活动、亲子活动、手作体验等多场景提高读者阅读体验。2021 年上海市民纸质阅读率达 96.05%,高出全国平均水平 36.75 个百分点;数字阅读率为 99.52%,高出全国平均水平 20.22 个百分点。上海市民的日均阅读时长为 102.17 分钟,50.40%的市民对纸质版的读物每日阅读时长超过半小时,68.50%的市民的数字版读物每日阅读时长超过半小时,大大高出全国平均水平。

■ **2021 年 5 月：上海形成近 80 家演艺新空间**

2021 年上海"演艺新空间"累计近 80 家,每年演出场次累计逾万场,演出包含戏曲、话剧、音乐剧、音乐会、脱口秀、相声等不同类型,成为上海演艺经济重要的驱动力之一。各类商业综合体、文创园区、经营性旅游载体等充分利用空间资源开辟新型演出场所,通过演艺活动带动餐饮、购物等综合消费。如上海大剧院"A＋艺术空间"、上海天蟾逸夫舞台"蟾空间"、上海沪剧院"尚沪·演艺新空间"、上音歌剧院管弦乐演艺新空间、黄浦剧院"黑匣子"、朵云书院戏剧店、朵云书院旗舰店等 12 家演艺新空间成为 2021 年第一批获得授牌机构。

■ **2021 年 5 月：2021 上海文化发展系列蓝皮书研讨会**

"2021 上海文化发展系列蓝皮书研讨会"在上海社会科学院举行。《上海文化发展系列蓝皮书》是上海社会科学院智库建设的品牌产品,由文学研究所主编,已经连续出版逾二十载,被列为国家高端智库建设的重要成果之一和上海"两会"的指定选送书目,在海内外产生了广泛影响。与会嘉宾在研讨会上进行了热烈研讨,聚焦于疫情防控背景下如何提升上海文化产业的核心竞争力,优化主流引领、多元并存的创新生态,带动长三角文化产业高质量一体化发展。

■ **2021 年 5 月：上海·静安现代戏剧谷隆重举办**

2021 年静安现代戏剧谷以风格多元、题材多样为特色，推出了 20 部剧目。它们从经典到先锋，从历史到现代，从名家大团到青年力量，展现了更多的审美风范和市场应对：原创红色戏剧《辅德里》以弘扬红色文化为特色，《牛天赐》表现了对中国现代文学经典作品的深入理解，《窦娥》形成老树新花的独特风格，《哥本哈根》表达了对科学与哲理命题的深刻思考，而《罗慕路斯大帝》《等待戈多》等则是对经典作品的艺术阐述。

■ **2021 年 5 月：第十届中国花博会在上海开幕**

第十届中国花卉博览会于 5 月 21 日至 7 月 2 日在上海市崇明区举办。它以"花开中国梦"为主题，规划范围约 10 平方千米，预计参观人数达 300 万人次。花博园区呈现"一心、一轴、六馆、六园"的大格局。花博园东区设 35 个地区展园，包括 31 个省区市，以及港澳台和深圳市。其中上海园面积最大，达 5 000 平方米。其设计主题为"源梦上海"，以萱草作为主题花卉。这些展园展示了不同地域不同风格的园艺特色，共同演绎"花开中国梦"的主题。

■ **2021 年 5 月：上海的人均博物馆数量远超全国平均水平**

2021 年博物馆日的主题为"博物馆的未来：恢复与重塑"。全市 110 家博物馆、美术馆免费开放，上海香成摄影艺术中心、上海油罐艺术中心（部分展厅）、龙美术馆首次在国际博物馆日向市民免费开放。截至 2020 年，上海市拥有已备案的博物馆 149 家，以上海常住人口 2 400 余万计，每 16 万人拥有一座博物馆，远高于国内平均水平。全市博物馆共举办临时展览 238 场，策划公共讲座 1 170 场，推出学生教育和亲子活动 4 137 场，新开发文创产品 681 种。全年接待观众总量为 982 万人次，其中，青少年观众达 196 万人次。

■ **2021 年 6 月：上海网络游戏国内外销售收入创历史新高**

《2020—2021 上海游戏出版产业报告》在上海游戏精英峰会上发布，展示了上海建设"全球电竞之都""游戏创新之城"的强大实力。报告显示，2020 年上海网络游戏国内及海外总销售收入达 1 206 亿元,占全国 1/3,同比增长近50%,销售收入增速超过全国平均水平。其中国内销售收入 999.2 亿元,占全国比重达 35.9%,同比增长超过 24%;海外销售收入超 29 亿美元,约合人民币 206.8 亿元,增幅超过 50%。上海自主研发网络游戏销售收入达 823.8 亿元,增量超过 120 亿元。电竞游戏市场规模 201.8 亿元,增幅达 20.7%。预计2021 年上海电竞游戏市场规模将达到 228.1 亿元。

■ 2021 年 6 月:第二十四届上海国际电影节圆满举行

2020 年,上海为世界呈现了全球疫情后首个重启的国际 A 类电影节;2021 年,第二十四届上海国际电影节再次以完整板块、有序安全、圆满举行,成为全球如期举办且参与人数最多的国际 A 类电影节,向世界展示了中国电影强势复苏的坚定力量。此期间沪上 40 家影院共放映 1 423 场电影,吸引观众超过 32 万。海内外的电影人以云上云下多种方式,积极参与电影学堂等各类活动。此次电影节开票时的"抢票热潮",彰显出中国年轻影迷群体的热情和上海国际电影节的蓬勃活力。

■ 2021 年 6 月:上海大剧院艺术中心旗下各院团和剧场开启红色艺术之旅

上海大剧院艺术中心旗下各大文艺院团和剧场为迎接建党百年,推出多部红色经典和新作品,开启全年百场红色巡演,显示了上海演艺产业对全国市场的强大辐射力。其中包括上海歌剧院推出的新版《江姐》,上海芭蕾舞团推出的新版《白毛女》等,上海民族乐团精编的民族室内音乐会《我们心中的歌》和《我的祖国》。此次推出的原创新作《国乐咏中华》《闪闪的红星》开启了30 场巡演,进入成都、重庆、兰州、北京、长沙等多个城市。

■ 2021 年 6 月:沈伟全新编创《融》在上海西岸盛大首演

受中国上海国际艺术节中心邀请,享有国际声誉的著名编舞家、视觉艺术家沈伟全新制作的浸入式整体艺术现场《融》,在上海西岸穹顶艺术中心全球首演。此次推出的浸入式整体艺术《融》,由视觉展览、艺术短片和多媒体现场表演三个部分组成。这是中国上海国际艺术节中心全新艺术品牌ARTRA"自定艺"的项目之一,也是西岸文化艺术季 2021"西岸梦中心"特别单元的开篇之作,成为西岸穹顶艺术中心向观众的首次亮相。

■ 2021 年 6 月:"中国影视之夜"登陆上海国际传媒港

中央广播电视总台上海总站举办的"中国影视之夜"登陆上海国际传媒港。在活动中集中发布了一批即将上映的影视佳作,其中《1921》《望道》《大城大楼》等多为上海出品。此次活动现场发布了《2020—2021 中国影视白皮书》,全面梳理影视行业发展现状,理性探寻中国影视产业的发展规律和发展方向。中央广播电视总台上海总站分别与华夏电影发行有限责任公司和上海大学上海电影学院宣布启动战略合作伙伴计划。

■ 2021 年 7 月:上海联合打造的电影大片《1921》公映

电影《1921》由腾讯影业、上影集团、上海三次元影业、阅文集团共同出品。上影集团发挥了主旋律电影创作的优势,继承了电影《开天辟地》以来表现中国共产党重大历史题材的优良传统;腾讯影业把握住互联网时代电影市场的变化,在 2020 年推出取得 31.7 亿票房的献礼片《我和我的祖国》等基础上,再次推出精品力作;"网文届的领头羊"阅文集团开启主旋律电影的探索之路。这次合作加强了阅文集团和腾讯影业的关联,助力带动腾讯新文创生态内的持续深化。

■ 2021 年 7 月:上海率先完成电竞全产业链布局

上海依托俱乐部、电竞赛事、人才培养等优势资源,在国内率先完成电竞全产业链布局,初步显示了国际电竞之都的亮丽城市名片。盛趣、巨人、游族等主流游戏企业保持了领军地位,莉莉丝、米哈游、鹰角等本土新生代企业快速崛起;部分大型游戏企业在上海建立了研发团队,巩固了上海在游戏研发方面的基础。2020 年上海二次元移动游戏销售收入占全国比例达 37.6%,较上年增加 5.6%。《原神》获得 2020App Store 年度精选游戏、2020Google Play

最佳游戏、2021 苹果设计大奖等多个奖项;《万国觉醒》则登顶多国畅销榜,并获评 2020 年度"中国游戏十强"移动游戏类前三位。

■ 2021 年 7 月:上海文旅推动生活数字化

在上海市城市数字化转型工作领导小组办公室牵头下,市文化旅游局会同市经济信息化委、市公安局、市大数据中心、华住集团、锦江国际集团等单位组建工作专班,通过数字酒店场景建设,在文旅智能中枢"文旅通"平台上打造酒店行业数字化监测场景应用,为行业监测、细化城市治理、应急保障等提供数据支撑和趋势研判。计划于 2021 年建设 600 家"智慧酒店"。"数字酒店智管家"包含在线预订、自助选房、快捷办理入住、智能客控、客房信息服务、快速离店 6 个环节。

■ 2021 年 7 月:第四届世界人工智能大会盛大举办

第四届世界人工智能大会(WAIC)"智联世界,众智成城"在上海隆重举办。确认参会的有图灵奖和诺贝尔奖得主 6 位,国内外院士 62 位,顶尖高校校长 16 位,国家级专业学会和协会理事长 25 位,龙头企业、独角兽或行业新锐负责人近 150 位。该大会包括 1 场开幕式、2 场全体会议、11 场主题论坛等,线下展览面积达到 4 万平方米,彰显了上海西岸在全国率先提出的"AI + ART"战略成果。

■ 2021 年 7 月:第十七届中国国际动漫游戏博览会盛大举办

第十七届中国国际动漫游戏博览会(CCG EXPO 2021)在上海举办。本届展会入场观众总计 15.5 万人次,展出面积近 4 万平方米,集聚近 300 家海内外知名动漫企业。其网络♯我爱CCG♯主话题阅读量 1.8 亿,全网话题阅读量近 8 000 万。本届展会推出了两大主题展:CCG EXPO"恰少年 筑未来"——庆祝建党 100 周年动漫主题展以及"国风"主题展区,另外特设了"商务板块高峰论坛"。"沪滇合作"CCG·WILD 云南动漫嘉年华项目也在展会现场发布并签约。

■ 2021 年 8 月：上海动漫产业规模占全国总产值 10%

上海动漫产业成为文化产业供给侧改革与消费升级的新亮点。2020 年上海动漫产业规模达到 200 亿元,占全国总产值的 10%,继续保持领先优势。虚拟偶像主播市场急速增长,比去年同期增长了 350%。上海有各类动漫公司 7.05 万家,同比增长 27%,全方位支撑起完整的产业链。在多元竞争格局下,重点企业发展壮大:哔哩哔哩拥有全国最大规模的二次元用户群体,月活用户达到 2.02 亿;阅文集团拥有 900 万位作家和 1 390 万部网文作品,在线阅读全年收入达到 49.3 亿元,同比增长 32.9%。全年共举办 8 场大型动漫会展活动,接待观众 50 余万人次。

■ 2021 年 8 月：上海动漫电影电视生产态势喜人

上海动漫电影生产活力澎湃,以优秀作品彰显了上海动漫产业的实力地位。2020 上海有 3 部动漫电影获得公映许可证,包括合拍片《飞奔去月球》等。电视动画片生产持续增长,上海的备案项目 62 部,总片长 7 888 分钟。其中左袋文化的《艾米咕噜》累计发行 70 余个国家,《凹凸世界》《刺客伍六七》等获得了国内外市场的广泛欢迎。上海动漫游戏产业吸引了大批优质资源,开展了广泛的跨界合作,形成了许多新的增长点。

■ 2021 年 8 月：首届中国游戏创新大赛在上海揭晓

首届中国游戏创新大赛在上海揭晓。它自 2020 年 11 月开启征集工作,吸引报送的 267 款作品来自全国 20 个省市和自治区。全国所有的头部游戏企业和清华、复旦及中国传媒大学等高校师生均选送了作品,其类型覆盖 PC、移动、主机、微信小程序等多个平台。经过评选,有 15 款优秀原创游戏从 267 款应征作品中脱颖而出,8 个优秀创新团队与个人备受关注。爆款游戏《原神》《戴森球计划》获"最佳创新游戏大奖",《我的卫星》《普通话小镇》获"最佳创新社会价值功能奖"。

■ **2021 年 8 月："中国基因＋上海出品"数字文创催生全球爆款**

2021 年"上海出品"的爆款数字文创产品不断涌现，在全球市场上广受赞誉。其中，《原神》以 13 种语言在 150 个国家和地区同步上线，上半年移动端海外销售收入超过 6 亿美元（在美国市场获得 1.74 亿美元）；Reddit 论坛《原神》板块关注人数突破 200 万，海外直播平台 Twitch 上的关注者也超过了 80 万；《刺客伍六七》系列动画登陆 Netflix，以英语、西班牙语、法语、日语等配音版本和 29 种语言字幕版本在 190 个国家和地区独家播出，成为吸引全球粉丝的国漫作品；《Mobile Legends：Bang Bang》（简称"MLBB"）全球累计下载超 10 亿次，备受东南亚、拉美、中东玩家的欢迎，月活跃用户数稳定在 1 亿以上，在 Facebook 上拥有超过 2 800 万游戏粉丝。

■ **2021 年 8 月：上海在 2021—2022 年度国家对外文化出口企业和项目中表现出色**

商务部、中宣部、财政部、文化和旅游部、国家广播电视总局联合公示《2021—2022 年度国家文化出口重点企业和重点项目名单》。上海表现出色，拥有上榜企业 30 家（全国共 369 家），包括巨人移动、中华商务联合印刷、幻维数码、上海新闻出版、米哈游等一批重点企业；上海拥有上榜项目 13 个（全国共 122 个），包括国家对外文化贸易基地（上海）、上海国际艺术品展示交易服务平台、球球大作战等一批对外出口的品牌项目显示了良好的国际竞争力。

■ **2021 年 9 月：上海文化产业企业上榜"上海企业 100 强"**

上海市企业联合会、上海市企业家协会、上海市经济团体联合会联合发布了 2020 上海企业 100 强主榜单。上海文化产业企业在规模优势、创新活力、综合效益、对外贸易等方面进入到上海优秀企业的第一梯队。其中东浩兰生、上海老凤祥、上海晨光文具、上海米哈游网络科技、东方明珠新媒体等进入上海企业 100 强；上海老凤祥、上海晨光文具等进入上海制造业 100 强；东浩兰生、米哈游网络科技、东方财富、风雨筑文化科技等进入上海服务业 100 强。

■ **2021 年 9 月：小红书未来品牌大赏落地上海**

由小红书出品，第一财经频道联合播出的"2021WILL 未来品牌大赏"正式上线。在 18 个获奖的新品牌中，诞生于上海的有包括好瓶 HowBottle 等在内的 4 家品牌，超过总量的 1/5。元气森林创始人唐彬森、泡泡玛特创始人王宁、完美日记创始人黄锦峰、茶颜悦色创始人小葱等 4 名新消费的行业先驱者，齐聚在未来品牌大赏现场，与小红书创始人木兰以"未来品牌"为主题展开对话，获得广泛好评。

■ **2021 年 9 月：苏州河畔艺术新地标启用**

苏州河畔的盈凯文创广场 UCCA Edge 正式启用。它是北京尤伦斯当代艺术中心进军上海的全新标杆项目。UCCA Edge 由纽约 SO-IL 建筑事务所担纲设计，总占地 5 500 平方米，嵌于市中心的高端写字楼，嵌入城市空间与市民日常。"激浪之城：世纪之交的艺术与上海"特展为这一艺术新地标揭幕。该项目热情关注国际文化大都市上海，聚焦中国融入全球当代艺术图景的历史时刻，汇集了 26 位国内外知名艺术家的重要作品及近期创作。

■ **2021 年 10 月：上报传媒谷全面崛起**

上海新文化地标——上报传媒谷正在崛起。它占地 35 亩，地上总建筑面积 6.9 万平方米，是上海报业集团"十二五"发展规划中最重要的投资项目，也是该集团成立以来投资规模最大的项目。上报传媒谷定位为公共型、功能型、服务型的主流媒体"头部"企业以及文化传媒产业投资链集聚区。作为七宝商务区内最具文创产业特色的城市文化生态商务群，将成为上海乃至长三角文化产业的新引擎。

■ **2021 年 10 月：重点数字出版机构持续向上海集聚**

在上海加快城市数字化转型的背景下，优秀的数字出版产业园区和机构持续向上海集聚，如张江国家数字出版基地作为全国建立最早的国家数字出版基地，集聚了上海主要的数字出版公司和机构。方正集团与上海张江集团共同投资 2.85 亿元,组建全国数字出版的旗舰企业——中国数字出版技术有限公司。这是中国数字出版史上迄今为止投资规模最大、合作层次最高的项目。中国出版蓝桥创意产业园也吸引到商务印书馆、人民音乐出版社、三联书店、荣宝斋等品牌企业。中国游戏产业研究院、全国创新游戏大赛、拳头公司亚太总部也相继落户上海。

■ 2021 年 11 月：第三届上海国际艺术品交易月圆满举办

第三届上海国际艺术品交易月圆满举办。它以"全球艺场,艺术上海"为主题,在全市举办了 302 场艺术活动,吸引交易主体 420 余家,包括 6 场艺术博览会、118 场文物艺术品拍卖会、132 场美术展览以及 46 场展览展销活动,累计交易艺术品货值达 108 亿元。它突出了"三个联动""三个首次"：艺博会和中国国际进口博览会联动,首次进入"进博时间";交易月和美术季相联动,首次推出"上海美展";艺术收藏和艺术美育相联动,首次实施"艺术上海"。首次亮相进博会的文物艺术品板块,吸引 11 个国家和地区包括佳士得、苏富比在内的 20 家境外机构参展。它们申报的展品 178 件,总货值超 23 亿元。上海国际艺术品保税服务中心也在 11 月举办首届自贸区艺术季,吸引了来自 10 个国家和地区的 16 家顶级艺术机构包括豪瑟沃斯、佩斯、贝浩登等的参与。

■ 2021 年 11 月：第四届中国国际进口博览会圆满举办

第四届中国国际进口博览会(CIIE)11 月 10 日在上海闭幕。受疫情等因素影响,本届进博会按一年计意向成交金额 707.2 亿美元,比上届略降 2.6%。其中的企业商业展共有来自 127 个国家和地区的 2 900 多家企业参展,展览面积达到 36.6 万平方米,展示新产品、新技术、新服务 422 项,再创历史新高。本届进博会的"朋友圈"进一步扩大,发达国家、发展中国家和最不发达国家的大批企业均踊跃参展。世界 500 强及行业龙头企业数量达 281 家,其中近 40 家为首次亮相的新朋友,更有 120 多家是连续四届参展的老朋友。

■ 2021 年 11 月：上海形成大规模的美术馆群落

上海聚焦于建设国际艺术品交易中心的战略目标,在建设艺术产业的载体方面成就斐然。截至 2021 年 11 月,上海已有美术馆 96 家,包括国营美术馆 25 家,民营美术馆 71 家;上海引进了著名艺术品交易机构如佳士得、保利等,开展了一系列国际艺术品拍卖交易活动;截至 2020 年上半年,上海累计拥有画廊 404 家,数量居全国第三。外滩、徐汇滨江、陆家嘴等区域集聚了诸多优秀的美术馆,迎来一批世界顶流名画真迹包括毕加索、夏加尔、康定斯基、莫奈、高更、马蒂斯、爱德华·蒙克等的作品组团展出,成为全球城市的艺术高地。

后记

　　《上海文化产业发展报告（2022）》以"城市数字化转型与文化产业新业态"为主题，邀集海内外的专家学者，紧紧围绕城市的数字化转型和培育文化产业新业态，从各个角度研究上海文化产业发展的新气象，从整体上显示了上海文化产业抓住数字化转型的机遇，大力培育文化产业新型企业、新型业态、新型消费模式的趋势和成果，也对上海文化产业如何迈向更高的能级、更强大的国际竞争力提出了对策建议。本书分析了近年来国际文创产业发展和文化管理教育的新潮流，提出了上海可以借鉴的有益经验。

　　本书汇集了 14 篇研究成果。上海社会科学院、上海交通大学、深圳大学、上海工程技术大学、上海出版印刷高等专科学校、上海国际艺术品交易中心、上海东方文创发展中心、上海产业转型发展研究院、英国伯明翰艺术学院、澳大利亚昆士兰科技大学、澳大利亚科廷大学、美国芝加哥文化城市研究所等院校和机构的专家学者和专业工作者承担了研究报告的撰写，其中有多项是他们承担的重点研究课题成果。田野、傅晓红、刘安、国太等参与了本书的有关调研、资料和文字整理等工作。

编　者

2021 年 12 月

图书在版编目(CIP)数据

上海文化产业发展报告.2022 / 徐锦江主编. —上海：上海远东出版社,2022
(上海文化发展系列蓝皮书)
ISBN 978 - 7 - 5476 - 1790 - 8

Ⅰ.①上… Ⅱ.①徐… Ⅲ.①文化产业—产业发展—研究报告—上海—2022 Ⅳ.①G127.51

中国版本图书馆 CIP 数据核字(2022)第 038499 号

责任编辑 曹　茜
封面设计 徐羽情

上海文化产业发展报告(2022)
城市数字化转型与文化产业新业态

主　　编　徐锦江
执行主编　花　建

出　　版　上海远东出版社
　　　　　(201101　上海市闵行区号景路 159 弄 C 座)
发　　行　上海人民出版社发行中心
印　　刷　上海中华印刷有限公司
开　　本　710×1000　　1/16
印　　张　16.25
插　　页　3
字　　数　241,000
版　　次　2022 年 6 月第 1 版
印　　次　2022 年 6 月第 1 次印刷
ISBN 978 - 7 - 5476 - 1790 - 8 / G・1132
定　　价　98.00 元